播种美好的杭州教育援疆路

徐志莲　吴栋栋　王能靠　冯永平　沙　汀　著

浙江工商大学出版社
ZHEJIANG GONGSHANG UNIVERSITY PRESS
·杭州·

参与本书初稿的人员

王克力　凌　云　余　敏　蒋何峰　沈　良　魏艳霞　楼汉崴

武文东　张　伟　陈　宁　方　斌　杨郧新　李江南　张伟丽

祖伟光　邓春融　文　静　魏　蓉　刘希斌　崔振强　杨利军

张全金　尹　海　田　华　高帆帆　张翠红　王悦敏　李京京

任耀生　李学兵　张志平　朱娅娜　刘香杰　甄树梅　刘　鹏

黄新东　陈晓宁　王新勇　张　强　秦　敏　杨　明　杨　静

江雪娇　何兰珍　马小明　王克升　吕锋锋　马志伟　刘亚丽

阿曼古力·努热克

序

教育是国之大计、党之大计，事关国家发展，事关民族未来。在少数民族聚集的南疆地区，教育也是增进民族团结、维护社会稳定，解决贫困代际传递的有效举措。

三年教育援疆已近尾声，回过头去看，我们到底做了些什么？有什么得失呢？作为一名援疆教师，笔者以特有的视角，浓浓的情怀，真诚的感悟，细腻的笔墨，记录了教育援疆的点点滴滴，有教育项目建设的沉淀，有援疆人才传帮带结出的累累硕果，有"智慧＋空中丝路课堂"的长期坚守，更有每一位教育援疆人的辛勤汗水……

在起笔落笔之间，笔者用心地呈现了杭州市援疆指挥部磅礴大气的教育援疆规划——阿克苏市多浪第一幼儿园、阿克苏市天杭实验学校、阿克苏市高级中学构成的学前、小学、初中、高中基础教育全学段全覆盖的杭派十五年美好教育示范线，一把能为阿克苏的孩子们打开美好未来之门的金钥匙。让每个阿克苏的孩子能在最美好的年华遇见最美好的教育，开启最美好的未来人生，是每个杭州教育援疆人的心愿。

笔者用了很长篇幅的笔墨，回顾总结提炼了杭州十年援建阿克苏市高级中学的历程、样式和成果，有学校基础设施的建设，有校园内涵文化的打造，有"两点一线"的美好教师培养模式，有基于"三位一体"的管理人才培养模式，有基于"一核三层"的学科教师培养模式，有基于学生发展的"三全三品"的育人模式，有基于跨越杭阿两地物理距离的"智慧＋空中丝路课堂"，有杭派美好教育援建的"一站两联三建"模式，有教师组团式援疆的"聚·融·创"范式，等等。笔者希望通过这些笔墨，一方面记录下杭州教育援疆人十年持续接力援建阿克苏市高级中学结出的硕果；另一方面能为教育援建提供一个可借鉴的范本，比如说对继续援疆，对援黔，对援青。笔尖虽稚嫩，心愿却真切。

时间总是会不自主地定格在杭阿之间的这条万里丝路，对每一位教育援疆人来说：

这是一条智慧援疆的路。秉持"杭派美好教育，塑造美好人生"之理念，建青蓝工作室搭空中丝路课堂，使杭阿教育实现无缝对接，杭州智慧零距离分享。创建杭州援疆"聚·融·创"范式，助推阿克苏教育教学的飞速发展。

这是一条智力援疆的路。坚定"给我一个支点，就能撬起地球"之决心，请进来走出去，按需推送，精准帮扶，依托杭州市援疆指挥部这一支点，撬动后方优质资源，拓展本地资源，推动"组团式"教育援疆向纵深发展。

这是一条智行援疆的路。坚守"援疆一个团队，带出一批人才"之目标，由输血到造血，以点带面，以核心促辐射，最大限度发挥杭州援疆人才的示范引领辐射作用，为阿克苏打造一支带不走的优秀教师队伍。

这是一条倾情援疆的路。怀揣"以爱心酬厚土，凭文翼舞长空"之情怀，舍小家为大家，不忘初心，倾情奉献，像胡杨一样坚定地屹立在戈壁滩，努力践行"为阿克苏人民服务，为杭州人民争光"的援疆诺言。

走在这条教育援疆路上，我们一边播种智慧和美好，一边收获芬芳与诗歌。我们不在乎路途的遥远，不在乎因为天气驻足停留，只在乎沿途的风景我们未曾看见过。这个夏秋季，我们不等清风，不等雨，只等下一个目的地，它就在不远的远方，在天山脚下的白水之城，那里有蝉鸣和繁星为证，那里有杭州师范大学附属阿克苏市高级中学为证，那里有杭派十五年美好教育示范线为证，所有的汗水都凝成智慧，一切的奔波皆通向荣耀。

我们是幸运的，能在这样一个伟大的时代和国家战略大环境中参与边疆教育事业的发展。

我们是值得的，能在传承和创新中书写教育美好的华章。

我们是快乐的，能在美好教育的阳光下感受各民族孩子天真的笑容。

祝愿边疆的教育事业发展越来越美好！

杭州市援疆指挥部党委书记、指挥长：

鱼家报国
倾情援疆

王通林於己亥年秋

目　录

前　言

所有的美好，不负遇见。

于我们而言，人生之大幸莫过于和不少学生相遇，最幸福的教育生活就是在这种相遇中实现的，最美丽的教育梦想就是让学生在这种相遇中成长为最美好的自己。坚守讲台28年的我，认为在剩余的教育生涯中，援疆也许是需要并能发挥自身余热的一场追梦之旅，于是毫不犹豫地做出了选择。

援疆期间，在受援学校杭州师范大学附属阿克苏市高级中学主要负责两个杭州援疆品牌项目"杭阿共建青蓝工作室"和杭阿共建"智慧＋空中丝路课堂"，一个班的数学教学任务，先后与8位阿克苏的数学教师结成师徒，开展日常的传帮带工作，传递杭派教育理念。

最初以为每天听课指导就是最朴实有效的传帮带工作，所以很快就听满100节课。但是，接着我就发现，这样听课数量是达标了，对阿克苏市高级中学的数学教师帮带的速度却是缓慢的，更不用说对整个学校、整个市的数学教师的帮带面。于是，我第一次对自己这么常规的推门听课指导的传帮带方式进行了深刻的反思。

反思的结论是，今后援疆传帮带工作要争取提升覆盖面和辐射力。于是，我利用多年工作学习积累下来的杭州后方的教育资源，积极联系浙江省特级教师、浙江省名校、浙派高中数学名师班、浙江省学科教研基地学校等等，一方面组织工作室开展"请进来、走出去"的大型学术论坛、赴杭培训学习、同课异构和专题讲座等教育教学教研活动，提升面对面的传帮带的受益人数和力度；另一方面借助杭阿共建"智慧＋空中丝路课堂"这个平台，按需排出课表确保周周有课，确保幼小初高全学段、全学科开课，从最初讲座形式为主发展到两地多校同上一课，通过互动交流实现共享共生共赢的同构课堂、两地学生互动活动、专题讲座等相结合的杭阿两地无缝对接的杭州援疆精品。

同时我立足校本，倡议学校每学期至少组织开展一次学校青年教师全员参与的课堂教学大研赛，一来可以在竞争中集中且大面积地磨炼青年教师，快速提升青年教师的课堂教学技能，站稳讲台；二来未来可以从优胜者中选拔教育教学管理人才。学校领导当即采纳这个倡议，组织开展大研赛，首次大研赛参与的教师多达90位，历时一个多月，很好地达成预期效果，而且也非常受青年教师欢迎。

研赛活动落幕，随之而来的是迎接教育部赴疆举行的援疆工作推进会的策划任务。通过半个多月的查阅资料和整理提炼，立足受援学校和杭州市援疆指挥部，提炼构建了教育援疆的"一站两联三建"模式，组团式教师援疆的"聚·融·创"范式等样式，在此基础上，学校领导成功向教育部带领的考察团推介了杭州援疆的精品项目"杭州师范大学附属阿克苏市高级中学"，以及"杭阿共建青蓝工作室"及"智慧＋空中丝路课堂"这两个援疆品牌。

　　经历这场推进会，我对援疆工作有了进一步思考。除了通过各种途径努力大面积大幅度地高速提升传帮带工作的覆盖面外，当我离开时，能为受援学校留下什么？为阿克苏教育留下什么？为新疆教育留下什么？甚至能给全国对口支援工作提供些什么有价值的东西？……

　　2019年7月8日从指挥部返回杭州休整，到7月10日，突然想到自己可以出本援疆的书啊！可以把过去这一年梳理过的受援学校十年来受援的情况，结合杭州市第九批援疆指挥部教育援疆的宏观布局和重点打造的"杭派十五年美好教育示范线"等品牌，提炼出核心的东西和具体可操作的策略，供后来者借鉴、复制和推广。同时，也能给自己的援疆工作留下痕迹，证明我走过援疆路。

　　有想法就立刻践行，最初是在网络上查阅并梳理了十年来全国、浙江省、杭州市的对口援疆政策、实施措施和实施情况。之后在援疆干部阿克苏市教科局副局长吴栋栋、杭州师范大学附属阿克苏市高级中学党委书记王能靠的支持和共同合作下，开始正式着手撰写杭州市第九批援疆指挥部教育援疆重点做的工作和成果，以及受援校杭州援建十年来可提炼出的样式。

　　这个过程很漫长，却又很短暂，经常会有在某一环节卡住写不下去的情况，一天、两天甚至一周都搞不定，是漫长的磨心过程。幸好自己有多年做省市规划课题的经验，还是能沉得住气，耐得下心；也幸好有指挥长杨国正始终如一地支持我、鼓励我，有吴栋栋、王能靠总能及时提出很好的建议，提供所需素材，有援疆教师沙汀给予我学科上的支持，还有更多的人给予各种支持。这样写写停停、反反复复，终于在8月29日完成主体部分的写作，接下来就是修改优化。

　　我想，我是幸运的，因为杭州市第九批援疆指挥部把两项品牌援疆项目交给我管理，给了我机会和平台，给了我信任和支持，给了我反思和提炼的空间。所以，我时常会想，我不能辜负这份信任和支持，不能浪费这个机会和平台，不能背靠大树不作为。

　　于是，这本拙作，在这个己亥年的初秋，在杭州市援疆指挥部诞生。

徐志莲

2019 年 8 月 31 日晚 8 点

绪　论

新疆的发展和稳定，

关系全国改革发展稳定大局，

关系祖国统一、民族团结、国家安全，

关系中华民族的伟大复兴，

具有重大的经济意义和重大的政治意义。

第一节　新一轮全国对口援疆简述

新疆维吾尔自治区（简称新疆）的发展和稳定，关系全国改革发展稳定大局，关系祖国统一、民族团结、国家安全，关系中华民族的伟大复兴，具有重大的经济意义和重大的政治意义。中华人民共和国成立以来，中央及其他省市对新疆的扶持和援助从未间断，1997年拉开大规模"对口援疆"序幕的13年后，为加快新疆跨越式发展和长治久安，中央决定自2011年起推行新一轮对口援疆工作。

一、新一轮对口援疆的背景与意义

2010年新疆有30个贫困县，其中国家级贫困县27个，贫困人口253万，其中少数民族贫困人口占96％。与2001年相比，新疆民生财政投入增长了10倍，自治区的民生状况大为改观。但同时，民生问题依然突出，在扶助贫困人口、完善社会保障、解决就业难题、改善公共服务等方面仍需做大量工作。新疆社会科学院《2009—2010年：新疆经济社会形势分析与预测——经济社会蓝皮书》认为，必须把改善民生放在更加突出的位置，通过切实提高各族群众的生活水平，为稳疆兴疆、富民固边构筑牢固的群众基础。

2010年3月29—30日，新一轮全国对口支援新疆工作会议在北京召开。中央决定采取"5·12"特大地震灾后的灾区重建模式对新疆进行扶持，会议确定19个省市承担对口支援新疆两个地（州）市的82个县（市）和新疆生产建设兵团的12个师。根据会议精神，19个援疆省市将建立起人才、技术、管理、资金等全方位对口援疆的有效机制，把保障和改善民生置于优先位置，着力帮助各族群众解决就业、教育、住房等基本民生问题，支持新疆特色优势产业发展，提高新疆自身的"造血"功能，使得制约新疆稳定发展的根本性、长远性、基础性问题取得重大突破。

各地对口援疆地区一览

省份	对口支援地区
北京	和田市、墨玉县、和田县、洛浦县、兵团农十四师
上海	喀什地区
广东	喀什地区疏附县、伽师县、兵团农三师、图木舒克市、喀什市、塔什库尔干县
深圳市	喀什市、塔什库尔干县
天津	和田地区策勒、于田、民丰三县
辽宁	塔城地区
河北	巴州、兵团农二师
吉林	阿勒泰地区阿勒泰市、哈巴河县、布尔津县、吉木乃县
江西	克孜勒苏柯尔克孜自治州阿克陶县
黑龙江	阿勒泰地区福海县、富蕴县、青河县、兵团农十师
安徽	和田地区皮山县
浙江	阿克苏地区一市八县、新疆生产建设兵团农一师的阿拉尔市
山西	昌吉回族自治州阜康市和农六师
河南	哈密市、兵团农十三师
江苏	克孜勒苏柯尔克孜自治州的阿图什市、阿合奇县、乌恰县，伊犁哈萨克自治州10个县（市）、兵团农四师和农七师
福建	昌吉回族自治州的昌吉市、玛纳斯县、呼图壁县、奇台县、吉木萨尔县、木垒县
山东	喀什的疏勒县、英吉沙县、麦盖提县、岳普湖县
湖北	博尔塔拉蒙古自治州博乐市、精河县、温泉县、兵团农五师
湖南	吐鲁番市

全面实施对口援疆，是中央新时期新疆工作总体部署和整体安排中的重要组成部分，是促进形成西部大开发新的增长极、提高各族群众生活水平、推进新疆跨越式发展和长治久安的重大举措。同时，对口援疆不仅有利于发挥新疆的比较优势和后发优势，也有利于拓展全国发展的市场空间和回旋余地。

二、新一轮对口援疆十年国家政策的发展进程

根据2010年全国对口援疆工作会议精神，新一轮对口援疆目标就是用10年时间最大限度地缩小新疆与内地的差距，确保2020年新疆实现全面小康社会，这是支援地域最广、所涉人口最多、资金投入最大、援助领域最全面的一次对口支援。

"全面援疆"具体布局关键点是建立全方位援疆的有效机制，新一轮援疆工作起步阶段的重点集中在保障和改善民生方面，需要在支援资金的同时，使更多的干部、人才、技术、管理到新疆去，结合"输血"和"造血"、硬件建设和软件建设，形成经济援疆、干部援疆、人才援疆、教育援疆以及企业援疆协同推进的新局面。

2010年5月，首次中央新疆工作座谈会将"推进新疆跨越式发展和长治久安"作为战略目标。

2011年19个省市对新疆的新一轮对口支援，是硬件建设与软件建设并重、无偿援助与互惠合作并举的对口支援，带来资金、项目的同时还带来干部、人才、观念、技术；促进新疆与内地的经济、技术合作，还促进各民族的交流交融；创新支边兴边的新形式，也开拓先富帮后富、逐步实现共同富裕的新路子。在加强产业援疆工作，加快发挥对新疆发展的辐射带动作用的同时，积极承接东部产业专业，最大限度解决好民生问题，开展引智工作，为新疆大建设、大开发、大发展提供人才、技术保障。

2011年5月，第二次全国对口支援新疆工作会议指出，2011年是"十二五"开局之年，也是新一轮对口援疆全面实施的开局之年，要把推动发展和维护稳定有机结合起来，不断开创援疆工作新局面。一是坚持把保障和改善民生放在优先位置，扎实推进民生工程建设，促进基本公共服务均等化。二是着力培育新疆自我发展能力，推进产业转移，发挥企业援疆的生力军作用，

加快重大基础设施和优势产业项目建设，发挥好产业园区的作用，把新疆资源、地缘优势尽快转化为经济优势。三是抓紧落实差别化经济政策。按照特事特办的原则，采取更加灵活的特殊政策，支持新疆发展。四是深入推进全方位援疆。把经济、教育、科技、干部、人才各类援疆资源更好地结合起来，统筹软硬件建设，提高援疆成效。

2012年5月，第三次全国对口支援新疆工作会议指出，新疆地域辽阔、资源丰富、发展潜力巨大，是实施扩大内需战略的主战场之一，是深入推进西部大开发的重点所在，也是承接国内产业转移的重要区域。在继续提升沿海开放、向东开放的同时，加快沿边开放、向西开放，拓展开放发展、合作发展的空间，构筑全方位对外开放格局。对口援疆工作，要在这一大背景下加以谋划和推动，以更高的效率推进住房、就业、医疗、社保等民生项目，加强交通、水利等重大基础设施和生态环保建设，推进产业援疆发展特色经济，加大科技、教育、人才、干部等智力援疆力度，推动新疆与内地之间、各民族之间加深交流交往交融，努力开创对口援疆工作新局面。

2013年9月，第四次全国对口支援新疆工作会议指出，要认真贯彻党的十八大、中央新疆工作座谈会和习近平总书记重要指示精神，分析新疆工作形势，研究部署就业、教育、人才等援疆重点工作，特别是要抓住打造丝绸之路经济带来的历史机遇，深入推进新疆跨越式发展和长治久安。

2014年5月，第二次中央新疆工作座谈会上，习近平强调，社会稳定和长治久安是新疆工作的总目标。中央制定指导新疆工作的纲领性文件《关于进一步维护新疆社会稳定和实现长治久安的意见》，进一步明确了新疆工作的指导思想、基本原则、目标任务、主攻方向和政策措施，同时调整治疆着力点，深入推进对口援疆工作：稳定是第一要务，民生建设持续"给力"，增强各族群众对伟大祖国的认同、对中华民族的认同、对中华文化的认同、对中国特色社会主义道路的认同，加大教育投入以引导各族群众有序就业，加强基建建设如丝绸之路经济带核心区等。

2015年9月，第五次全国对口支援新疆工作会议认真贯彻落实第二次中央新疆工作座谈会精神和习近平总书记关于新疆工作的一系列重要指示，紧紧围绕维护新疆社会稳定和实现长治久安部署，会议指出，对口援疆工作必须突出重点、精准发力。一是更加注重扩大就业，把产业带动就业作为优先目标，引导当地群众就近就地稳定就业。二是更加注重抓好教育，着力提高双语教育和中等职业教育质量，加强内地新疆籍少数民族学生的教育管理服务工作。三是更加注重人才援疆，研究完善援疆人才选派政策和人才保障政策，建立统一的援疆干部人才管理和服务体制。四是更加注重向基层特别是农牧区倾斜，着力加强基础设施和公共服务项目建设。五是更加注重促进民族团结，深入开展"结对子、结亲戚、交朋友、手拉手"等活动，让新疆与内地各族群众走动互动起来。六是更加注重支持反恐维稳能力建设，把基层反恐维稳纳入援疆工作范畴，进行统一规划和部署。要坚持就业第一，进一步夯实新疆稳定发展的根基工程。坚持教育优先，进一步提升教育援疆的实效与水平。坚持需求导向，进一步提高民生建设的质量和效益。坚持持之以恒，进一步打好以南疆为重点的扶贫攻坚战。坚持"输血""造血"并重，进一步做好产业援疆工作。坚持智力支撑，进一步发挥好援疆干部人才作用。

2017年9月，第六次全国对口支援新疆工作会议指出，当前和今后一个时期的对口援疆工作要认真贯彻落实党中央的治疆方略和援疆工作决策部署，做到六个坚定不移：一是坚定不移聚焦实现全面小康推进脱贫攻坚，助推受援地如期实现脱贫目标；二是坚定不移聚焦扩大就业推进产业援疆，促进更多困难群众就近就地就业；三是坚定不移聚焦提高人口素质推进教育援疆，着力提升教育质量；四是坚定不移聚焦增强实效推进干部人才援疆，切实关心好、使用好、管理好援疆干部人才；五是坚定不移聚焦民族团结推进交往交流交融，搭建多层次交往交流交融平台；六是坚定不移聚焦夯实基础推进基层建设，增强基层组织凝聚力战斗力。

2019年9月，第七次全国对口支援新疆工作会议全面部署新时代对口援疆工作，指出下一步新疆在发展中如何吸引人才、留住人才，推进产业发展。要突出抓好干部人才援疆，做到精准选派、科学使用，最大限度发挥作用。要务实推进产业援疆，帮助受援地发展特色产业、绿色产业，拓展产品销售渠道，强化兵团向南发展产业支撑。要坚持民生优先，聚焦脱贫攻坚和扩大就业，资金项目更多向基层倾斜，解决群众最关心、最直接、最现实的利益问题。要着力促进各民族交往交流交融，支持内地与新疆各族群众多走动，推动新疆少数民族群众到内地交融发展。要扎实做好文化教育援疆，深入推进文化润疆工程，构建各民族共有精神家园。要把援疆工作作为锻炼和培养干部的平台，健全考核评价机制，加大关心关爱力度，让真情奉献、敢于担当者有干劲、有舞台。

三、新一轮对口援疆人才观

新一轮对口援疆，"授人以渔"的人才援疆观是最大新亮点。人才与人力资源的严重匮乏是新疆大开发大发展中的主要瓶颈。

推动跨越式发展，必须实现人才优先跨越。要优先培育具有全球眼光、战略思维的领导干部、现代企业家；培育研发设计、市场营销等方面的专业人才；培育掌握世界贸易规则，熟悉国际经济、法律等方面知识的优秀管理人才；培育、建设一支高端的科技领军人才队伍，培养造就一批创新科技人才骨干，提高新疆各族干部职工的综合素质和能力。

新疆的跨越式发展，要逐步实现以内涵式增长为主的发展新模式，实现与外延式增长相结合。要人才优先跨越，以支撑和推动新疆跨越式发展。要打破人才瓶颈，缩小新疆在人才建设方面与东部地区的差距，培养和利用人才来促进新疆的跨越式发展，要以下面6个方面为抓手。

一是大力实施能力素质提升工程。发动社会各个层面，努力形成多层次、多形式、开放式的培训体系，全面提高各个层面人员的能力素质。

二是大力引进和培育创新型人才。围绕新疆大建设、大开发、大发展，大力实施人才引进工作。同时，加大创新型人才自我培养力度。探索人才引进机制和多元化的人才引进格局。

三是建立人才工作体制。强化人才工作目标责任制，完善符合新疆跨越式发展要求的人才工作运行机制，坚持党管人才原则，建立多级联动、优势互补、协调高效的工作机制。

四是创新人才服务机制。修订、完善和创新人才政策法规，着力引进国内外知名人才中介机构，发展社会人才中介机构；创新人才激励机制，建立健全以政府奖励为导向、用人单位和社会力量奖励为主体的人才奖励体系。

五是加大人才教育培训投入，加强党政人才、企业经营管理人才、专业技术人才的教育培养，深入实施高技能人才振兴工程，深入开展学历、技术等继续教育，深入实施人才"关爱工程"。

六是采取"借梯上楼"的方式，借助19个援助省市先进的理念、发达的经济、高端的人才优势，实施"走出去""请进来"战略，重点抓好高级技术人才的培养。

四、习近平关于脱贫攻坚与教育援疆的理论

第二次中央新疆工作座谈会上，习近平强调要加强民族交往交流交融，部署和开展多种形式的共建工作，推进"双语"教育，有序扩大新疆少数民族群众到内地接受教育、就业、居住的规模，促进各族群众在共同生产生活和工作学习中加深了解、增进感情。

要坚定不移推动新疆更好更快发展，一是要坚持教育优先，培养优秀人才，全面提高入学率，让适龄的孩子们学习在学校、生活在学校、成长在学

校。二是要吸引更多优秀人才投身教育，国家的教育经费要多往新疆投。三是要加大扶贫资金投入力度，重点向农牧区、边境地区、特困人群倾斜，建立精准扶贫工作机制，扶到点上、扶到根上，扶贫扶到家。

让贫困地区的孩子接受良好教育，是扶贫开发的重要任务，也是阻断贫困代际传递的重要途径。教育被赋予为阻断贫困代际传递做出更大更好贡献的历史新使命。

（一）教育精准扶贫的内在科学逻辑

从社会学、教育学、人类学等角度看，代际贫困属于代际继承效应的一种，主要是指在物质匮乏、资源短缺、教育不足、自身努力不够等条件下，直接导致贫困在代与代之间不断遗传和持续联结，以致不能有效消除贫困传递。因此，教育在阻断贫困代际传递时具有积极能动作用与巨大功能价值。

教育具有育民启民的功能与价值，因此要坚持"治贫先治愚"。习近平在《摆脱贫困》中提出扶贫脱贫一定要克服只从经济单向度认识贫困的局限，要通过改变人的意识与行为来彻底摆脱贫困。教育对人类个体具有精神启蒙、思想启迪、习惯养成、智力发育等巨大价值。全国脱贫攻坚要紧紧扭住教育这个脱贫致富的根本之策。

教育具有安民富民的巨大功能与价值，因此要坚持"扶贫必扶智"。贫困家庭特别是代际贫困的成因除物质因素外，还有着文化、精神因素——文化、精神贫困也是贫困的具体表现之一，并常常还是造成物质贫困的重要原因。因此，脱贫攻坚中应坚持"扶贫必扶智""治贫先治愚"的发展原则与战略思路。教育可增强人口特别是贫困人口的科学文化素质，使其成为有知识、有文化、有技能的劳动者，进而靠知识、凭技能来摆脱贫困，迈向幸福生活。

教育具有化民强民的巨大功能与价值，因此要坚持"扶贫先扶志"。教育能激发贫困地区的人民群众以自强不息、自力更生、艰苦奋斗来摆脱贫困，通过教育特别是价值观念、奋斗精神、战胜困难等文化精神的教育，能有效调动贫困人口摆脱贫困的内生动力，使其迈向小康。作为开发人、发展人、完善人的教育具有持久性、长久性，属于"授人以渔"，是消除贫困与阻断贫困代际传递的最有效途径与最重要方式。

（二）关于推进教育精准扶贫的路径规划

一方面，要以倾斜政策切实帮扶贫困地区教育事业优先发展，实现"扶教育之贫"之目的；另一方面，要以结构调整来推动贫困地区教育事业科学发展，实现"依靠教育扶贫"之目的。

依靠教育扶贫政策行动路径：第一，加大对职业教育扶持力度。第二，要不断提高教育质量，为扶贫脱贫攻坚提供强大人才支持。第三，要加强理想信念教育，为扶贫脱贫攻坚提供强大精神支撑。

教育决定着人类的今天，也决定着人类的未来。教育对贫困地区的贫困人口彻底摆脱贫困也具有决定性作用。因为只有教育才能改变人、发展人、提高人、完善人与成就人，通过"授人以渔"可持久性地改变处境不利人群的生存发展状态，最终使其摆脱贫困。

| 第二节　新一轮浙江省对口支援阿克苏地区教育简述

根据新一轮援疆工作中央对口支援新疆工作会议精神，浙江省按照"以改善民生为重点，以产业发展为亮点，以促进受援地跨越式发展和长治久安为落脚点"的援疆工作总体要求，弘扬"特别能学习、特别能吃苦、特别能干事、特别能自律、特别能团结、特别能奉献"的浙江援疆精神，扎实推进经济援疆、干部援疆、人才援疆、教育援疆和科技援疆工作。

2010年4月7日至12日，时任浙江省委书记赵洪祝亲率考察团赴新疆进行援疆对接考察。考察团行程超过1500千米，深入农村乡镇、街道社区，了解当地经济社会发展情况，研究对接对口援疆工作思路。浙江在新一轮援疆工作中，在项目资金上进一步加大支援新疆投入力度，拓展合作领域，在教育、科技、医疗、卫生等方面，对新疆予以全面帮扶。同时，不断提升与新疆战略合作层次，加大力度推进省区的产业对接和梯度转移。

2010年5月中央新疆工作座谈会后，浙江省委、省政府召开对口支援领导小组第二次全体会议，新一轮援疆工作由浙江各市——对应阿克苏地区9个市县、兵团农一师阿拉尔市。浙江省统筹安排对口支援财政资金，以改善民生、干部人才援助、教育扶持、产业发展等为突破口，积极部署、开展新一轮援疆工作。

2010年7月5日，浙江省召开全省对口支援新疆阿克苏地区指挥部指挥长会议。会上，浙江省第七批指挥长裘东耀传达了新疆维吾尔自治区农村富民安居工程现场交流会和新疆维吾尔自治区第七批援疆干部领队座谈会议精神，部署了当年援疆项目计划和管理工作安排。对口支援工作的主要任务是：以改善民生为重点，着力解决群众紧迫困难；以干部人才援助为支点，着力增强人才智力支持；以教育扶持为要点，着力提高干部群众综合素质；以项目援疆为落脚点，着力改善农村生产、生活条件；以产业发展为亮点，着力增强自我发展能力。在具体工作中要认真把握好"四个突出"，即突出改善民生、突出干部人才支援、突出项目支援、突出产业培育，不断提高阿克苏地区的自我发展能力，使对口支援各项工作取得长期效应和最大效益。

2010年7月11日，浙江省援疆指挥部与阿克苏地区对接浙江对口支援2010年试点及先期启动项目工作会议在阿克苏行署举行。会议明确了计划安排的原则和重点。一是突出地区富民安居、富民兴牧工程；二是突出地区抓好"双语"等教育，实现两个"普及"；三是突出抓好弱势群体关爱计划，提升社会福利事业；四是突出农民增收，改善生产、生活条件；五是突出改善医疗卫生条件，建立基本医疗卫生制度。

2010年7月16日，吕祖善省长在与新疆阿克苏地区党政代表团交流的座谈会上指出，对口援疆工作重点围绕改善当地群众生活条件、稳步提高当地群众的生活水平和提高阿克苏地区自身发展能力两大任务展开。会上，赵洪祝书记指出要积极开展经济、干部、人才、教育、科技和改善民生等对口支援，与阿克苏人民共同奋斗，力争在各方面大力支持下，通过5年的共同努力，使阿克苏地区经济发展明显加快、各族群众生活明显改善、城乡面貌明显改观、公共服务水平明显提高、基层组织建设明显加强，为到2020年阿克苏地区实现全面小康目标打下扎实基础。

2010年8月11—16日，浙江省教育厅向阿克苏地区派出第一个教师培训专家小组，启动对口支援阿克苏地区教师培训援助工作，拉开了"红柳行动"的序幕。由浙江省教育厅组织实施的"红柳行动"，通过从全省选派教育专家、高校教师、培训机构教师和一线优秀学科骨干教师赴阿克苏地区和兵团农一师开展送教支教活动，帮助当地全面普及"双语"教育和学前2年到高中段教育，不断提高办学质量和水平。

2010年9月5日，浙江省援疆指挥部召开全体会议传达学习吕祖善省长来阿克苏地区考察时的讲话精神。按照吕省长的讲话精神，提出2011年项目规划总体思路，并制订"富民安居工程"、"牧民定居方案"、"双语"教育培训规划、"扶贫帮困方案"方案等。

2010年10月，国务院做出了开展新一轮援疆工作的重大部署，明确提出了本轮援疆工作的指导思想和目标任务，提出了包括经济援疆、干部援疆、人才援疆、教育援疆和科技援疆在内的全面援疆战略，并把教育援疆摆在了非常重要的位置。发展教育事业是实现新疆长治久安的根本，普及"双语"教育是实现人民素质提升和民族融合团结的基础。

按照"到2015年阿克苏地区基本实现'双语'教育全覆盖"的目标要求，

浙江省计划在五年内，帮助阿克苏地区和兵团农一师对5072名35岁以下的少数民族中小学教师，开展学制2年的"双语"教育能力培训，使之具备熟练使用国家通用语言文字开展课堂教学的能力。至2015年，支持阿克苏地区基本实现"新两基"目标，即基本普及"双语"教育，基本普及学前2年到高中段教育。浙江省以教师培训为重点，全面推进"双语"教育；实施教师培训基地建设工程，帮助建设2个培训基地；实施"双语"寄宿制学校建设工程，帮助建设一批"双语"寄宿制学校；实施"双语"教师培训计划，即以职业教育建设为重点，拓展教育发展空间，帮助阿克苏地区重点建设一批职业学校；以合作交流为重点，提高教育教学质量，在教育各领域帮助建立对口帮扶机制，重点实施教育行政干部培训计划、骨干校长与教师培训计划、培训者培训计划、定向培养大学生计划、高等学校对口帮扶计划等一系列教育对口援助措施，帮助阿克苏地区建立一支政治合格、素质优良、业务精湛、汉语教学能力强的少数民族中小学"双语"教师队伍。

2010年10月12日，浙江省援助"双语"教师培训计划正式启动实施。浙江省首批19名援助新疆阿克苏地区的教师到达阿克苏。首批援疆教师支教团成员主要由高校教师和小学教师组成。这19名援疆教师将主要在阿克苏教育学院承担双语教师培训工作，支教时间为1年半。

2010年12月，浙江省对口援疆指挥部明确了2011年项目计划编制和2011年工作重点，提出了"以改善民生为重点，以干部人才援助为支点，以教育扶持为要点，以产业发展为亮点"的总体任务，以增进民族团结，促进边疆稳定，开创阿克苏更加美好的明天。

2011年2月24日，浙江省第七批195名专业技术援疆干部与136名党政援疆干部共331名援疆干部全部到阿开展工作，浙江援阿工作进入全面实施阶段。

2011年5月19日，浙江省教育工委副书记、副厅长蒋胜祥一行在浙江省援疆指挥部、阿克苏地区教育局、阿克苏教育学院领导的陪同下，慰问看望了在阿克苏教育学院支教的19名浙江省支教教师，并希望各位教师将浙江先进的教学理念和教学方式带到受援地的同时，发挥优势，结合实际，多做"双语"教学研究和课题设计，为浙江省今后开展大规模的"双语"教学培训工作提供经验和借鉴，助推当地"双语"教育工作再上新台阶。

2011年7月5日，浙江省援疆指挥部召开第16次指挥长（扩大）会议，专题传达学习第二次浙江省对口支援新疆工作会议精神。按照浙江省委、省政府提出的"以改善民生为重点，以产业发展为亮点，以推进阿克苏地区跨越式发展和长治久安为落脚点"的总体要求和"三个为主""三个提前、三个覆盖、三个提高"的具体要求，把握"四个突出"的工作重点，弘扬"六个特别"精神。重点着力抓好干部人才的智力援疆工作，提高受援地自身的能力和水平，全方位对口支援、扎实推进，发挥好传帮带作用，把浙江省精品教育以及教学理念留在阿克苏。

2012年，智力援疆工作全面启动实施。按照"突出重点，统筹兼顾；两地培训，就地为主；统分结合，协调推进"的原则，重点推进"干部、就业、教育、卫生、科技、文化"等六大领域的干部人才培训工作，全省计划实施52项智力援助项目，其中包括35岁以下少数民族"双语"教师培训、中小学骨干校长培训班、中小学学科骨干教师培训班。

2012年4月6日上午，浙江省援疆指挥部2012年第一季度智力援疆工作座谈会在乌什县召开。会议指出，2012年一是要保质保量按时完成好年度智力援助项目计划，其中包含阿克苏市高级中学、柯坪双语寄宿制小学、沙雅县嘉兴第一实验学校等建设项目，把握好赴浙培训项目的管理职责。二是拓宽智力援助渠道。通过"走出去、请进来"的方式，注重发挥援疆专业技术人才的示范引领作用，通过采取现场示范、举办讲座、学术报告和培训班等形式，通过"一带一、一帮一"结对帮扶的形式，为当地培养一批懂业务、技术精、会管理的专业技术人才。

2013年9月27日，浙江省援疆指挥部召开了全省援疆指挥部指挥长会议，浙江省指挥长徐纪平在会议上指出要努力开创援疆新局面，要牢牢树立"建成一个，见效一个"的理念，牢牢树立进来一批人才要能带出一批人才的理念，为受援地打造一支永远带不走的本土人才队伍；重点抓就业、产业和职业技术教育的"三位一体"；继续抓好安居富民、中小学校和医院等民生工程建设；深入抓好智力援疆工作，探索推广组团式服务的智力援疆新模式；配合抓好已建成项目的运营管理。

2014年2月26日，浙江省第八批援疆干部人才共365人正式抵达阿克苏。

按照新一轮援疆工作"就业、人才、教育"的工作重点要求，2014年4月25日，浙江省援疆指挥部举办2014年第一批援疆项目集中开工仪式，集中开工16个交钥匙项目，涉及就业、产业、职业教育、学校、医院等经济社会各个领域。

2014年5月13日，浙江省援疆指挥部认真学习贯彻习近平总书记考察新疆时的重要讲话精神，新疆工作的着眼点和着力点就是社会稳定和长治久安的重大论断，我省第八批援疆工作的理念为"建成一个项目，见效一个项目""援疆一批人才，带出一批人才""引进一家企业，促进一批就业"。

2014年8月23日，浙江省援疆指挥部坚持以习近平总书记重要讲话精神为统领，以有利于新疆社会稳定和长治久安为根本目标，启动省、市级援疆干部人才传帮带示范点建设，以工作室示范建设为切入点，打造援疆人才传帮带工作"升级版"。通过建立省、市级名师、名专家传帮带工作室，为援疆干部人才开展帮带活动提供阵地、创造条件、搭建平台、树立典型、设立标杆，有效提升本地干部人才的综合素质和能力。援疆干部人才与本地干部人才签订帮带协议书，建立帮带关系，探索四种帮带模式：一是"点对点"的结合帮带。即将帮带活动与援疆项目和工作任务结合起来，实现帮带活动与项目建设相互促进、相得益彰。二是"点对面"的拓展帮带。即根据当地人才培养需求旺盛的实际，扩大帮带对象，放大帮带效应，开展广泛的、普惠性的帮带活动。三是"面对点"的合力帮带。即根据当地紧缺的高层次人才培养需要，充分发挥援疆人才团队作用和帮带合力，对当地的某一人才群体或单位进行集中帮带。四是"面对面"的柔性帮带。即通过浙江专家结对帮扶等活动对受援地人才进行柔性帮带。

2015年3月，浙江省援疆指挥部首个统筹性智力项目启动实施，百名阿克苏地区和兵团农一师骨干校长、教师赴浙培训。从阿克苏地区和兵团农一师中小学校遴选出来的50名骨干校长和50名骨干教师启程赴浙江师范大学、浙江外国语学院接受为期2—4个月的集中专题培训。本次培训的重点是提高受训骨干校长、教师的管理水平和学科专业化水平，进一步加强阿克苏地区和兵团农一师学校管理人员及专业教师能力建设。针对阿克苏地区和兵团农一师的教育发展现状，把培养骨干校长和骨干教师作为教育智力援疆的重中之重，为促进阿克苏地区和兵团农一师的教育事业发展创造重要条件。

2015年，浙江省智力援疆加强传帮带示范工作室建设和帮带人才能力提升，切实巩固帮带成效，充分发挥援疆人才在促进民族团结中的综合效应，同时放大帮带成效，探索从"工作室"到"人才培养基地"的转变机制，深化帮带、人才援疆重实绩。注重建用结合，在援建教育城硬件的基础上，引进浙江优质教师和管理团队，做好教育城的运营管理。

2016年，浙江援疆将坚持智力援疆育人才。以"建制度、促融合，强团队、重引领，抓课程、树文化"为目标，通过一传（传理念）、二带（带徒弟、带学科）、三帮（帮教学、帮科研、帮管理）、四创（创校园文化"特色校"、创课程改革"先锋校"、创民族团结"促进校"、创教育援疆"示范校"），充分发挥援疆教师的引领、指导、服务、示范、辐射作用，搭建促进两地教师共同研究、引领课程改革，建设南疆特色名校的载体平台。安排双语幼儿园建设、中小学校建设、体育场建设、教学设施设备配套等项目，改善当地办学条件；深入实施人才传帮带工程，为当地培养一支优秀的教师队伍；安排双语教师培训、骨干教师和校长赴浙培训等项目，提升师资水平。

浙江省第九批援疆工作进一步围绕新疆的社会稳定和长治久安，着力加强中小学的基础设施建设和贫困大中学生支持，更加突出国语幼儿园建设、"双语"教育教学能力提升工程、百校联动等多个项目，提升学生的受教水平和整体人口素质，使国语得到普及，国学得到弘扬；重点抓好"组团式"帮扶人才援疆模式，建立"传帮带提升"机制，加大浙阿两地交往交流交融的力度，为当地培养一批留得住、能战斗、带不走的人才队伍。

2018年，根据教育部等国家四部委"万名教师支教计划"的统一部署，浙江省加大教育援疆力度，增派了475名在职教师进疆支教，特别是其中有38名高校教授、副教授在3、4月来到新疆大学科学技术学院阿克苏校区，助力学校转设新疆理工学院。新增援疆教师以普通中小学教师为主，加上中组部计划第九批第二期集中轮换的126名援疆教师以及短期柔性援疆教师，人数已超600名，居全国19个援疆省市第一位，同时也奠定了浙江省援疆指挥部指挥长王通林部署的教育援疆从幼儿教育到高等教育的"全链式"新格局。

｜ 第三节　新一轮杭州对口支援阿克苏市教育简述

阿克苏，维吾尔语意为"清澈奔腾之水"，位于新疆天山南麓、塔里木盆地北缘，地处南疆中部，东接巴音郭楞蒙古族自治州，西与吉尔吉斯斯坦、哈萨克斯坦交界，南与和田地区、喀什地区、克孜勒苏柯尔克孜自治州相邻，北以天山为分水岭，同伊犁哈萨克自治州接壤。全地区总面积13.13万平方千米，边境线长235千米，辖阿克苏市、库车县、沙雅县、新和县、拜城县、温宿县、阿瓦提县、乌什县、柯坪县等8县1市、85个乡（镇）、42个农林牧场，新疆生产建设兵团农一师阿拉尔市及16个团场分布在地区境内。全地区总人口250.83万人，有36个民族聚居，城镇人口为82.25万人，乡村人口为168.58万人，乡村人口占总人口比重为67.21％。历史上是西域古龟兹、姑墨国所在地，是"古丝路"重镇，素有"塞外江南""瓜果之乡""歌舞之乡"的美誉。

阿克苏地处南疆中部，是新疆南北要冲和东西贯通的关节点，是伟大祖国向西开放的桥头堡，区位、地缘优势十分突出。以阿克苏市为半径，向东距巴州520千米，向北距伊犁460千米，向西距喀什480千米，向南距和田450千米。从经济学的角度讲，阿克苏地处南疆中心的经济辐射效益是最佳的。阿克苏地区乌什口岸的开通，铁路、公路的建设，距吉尔吉斯首都比什凯克470千米，距巴基斯坦700千米，将使我们由内陆腹心地区变成向西开放的前沿阵地，这对阿克苏利用国内外"两种资源、两个市场"，做大做强商贸物流产业，打通亚欧国际经贸大通道意义重大、影响深远。

根据党中央、国务院和浙江省委、省政府新一轮对口支援新疆促跨越式发展和长治久安的工作部署，杭州作为试点城市，对口支援新疆阿克苏市。新一轮援疆是经济援疆、干部援疆、人才援疆、教育援疆、科技援疆的综合性援疆，杭州援疆通过全方位、多层次、多领域的对口支援来促进阿克苏市实现跨越式发展，以"杭州质量""智慧杭州""杭州速度""杭州品牌"，努力为阿克苏人民服务、为浙江人民争光。为了新疆的社会稳定和长治久安，杭州市对口支援工作始终走在全疆、全省前列。

2010年5月5—8日，杭州市委副书记王金财、副市长俞志宏率领杭州市党政考察团到阿克苏市对接相关工作，实地考察了阿克苏市拟定的试点项目。

2010年6月3日，杭州市对口支援阿克苏市指挥部全体成员入疆开展对口支援工作，做到"全国第一批，全省第一个"。

2010年6月11－13日，浙江省委常委、杭州市委书记黄坤明率杭州市党政代表团来阿克苏考察对口支援工作，为杭州市对口支援阿克苏市指挥部揭牌，召开对口支援工作交流座谈会，确定援建试点项目。

2010年6月底，杭州市对口支援办会同指挥部，带领市相关部门专家赴阿克苏市开展对口支援规划编制和调研工作。通过实地踏勘、详细梳理和沟通对接，规划调研组明确了阿市的基本情况，掌握了阿市在项目援建、产业发展和智力援助方面的实际需求，确定《杭州市对口支援阿克苏市2010年第一批试点项目计划》。2010年共安排援建试点项目9个，含幼儿园援建民生项目和支教援助项目。其中智力援助项目于8月初启动，第一批阿克苏市教育培训考察团赴杭学习。

2010年8月30日，杭州市委常委、常务副市长杨戌标随浙江省党政考察团到阿克苏检查指导对口支援工作，杭州援建5个试点项目全面开工建设，其中包含栏杆"双语"幼儿园建设项目。阿克苏市栏杆"双语"幼儿园是浙江省首批援阿试点项目，也是杭州市2010年援建阿克苏市教育系统的第一个工程。

2011年2月25日，浙江省委常委、组织部部长蔡奇一行考察阿克苏市栏杆"双语"幼儿园等项目建设情况。

2011年，杭州市援疆指挥部紧紧围绕"改善民生为重点，产业发展为亮点，智力援助为支点，促进跨越式发展和长治久安为落脚点"的总体要求，把教育放在援疆工作的优先战略地位。着眼于教育援疆的长期效益，实施"双语"育才工程，大力推进教育基础设施建设。投资800万元，建成并正式启用的阿克苏市栏杆"双语"幼儿园，成为阿克苏市教学设备最齐全、教学设施最完善的"双语"幼儿园；投资1.5749亿元（援助资金1.0849亿元），启动建设48个班规模的阿克苏市高级中学，计划2012年底基本建成，2013年秋季正式投入使用，建成后将极大改善阿克苏市教育基础条件；安排援建资金1849.5万元，建设地区教师培训中心项目等。其中安排援助资金843万元，实施"双语"骨干教师培训等智力援助项目，有力增强当地自我发展能力。

2012年，杭州指挥部加大智力援疆力度，持续推进"双语育才"的重点民生项目，提升阿克苏市软实力建设。按照中央、地区及省指挥部有关要求，通过"走出去、请进来"的方式，注重发挥援疆干部人才的示范引领作用，通过采取现场示范、举办讲座、学术报告和培训班等形式，为当地打造一支"永远带不走的干部队伍"。组织开展杭阿两地学校"一带一"结对工程，2012年3月份牵线阿克苏市10所中小学与杭州市12所中小学校分别建立结对帮扶关系，在杭州举办了学校结对合作启动仪式。充分发挥援疆教师示范作用，通过选派的12名援疆教师承担教学任务、师徒结对、教育讲座等形式，把杭派教育理念与阿克苏的教育有机融合。

2012年6月底前完成阿克苏市高级中学项目房屋框架结构工程，为年底前完成除室内装修、沥青路绿化以外所有工程打好基础，确保学校于2013年上半年全面建成。

2013年加大杭阿两地学校的结对工作，组织开展"杭州专家阿克苏行"等系列活动，组织实施新疆大学生赴浙江培养和"双语"教师培养等项目。

2013年5月30日上午，由浙江省杭州市援疆指挥部牵头，阿克苏市教育局、援阿办、质检站等部门组成的联合验收组，对杭州援建的阿克苏市高级中学项目进行竣工验收，项目通过验收。阿克苏市高级中学项目属杭州援建的重点项目之一。项目占地面积13.84万平方米，总建筑面积5.5万平方米，包括教学楼、宿舍楼、科技楼、图书科技综合楼、行政楼、体育馆、食堂、报告厅等12栋单体建筑物及配套附属设施。项目总投资1.5749亿元，安排杭州援建资金1.0849亿元，开设48个班，可容纳学生2400名。学校环境优美、功能齐全、适度超前，极大地改善了阿克苏市教育基础条件，填补了阿克苏市属中学没有独立高中的空白，为教育强市打下了坚实的基础。

2013年8月，杭州援建阿克苏市高级中学天文台，这是我国最西部、设备最齐全、仪器最先进的中学生远程控制天文台。并邀请国家天文台首席科学家胡景耀、新疆天文台光学部主任马路、杭州高级中学正高级教师林岚等专家多次到阿高指导，开展科普知识讲座，训练天文社团师生操作仪器设备，讲解观测星空的方法和技巧，传授全国中学生天文奥赛经验。

第七批杭州教育援疆，在教育软件建设方面，从"双语"育才、智力援助等民生工程入手，实施"双语"骨干教师培训、"双语"教师培训、中小学教师"双语"培训，选派骨干校长、骨干教师赴杭州进行"双语"教育教学培训，邀请杭州市教育局派遣多名专家赴阿克苏市开展"杭派教育展示月"活动，有教学、培训、学术交流活动等形式，为阿克苏市少数民族教师学习"双语"提供了机会和平台。

杭州市援疆指挥部始终发挥桥梁纽带作用，把加强杭阿两地交流交往交融贯穿于新一轮援疆工作的各个阶段、各个环节。坚持做到同步着力、共同运作，形成同心同向同调同力推进援疆工作的良好局面。

杭州市援疆指挥部按照省指挥部的总要求，围绕第四次全国援疆工作会议提出的"抓好就业、教育和人才培养"工作重点，紧贴当地需求选择项目，精心设计规划强化建设管理。指挥部注重杭州品牌建设，积极发挥杭州市在智力开发、人才培养等方面的优势，以满足当地需求为牵引，以服务基层群众为目标，统筹规划，分步实施，真正形成"输血"与"造血"并重、帮带与传承相结合的良性机制，不断提升阿克苏市软实力。指挥部提出"智慧援疆"的理念，将杭州的特色和优势资源引进、融入援疆项目的建设和实施中，按照"援疆一批人才、带出一批人才"的目标，全力实施"十百工程"，形成"输血"与"造血"并重、帮带与传承相结合的良性机制，让"留下骨干人才、援疆精神、杭阿文化"的设想变成现实，将"智慧杭州"的品牌与"智力援疆"的服务内涵无缝对接。

2014年，杭州市援疆指挥部启动百名专技人才"骨干工程"，选派中小学（幼儿园）名校长、骨干教师、"双语"教师赴杭培训2—3个月。根据名校长、骨干教师、"双语"教师等培训对象的不同，分类确定培训内容和培训方式。骨干校长培训侧重学习学校管理经验，采用专题讲座、调研考察等方式；骨干教师培训侧重学习教学技能，采用导师指导、跟班学习等方式；"双语"教师培训侧重学习汉语运用，采用小班教学、小组合作等方式。

开展百名大学生"放飞梦想、服务家乡"活动。通过宣传发动、报名和资格审查、笔试面试等程序，从阿克苏市在外就读大学生、未就业大学生中遴选出维吾尔族、汉族大学生到阿克苏市高级中学、四中、八中、一校等九所中小学校，为广大中小学生开展汉语言文学等专业特长兴趣教学和爱国爱党爱疆教育宣讲。

大力推进人才帮带提升工程。一是实施百场远程互动"教学工程"。在杭州市教育局、杭州市源清中学和指挥部的大力支持下，杭州市源清中学—阿克苏市高级中学之间首个远程互动教室于2014年9月建成并投入使用，全面开启了远程智慧援疆新模式。通过远程教学辅导、远程师资培训、课堂教学诊断、精品课程分享，极大地提高了阿克苏市高中教育教学水平。发挥远程互动教室效用，用最便捷的方式、最先进的技术把杭州的优质教育资源辐射到阿克苏。二是实施百名师徒结对人才"帮带工程"。援疆教师与当地教师建立一对一、一对多的"师傅带徒弟"帮带关系；开展"杭派教育"展示活动，杭州名师名校长、援疆教师与当地骨干教师一起开展"同课异构"等教研活动。

按照"组团式建学科、共建式带队伍、广覆盖提水平"的目标，分别在阿克苏市高级中学和阿克苏市第四小学建立高中数学、小学语文两个青蓝工作室。完善教育软硬件设施：新建图书室并捐赠图书，建立高中数学青蓝工作室和2个微机室，建立阿克苏市高级中学机器人工作室，改造运动场馆，改善办学条件，支持阿克苏市高级中学创建南疆一流名校。

2015年，指挥部以杭阿共建工作室建设为载体，大力推进援疆人才传帮带工作，延伸覆盖。深化杭阿协作共建机制、策划系列活动、完善考核机制。根据当地需求，投入200万元，新建小学数学工作室。继续发挥已建高中数学、小学语文工作室的效用，使工作室发展步入快车道。

率先打造一流的小初高远程智慧教育平台。发挥杭州"互联网+"和杭州结对学校的优势，建设杭阿远程互动教室，用最便捷的方式、最先进的技术把杭州的优质教育资源辐射到阿克苏市。投资新建杭州市采荷实验中学—阿克苏市第四中学、杭州市文三街教育集团—阿克苏市第二小学2个远程互动教室和阿克苏市第六中学高清录播教室，实现了远程智慧教育小初高全覆盖。为方便开展教研活动，指挥部援赠阿克苏市教育局一辆15座福特面包车。

2015年地区援疆工作会议上，地委书记窦万贵、行署专员麦尔丹给予充分肯定，认为建远程互动教室投入不多，效益很好，实现了与杭州名校名师的同步交流互动，对提升当地老师的教学水平和教学质量大有益处，值得其他县市借鉴。

2015年5月，浙江省援疆人才传帮带工作现场推进会在阿克苏市高级中学召开，现场观摩杭州援建的工作室、远程互动教室，观看杭州智力援疆宣传片和展板，推广杭州人才传帮带工作典型经验。

2016年，杭州援疆指挥部进一步深化教育智慧援疆。在阿克苏市城乡部分中小学建设远程高清视频互动教室，以教学质量相对较高的4所城区学校和乌鲁木齐第二十三中学、石河子第十一小学为辐射中心点，以29所农村学校（薄弱学校）为辐射中心点，形成远程高清音视频互动课堂网络教学系统，实现城区农村学校学生同步学习，促进城乡教育均衡发展。

杭州市第八批教育援疆坚持以需求为导向，充分发挥杭州优势，在教育援疆干部潘长青的安排下，以人才培训、人才帮带、教育质量提升等为重点，助力当地人才培养，助推教育内涵发展、造血发展，形成了走在浙江援疆前列的教育援疆系列举措：一是多层次、多形式，深化教育人才培训。二是搭平台、建机制，推进人才帮带工程。三是领潮流、创特色，打造远程智慧教育。四是补短板、破瓶颈，扶持特色教育发展。阿克苏市中小学生科技艺术教育有基础、有亮点，但存在教学设备短缺、辅导教师专业水平不高等问题。针对这一情况，杭州市援疆指挥部实施特色学科建设项目，软硬配套，补齐短板，破解瓶颈，扶持中小学生科技艺术教育。加强中学生天文教育。三年持续给阿克苏市高级中学天文台投入资金，增添设备，使其成为当前我国最西部、设备最齐全、仪器最先进的中学生远程控制天文台。加强机器人学科教育。继续投入援疆资金，优化阿克苏市高级中学机器人教育场所，捐赠足球项目、VEX项目、综合技能项目等机器人竞赛器材，支持阿克苏市高级中学机器人学科发展，选派科技教育辅导教师赴乌鲁木齐、北京、杭州等地培训，使其开阔视野，提高专业素养和实践能力。加强小学生艺术教育。向阿克苏市第一小学、第二小学、第四小学、第七小学和依干其乡中心小学鼓号队捐赠鼓号及表演服装；资助阿克苏市第二小学编写《鼓号畅想少年志》《乘着歌声的翅膀》《向着快乐出发——口风琴教程》等系列校本教材，提升艺术教育水平。五是重硬件、提内涵，打造南疆一流名校。阿克苏市高级中学是杭州重点援建项目。学校投入使用后，指挥部全力支持学校创阿克苏地区乃至南疆一流名校。

2017年2月22日，杭州市选派第九批援疆干部20人、援疆人才15人，共35人赴阿克苏开展对口支援工作。

2017年2月28日，杭州第九批第一期九位援疆教师分赴阿克苏市高级中学、阿克苏市实验中学、阿克苏市第四中学及阿克苏市第二小学接受组织任命。

2018年9月3日，杭州第九批第二期九位援疆教师分赴阿克苏市高级中学和阿克苏市第四小学接受组织任命。

2018年，国家教育部实施"援藏援疆万名教师支教计划"，杭州积极响应，共选派66名教师赴新疆阿克苏市支教（其中赴阿克苏市中小学支教教师58名，赴阿克苏地区职高支教8名），于同年8月22日进疆开展为期一年半的支教工作。

至此，杭州第九批援疆支教教师共选派84名，是自对口支援新疆阿克苏市工作开展以来教育援疆中选派教师最多的一次。支教教师成立杭州支教团，分设8个小组，支教单位覆盖从学前到高中全学段学校。

教育是民生之基，教育援疆是对口援疆工作的重要组成部分，是长期稳疆建疆工程中的基础性工程。同时，教育是阻断贫困代际传递的治本之策。杭州市援疆指挥部围绕"传承、敬业、团结、精彩"这一主题，把教育援疆作为第九批援疆工作的重中之重，紧紧围绕受援地教育实际情况和发展需求，坚持硬件改善与内涵提升并重，全方位支持受援地的教育发展，努力实现"打造智力援疆精品，争创援疆工作亮点"的目标。

自2017年始，新疆维吾尔自治区党委就提出教育惠民工程，明确了适龄儿童应入尽入校园、全面推行国家通用语言全覆盖等具体要求，第九批杭州援疆指挥部考虑到建设幼儿园不但可以立即解决适龄儿童应入尽入的需求，更重要的是通过小手拉大手，稳定人口，为社会稳定和长治久安做贡献，因而决定加大教育基础设施建设投入，三年建设四所示范性幼儿园和一所九年一贯制学校，并持续对已在运行的援建学校投入资金。

2017年，全年杭州市援疆指挥部在教育援疆上加大力度，投入援助资金300万元，购置相关教育教学软件及设备带进课堂，有效弥补"双语"教师资源不足、少数民族教师发音不准等短板，提升国语教学水平；协助阿克苏市第二小学成为"中华优秀传统文化进校园"地区级示范点；重点建设多浪幼儿园，从班子配备到教师配备、设计优化方面，为建成阿克苏市幼儿园教育示范校打下基础；促成一系列有爱心真帮困的捐资助学活动，创立"多浪公益行动"和点亮微心愿等助学活动；等等。

2017年5月，杭州市援疆指挥部全额投资2041万元，以130天的"杭州速度"建设阿克苏市多浪第一幼儿园，建筑面积5140.39平方米，占地面积约1.13万平方米，开设班级18个班，班额30名，解决附近540名少数民族幼儿入园问题。

2017年，杭州市援疆指挥部促成杭州市教育局与阿克苏市教育局签署两地帮扶框架协议（2017—2019）；促成3所阿克苏市学校与杭州3所学校结对成友好学校；促成杭州师范大学与阿克苏市高级中学签署帮扶协议，致力于全面提升阿克苏市高级中学教育教学质量，将其打造成"南疆示范高中"，使其提升为"地区高中教学示范中心"，因此通过开展"千节听课、结对百人"的活动、构建杭阿"智慧+空中丝路课堂"远程师训平台等举措加快教师队伍培养的速度和覆盖面，其中2017年2月—2019年7月杭阿共建"智慧+空中丝路课堂"开课56讲，培训阿克苏市教师1.13万余人次。

2018年，杭州市援疆指挥部援建成立阿克苏市骨干书记（校长）工作室，同时持续高标准、高效率运营小学语文、小学数学、高中数学三个学科工作室，指导开展各项教研训活动，并组织地区级、市级比赛及培训。

2018年，全额投资1500万元建设富阳幼儿园，解决片区432名少数民族幼儿入学难问题。同期投资1.6亿元全额援建九年一贯制阿克苏市天杭实验学校。对已经运行的援建学校，加大资金投入，投资200万元提升阿克苏市高级中学校史馆、图书馆等校园文化设施；投入50万元提升改造了多浪幼儿园多功能接待大厅，使之成为能同时培训250余名教师的培训基地；投入30万元，援建"有声童书馆"，投入10万元成立"童·话"工作室。

2018年8月，组织17名骨干教师赴杭挂职培训两个月，组织35名幼儿园园长赴杭进行为期两周的培训，着力解决学前教育大发展带来的教育管理难题。

2018年10月举办"探索融合未来"杭阿名校长高峰论坛，杭州市援疆指挥部指挥长杨国正出席开幕式。

2018年，针对杭州58名支教教师将来阿支教，指挥部党委早谋划、早准备，投入经费300多万元，做好支教教师人员分配、房间装修、车辆购置、伙食保障等前期工作。

2018年，打造工作室2.0升级版——阿克苏市教研中心。在杭州教育援建六个青蓝工作室的基础上将其升级为阿克苏市教研中心，发挥杭州援疆教师和当地骨干教师团队的示范、引领和辐射作用，形成以杭阿两地骨干教师为核心的高层次骨干教师团队和专家型教师研究群体，建立创新优秀教育人才成长培养机制，切实提高各学科教学教研水平，促进阿克苏市教育改革不断深化。

促成2所阿克苏市学校与杭州3所学校结成友好学校，发挥杭州教育优势，加强杭阿两地校际交流，开创性地举办了首届杭阿两地名书记、校长高峰论坛，给当地教育领头人带来了头脑风暴；开设各学段高端论坛六场，面向阿克苏市幼教、小学、初高中全学段进行理念更新，促进杭阿两地之间教育系统交往交流交融；积极联系杭州市教育局及下属各县区教育局代表团等诸多教育部门及相关学校来阿交流送教。

选送阿克苏市优秀骨干教师赴杭培训挂职学习，阿克苏市教育系统赴杭交流，有力助推阿克苏市教育理念更新和教师水平提升，到杭州市培训挂职经历已成为阿克苏市教师队伍提拔重用的必备条件。指挥部人才组加强与杭州市教育系统的沟通交流，积极参与阿克苏市学校文化创建与提升，将杭派美好教育文化渲染到每所受援学校。

创立杭阿共建"智慧＋空中丝路课堂"教育援疆品牌。以"互联网＋"的新常态技术，跨越时间与空间的约束限制，将杭州美好教育与阿克苏空中连线，助推阿克苏教育飞速发展。

在阿克苏市教科局的大力支持下，阿克苏学校建成录播教室集群，阿克苏市85所中小学基本完成录播教室建设，既可实现城区中心校与乡镇学校的视频对接，也能实现杭州与阿克苏无缝对接，实现杭州一校一师一课对接阿克苏全市学校、教师等，覆盖面更广。

2019年5月，由杭州市援疆指挥部主办的"分享·交流·未来"杭州新锐教师赴阿送教活动在阿克苏市高级中学开展，杭州市援疆指挥部副指挥长周华、万重丰，阿克苏市委常委潘万峰、阿克苏市教科局党委书记焦向阳等出席开幕式。

2019年6月，由杭州市援疆指挥部主办的"分享·交流·未来"浙派高中数学名师赴阿送教活动在阿克苏市高级中学开展，杭州市援疆指挥部党委书记、指挥长杨国正，阿克苏市副市长、政府党组成员、教育工委副书记杨海凤，杭州市援疆指挥部副指挥长、纪委书记万重丰，浙江师范大学数学和计算机学院社会服务中心主任朱伟义，阿克苏市委教育工委副书记、阿克苏市教科局局长阿孜古丽·阿布都克然木，杭州市援疆指挥部人才组副组长、阿克苏市教科局副局长吴栋栋，阿克苏市委教育工委委员张全金等出席开幕式。

2019年5月，教育部相关领导带领的考察团赴阿克苏市观摩杭州援疆援建工作的精品阿克苏市高级中学，并给予很高评价。

2019年，杭州市援疆指挥部促成杭州市天杭实验学校与筹建中的阿克苏市第十六中学结成友好学校，阿克苏市第十六中学更名为阿克苏市天杭实验学校。

2019年8月8日，杭州市委、市政府书记周江勇，杭州市教育局局长沈建平等领导赴阿参加了阿克苏市天杭实验学校交钥匙仪式，周江勇书记把钥匙交到了阿克苏市委书记马国强的手中，学校正式投入运行。

2019年，杭州市全额援建明德幼儿园和西湖幼儿园，9月两所幼儿园交付使用。

2019年8月28日，由杭州援建的兵团农一师八团春江幼儿园项目在杭州市援疆指挥部干部并任兵团农一师八团党委常委、副团长的王龙华主持下举行了交付仪式。杭州市富阳区副区长、公安分局局长赵志军向兵团农一师阿拉尔市党委常委、副师长马荣华交付幼儿园钥匙。杭州市援疆指挥部副指挥长、兵团农一师一团党委常委、副团长万重丰，兵团农一师阿拉尔市教育局局长贺卫华，兵团农一师八团党委副书记、团长靳生贵，兵团农一师八团党委常委、副政委徐淑顿，富阳区市场监管局党委书记、局长戴爱良，富阳区妇联党组书记、主席钟怡媛，富阳区灵桥镇党委副书记、镇长李迪华，富阳区渌渚镇党委副书记、镇长夏钟明，富阳区教育局调研员郭一莲等出席仪式。

兵团农一师八团春江幼儿园项目总投资1200万元，资金来源为浙江省杭州市富阳区财政专项资金捐赠1000万元和中央预算内资金200万元。投入使用的春江幼儿园极大地满足了团场广大职工家属的需要，为进一步集聚人口、改革发展提供了有利条件。春江幼儿园为富阳区和兵团农一师八团架起了友谊的桥梁，丰富了对口支援兵团的工作内涵，体现了舍家报国、倾情援疆的奉献情怀。

2019年12月17—18日，杭州市第十批援疆指挥长黄建正、副指挥长莫峰、副指挥长袁建强等抵达新疆阿克苏地区阿克苏市，与杭州第九批援疆指挥部进行交接工作，接过第九批杭州援疆接力棒，开启了新的援疆征程。相信杭派美好教育之花将遍开阿克苏。

党的十九大报告指出，建设教育强国是中华民族伟大复兴的基础工程，必须把教育事业放在优先位置。杭州援疆指挥部为了让杭派美好教育理念在阿克苏落地生根，引领阿克苏市基础教育水平整体提升、跨越发展，三年来，加大教育基础设施建设，建成阿克苏市多浪第一幼儿园、富阳幼儿园、明德幼儿园、西湖幼儿园和天杭实验学校"一校四园"，与杭州援建已运行六年的阿克苏市高级中学一起构成覆盖学前、小学、初中、高中基础教育全学段的"杭派十五年美好教育示范线"，这是一把为阿克苏孩子打开美好未来之门的金钥匙，是杭州教育援疆留在阿克苏的一道亮丽民生风景线。

上　篇

杭州教育援疆之美好建设篇

吟一阕秋水，落一笔长天。

诗和远方，如约而至。

等得辛苦，却从不辜负。

凿井者，起于三寸之坎，以就万仞之深。

教育是阻断贫困代际传递的治本之策，是贫困学子改变命运、实现人生出彩的重要手段，教育就是要从娃娃抓起。浙江省第九批援疆指挥部计划全力建设"双十示范"工程（在阿克苏地区和兵团农一师阿拉尔市，充分调动浙江援疆资源，打造10个示范新农村、10个示范幼儿园），通过新建、改建或建成提升等方式创建一所所建筑布局新颖、设施设备完善、办园理念先进、组织管理科学、交往交流创新、国学教育领先的基层示范幼儿园。

杭州市第九批援疆指挥部紧紧围绕新疆的社会稳定和长治久安工作总目标，遵循浙江省援疆指挥部布局，统筹规划援建一批有品质有文化的教育基础设施。2017年全额投资2014万元以"杭州速度"援建阿克苏市多浪第一幼儿园，2018年全额投资1500万元建设富阳幼儿园，同期投资1.6亿元全额援建九年一贯制阿克苏市天杭实验学校，2019年全额投资援建明德幼儿园和西湖幼儿园，同时，对已经援建运行中的阿克苏市高级中学也加大资金投入，提升健全其校史馆、图书馆、运动场馆等校园文化设施。

杭州市援疆指挥部把阿克苏市多浪第一幼儿园、富阳幼儿园、明德幼儿园、西湖幼儿园、九年一贯制学校阿克苏市天杭实验学校和阿克苏市高级中学一起构成覆盖学前、小学、初中、高中基础教育全学段的"杭派十五年美好教育示范线"，用杭州教育资源，从软件上支撑这几所校（园）成为阿克苏市乃至地区的教育教学示范中心，使之成为杭州教育援疆留在阿克苏的一把能为阿克苏的孩子们打开美好未来之门的金钥匙。

第一章　阿克苏市多浪第一幼儿园

阿克苏市多浪第一幼儿园

　　百年大计，教育为本。阿克苏市学前教育虽取得了一定的发展，但学前班办学条件较差、教学设备严重匮乏、"双语"教师结构性缺编等短板，仍制约了学前教育的推进。

　　因此，杭州市援疆指挥部把阿克苏市多浪第一幼儿园项目作为2017年度对口援建重点项目。项目建成后，将是少数民族聚集的多浪片区的第一所公立幼儿园，周边4岁以下的幼儿可免费入学。项目建设用地面积1.12949万平方米（约16.94亩），主体建筑面积约5000.73平方米，为地上三层建筑，一期总投资1500万元，设有18个班，可解决540个幼儿入园问题。幼儿园按"两教一保"的标准配备教师，并配备专职保育员、保洁员、保安、食堂人员等。

两年半来，多浪幼儿园硬件配备和师资水平均已走在阿克苏市幼教系统前列，将持续以"自治区一流、阿克苏第一"为目标，用一流的教学环境，以一流的师资软件，把孩子培育好，小手拉大手，为促进民族团结做出贡献。

｜ 第一节　关键词

一、关键词一：杭州速度

阿克苏市多浪第一幼儿园是由杭州全额援建的一所示范性幼儿园，建设总投资2041万元。幼儿园2017年3月28日开工，从开工到建成仅花了130天，创造了浙江援疆的"杭州速度"。在多浪第一幼儿园项目建设过程中，杭州市援疆指挥部始终把质量和安全摆在第一位，坚持挂图作战、倒排日程、全程监管、责任到人，实现了当年设计、当年开工、半年交付的目标，创造杭州援疆速度，打响杭州援疆品牌。

提速1　2017年春节期间，已放假返杭的指挥部领导们为了抓进度，仍每天和阿克苏当地有关部门协调项目有关事宜。春节假期结束，项目规划设计方案就送到了评审专家手中。但出乎意料的是未能通过，原因是面积不够，需在原来规划的9亩用地的基础上再增加7亩，得再修改完善。

提速2　指挥部领导和相关办组迅速协调，并会同阿克苏市相关部门一起重新规划立项。在浙江省援疆指挥部和杭阿两地市委、市政府的高度重视和大力支持下，短短2个月即完成了选址认证、规划许可、地质勘探等各项准备工作，具备了正式开工建设的条件。3月28日，多浪街道第一幼儿园项目现场签署项目责任书和施工合同。

提速3 招标完成第二天，援疆指挥部就召集施工、监理等单位开碰头会，提出幼儿园项目要创"天山杯"，倒排工期时间表，建立协调机制；施工过程中遇到的小"插曲"如施工用水用电、基础回填的砂石等问题原则上必须当天解决。

提质 工期要赶上，质量可不能落下。施工期间，杨国正指挥长多次到工地检查，督促施工单位、监理单位落实责任。项目组组长庄伟庆和规划建设组吴石玄伟更是每天跑工地，了解工期进展和施工中遇到的问题，监督工程质量。特别是在第一层浇筑时，他们发现有气泡，立即要求施工单位更换技术员，前前后后更换了3个技术人员才过关。

善谋 除了紧盯"安全、进度和质量"，杭州市援疆指挥部提前谋划幼儿园软实力建设。组织相关人员到阿克苏其他幼儿园考察装修等方面问题，要求确保实用、环保，尽可能将有限的资金用到孩子们身上，改善教学设备。

添暖 在多浪第一幼儿园建设期间，杭州日报、杭州市援疆指挥部、浙江省阳光爱心公益服务中心等单位共同发起"多浪公益行动"，面向全社会募集资金和物资，用以帮助阿克苏当地的贫困家庭儿童，为新入学的维吾尔族孩子们送上新书包、玩具、书本等。

二、关键词二：师生成长空间

幼儿园按照"设计整体化、形式新颖化、色彩斑斓化"原则，做到层层有特色、班班有主题，积极创设一个童话世界。

2017年8月6日，车俊书记参观幼儿园，看见大厅墙上写着的办园理念"生活中做孩子的母亲，游戏中做孩子的伙伴，困难前做孩子的导师"时，勉励幼儿园教师说，现在硬件设施有了，后期一定要做好软件建设，教师的能力要提高，并且要和杭州的幼儿园多联系、多学习。把小孩子教育好了，能够"以小带大"，影响到整个家庭，让家长的思想和素质都得到提高。

三年来，孩子们在幼儿园里正规地学国语，学国学，健康快乐地成长，不仅国语水平大大提高，而且国家意识、爱国情怀都得到很好的培养。对孩子们的教育自然而然地影响到家长，家长常常来到幼儿园打扫卫生，帮忙做义工，以实际行动为幼儿园出一份力。多浪第一幼儿园已经成为阿克苏市民族团结、民族交融的一个亮点。

2018年，杭州市援疆指挥部援助50万元提升改造多浪第一幼儿园的多功能接待大厅，改造后能同时培训250余名教师，使之成为全阿克苏市学前教育教师的培训基地。杭州选派2名优秀幼教支教教师领衔对培训基地开展工作。阿克苏市学前教育培训基地的成立是杭派教育援疆的一个扎实举措，不仅建设发展好杭州援建多浪第一幼儿园，更要以点带面，以示范引领阿克苏学前教育总体提升。

2018年，指挥部持续投入资金帮助幼儿园整体提升，建造了"有声童书馆"，让青蓝学前教育"童·话"工作室落户多浪第一幼儿园，该工作室是阿克苏市第一个也是当前唯一一个学前教育的工作室。工作室将以"提升、共赢、引领"为理念，以推广国家通用语言为目标，以专题研讨为抓手，通过理论学习与实践研修，在深入调研、实践的基础上，不断开展送教下乡、对点指导、理论学习、专题研讨、考察学习等活动，为阿克苏市学前教育推广国家通用语言工作开启真正的破冰之旅。牵线幼儿园与杭州市天水幼儿园（甲级幼儿园）结对，在"万名教师支教计划"中，选派了一名经验丰富的杭州幼教援疆教师担任副园长。经过不懈的努力，多浪第一幼儿园教师整体水平得以迅速提升，在2017年年终综合评测中位列阿克苏国语幼儿园的第二名。

三、关键词三：果果一班与车俊

自2017年入园两年来，阿克苏市多浪第一幼儿园果果一班的孩子们在教师们的悉心呵护和温情陪伴下，学习了科学文化知识，掌握了国家通用语言文字，收获了快乐幸福的童年。

2019年5月26日，孩子们在毕业之际，激动地向车俊爷爷写了一封信，介绍自己的家乡——阿克苏市，讲述了小朋友们眼中两年间快乐精彩的幼儿园生活和家乡变化，表达了感恩奋进、早日成才的决心。

2019年6月24日，时任浙江省委书记车俊在给多浪第一幼儿园果果一班的回信中再次勉励小朋友们："你们是祖国的未来和希望，希望你们牢记习近平爷爷的嘱托，从小树立爱祖国、爱人民的优良品德和远大理想，努力学习、刻苦锻炼、健康成长，长大做对国家、对人民、对社会有用的人。"

阿克苏市多浪第一幼儿园果果一班的小朋友们：

你们好！打开你们精美的来信，看到整齐的字、漂亮的画，就像看到了你们快乐地在童话城堡般的幼儿园里学认字、唱儿歌、背唐诗、画图画、练舞蹈……更让我高兴的是，你们不仅自己学普通话，还把幼儿园学到的故事儿歌讲给爸爸妈妈听，让爸爸妈妈也说普通话，很了不起。你们的老师说得好，中国人要会讲中国话。我们的祖国有五十六个民族，各族人民像石榴籽一样紧紧抱在一起。浙江和新疆虽然远隔千里，但是浙江的叔叔阿姨们与你们的爸爸妈妈心意相通，共同努力为你们创造幸福美好的生活。

你们是祖国的未来和希望，希望你们牢记习近平爷爷的嘱托，从小树立爱祖国、爱人民的优良品德和远大理想，努力学习、刻苦锻炼、健康成长，长大做对国家、对人民、对社会有用的人。

　　祝你们健康快乐！祝幼儿园的小朋友们健康快乐！何幼儿园里的老师们问好！

车俊

2019 年 6 月 24 日

在孩子们心中，车俊书记是睿智博学的"大朋友"，也是和蔼可亲的"车爷爷"。深情的嘱托，美好的祝愿，如阳光点亮孩子们的梦想，如雨露滋润着孩子们的心灵。

┃ 第二节　多浪公益行动

一、第一季：大爱杭州，情系多浪

　　7月某一天下午4点多的阿克苏，太阳把大地烤得发烫，5岁的乃非萨·艾克拜尔，穿着一双破旧的拖鞋，拉着2岁半的妹妹在巷子里玩耍。乃非萨的家不大，小平房里挤着她和爸妈、哥哥、妹妹五口人。房子墙壁上的水泥有了裂缝，一家人生活休息最常用的地方，是一个由裸露的砖头搭起来的炕。炕上放着两个毛绒玩偶，都蒙了一层灰，玩具里的填充物有一部分已经掉出来了——这是乃非萨和妹妹最珍爱的玩具。哥哥14岁，读初一；乃非萨该读幼儿园了；妹妹还小，要再等一年才上学。他们家是低保户，全家靠她爸爸打零工维持生活，家庭月收入不到2000元。

乃非萨所在的多浪街道片区有一所九年一贯制的依尔玛学校，开设了四个学前班，能解决260名儿童就学，另有11家私立幼儿园（平均每家100个孩子），按月收费，中等水平的幼儿园每月要交保育费700元，好一点的要1000多元，对乃非萨的家庭来说是无法承受的。所以她爸妈之前打算不让乃非萨上幼儿园，上小学前念一个学前班，补习一下国语，然后直接上一年级。多浪街道辖区有4岁以上适龄儿童约1800名，像乃非萨这样没有入园的孩子有400余名。

2017年，为了能极大改善当地幼儿无经济条件入园的情况，让更多少数民族幼儿接受良好的国语教育，杭州市援疆指挥部全额投资建设阿克苏市多浪街道第一幼儿园项目，项目建成投入使用后，免费招收4岁以上适龄儿童入园，乃非萨就有机会上幼儿园了。

2017年8月，幼儿园交付使用，入园后的孩子们要进行国语教学，需要配套的绘本、图书，建立图书馆；户外运动，需要运动器材；开拓思维，需要益智玩具，以及信息化设备……想要孩子们更好地成长，这些都绕不开，但学校经费根本不足以支撑，而很多家庭也撑不起孩子读幼儿园的费用。幼儿园园长对杭州日报的记者说："真希望社会各界能关注我们，了解我们的情况。"

根据阿克苏市多浪第一幼儿园需求清单，总捐助需求合计66.42万元。当这个消息传到杭州，杭州日报联合杭州市援疆指挥部、浙江省阳光爱心公益服务中心等单位，在杭州市文明办、杭州市教育局的指导支持下，共同发起2017第一季"多浪公益行动"。一场爱心涌动的接力势不可挡地开始了。几周时间，几元、几十元、几百元、几千元、几万元……钱款从四面八方汇集。

第一季之最大数额。27万元——这是第一季中获得的数额最大的一笔捐赠，捐赠方为吉利控股集团及李书福资助教育基金会。"通过《杭州日报》了解到'多浪公益行动'以后，我们第一时间就展开了行动。"吉利控股集团企业社会责任部高级经理叶万芳说，这次款项将用于购买多浪街道第一幼儿园教育教学所需设施设备并资助入园的贫困孩子。

第一季之最大年龄。"喂，是杭州日报吗？我想给'多浪公益'行动捐5000元，应该怎么操作？"打来电话的是老人陈煜轩，当年93岁，他是第一季行动中年龄最大的捐赠人。"年纪大了，要管住嘴、迈开腿，平时最大的娱乐就是去合唱团和老同志们一起唱唱歌，用不了多少钱。"陈老伯说，自己经历过抗日战争、解放战争和抗美援朝战争，是个老党员，退休后他希望还能给国家做一点微小的贡献。陈老伯有读报习惯，订了不少报纸，杭报更是每天必读。每当看到有公益活动，他都会小心翼翼地剪下来贴在剪报册上。"早先的希望工程、春风行动都参与过。"每年他会从退休金里留出一笔钱专门用在公益上。

第一季之最有创意。夏衍幼儿园的莲花桥园区有块500平方米的阳光农场，去年秋天孩子们在农场里播种了油菜花籽。经过一年悉心照料，油菜花开花结果，收获了46斤油菜籽。老师们看到了行动报道后，心想：何不将这些油菜籽榨油义卖，将义卖所得捐给阿克苏孩子？这个想法很快得到了孩子们的积极响应。他们去海宁找到一家有资质的榨油厂，委托工厂榨出十四斤菜籽油，再把油装起来进行义卖。一位爸爸花500元买了4小瓶油，虽然比市场价贵很多，但爸爸说很值得，因为他儿子就一直在参与农场维护，知道花了很多精力，同时也能献爱心。

第一季之最低调。第一季行动的募集需求，涉及幼儿园大型户外玩具。一家爱心企业负责人联系了主办方："看到报道后自己很受触动。我们的服务对象就是儿童，所以我希望阿克苏的孩子们也能感受到户外游戏运动带来的快乐。"当记者要核对企业名称时，他却非常低调，一直不愿意透露。记者只知道这家企业在下城区，主要从事室外游乐设施租赁业务。

第一季之最默默无闻。第一季行动中，主办方通过支付宝、银行转账募集善款，并告知捐助者留下手机号码，以方便联系采访。然而，绝大部分爱心市民并没有留下联系方式。也许对他们来说，献爱心只是发自内心的举动，无须被更多人知道。

2017年7月29日，装载着第一季"多浪公益行动"所需物资的两辆集装箱卡车，从萧山区人才市场大楼浙江省阳光爱心公益服务中心出发，由申通快递免费发往新疆。当天"诗画浙江—阿克苏号"援疆旅游专列的5名乘客得知阿克苏市多浪第一幼儿园正在募捐的消息，每人凑了1000元，并写信请浙江省援疆指挥部转交给幼儿园，用于购买图书。8月10日是阿克苏市多浪第一幼儿园招生报名的日子，浙江省援疆指挥部副指挥长陈建忠带着浙江人民的美好愿望，将5000元捐款郑重地交到了幼儿园园长手中。盛夏杭州，热浪袭人。比这炎炎盛夏更为火热的，是杭州人民及各界人士参与多浪公益行动，关爱阿克苏贫困儿童成长的巨大热情。

寄语。"杭州市民历来有着热心公益、乐善好施的优良传统，涌现了许多'最美现象'，处处体现着'最美精神'。希望杭州日报、杭州市援疆指挥部等主办方再接再厉，将'多浪公益行动'打造成为杭州援疆的品牌公益活动，持续不断地为阿克苏教育及社会事业发展贡献力量。"

——杭州市副市长、曾任杭州市第五批援疆负责人缪承潮

"'多浪公益行动'2017第一季结束后，杭州日报还将牵头开始策划第二季爱心行动。在致力打造'全国一流、最有品位'的新型城市党报的过程中，引导社会主流舆论、积极参与公益事业是杭州日报义不容辞的职责与使命。"

——杭州日报报业集团总编辑万光政

"'多浪公益行动'实实在在解决了阿克苏儿童就学的困难，让他们感受到了万里之外杭州市民的热忱之心。这也是杭州援助新疆最生动的举措，这条公益红线再次拉近了杭州与新疆的联系。"

——杭州市第九批援疆指挥部指挥长杨国正

爱心活动并未因物资交接完毕而中断。冬天到了，孩子们没热水洗澡，头

上长虱子，很多人不得不理光头，"多浪公益行动"又给18个班级，每个班捐赠1台热水器；春节前，长江实验小学、濮家小学的学生们自发捐赠绘本、水彩笔、益智玩具等；2018年4月初，"多浪公益行动"又为孩子们送去了600套崭新的校服。

"多浪公益行动"第一季得到国家、省、市等领导的高度关注，成为杭州市援疆工作的新亮点。

二、第二季：爱，跨越千山万水

2017年，杭州日报社联合杭州市援疆指挥部、浙江省阳光爱心公益服务中心，在杭州市文明办、杭州市教育局的指导下，共同发起并成功实施了"多浪公益行动"，为对口援建城市——新疆阿克苏市的教育事业拾柴添薪，得到了国家、省、市领导的一致首肯称赞。

2018年6月2日，由杭州日报、杭州市援疆指挥部等联合发起的"多浪公益行动"2018第二季活动在长江实验小学启动。第二季行动相比第一季规模有所扩大，不仅要为2018年新援建的富阳幼儿园（由富阳区援建阿克苏市）募集户外玩具、幼儿桌、书包、文具、绘本、小自行车等，还要为阿克苏市喀拉塔勒镇中心小学、尤喀克博孜其小学、阔库拉小学、托吾尔其小学、阿勒迪尔小学等5所学校援建5所图书馆，另外，还增加了点亮200个微心愿、搭建农特产品销售平台（精准扶贫）等内容。本次行动计划为新疆阿克苏市幼儿园和中小学、贫困家庭和儿童募捐100万元以上的物资和善款，并将搭建农特产品销售平台，助力南疆果农脱贫致富。

2017年，杭州市全额援疆阿克苏市多浪片区第一所公办幼儿园——阿克苏市多浪第一幼儿园，解决了560余名幼儿的入学问题，这些孩子均为少数民族儿童。但是，多浪片区的小孩子很多，该园无法满足片区全部幼儿的入园需求。2018年，在杭州市援疆指挥部的牵线搭桥下，富阳区在多浪片区又援建了一所幼儿园——富阳幼儿园，于当年8月投入使用。幼儿园将设12个班，每班接收幼儿36名，预计总入园幼儿为432人。为了能让多浪片区的少数民族幼儿接受良好的国语教育，健康快乐地成长，主办方在和幼儿园相关负责人详细沟通后，拟定"捐助清单"，包括户外中型木质拓展玩具、幼儿桌面益智类玩具、书包、文具、绘本、小自行车等。

考虑到乡村学校维吾尔族孩子的特点和基础，最迫切需求的是带有拼音、图画，文字相对浅显，富有内涵的汉语图书，包括有关国学经典、传统文化方面的书籍。"多浪公益行动"第二季还计划在阿克苏市喀拉塔勒镇中心小学、尤喀克博孜其小学，阔库拉小学、托吾尔其小学、阿勒迪尔小学等5所学校，援建5所图书馆。

阿克苏市素有"塞外江南"的美誉，全市有苹果、核桃、红枣、香梨等林果面积69.16万亩，总产果品45.91万吨，林果业占农民人均收入的50％。但是，果子的销路和价格一直是个大难题。以前，农民每年都要等着收购商上门来收果子，收购价格低，卖不出去的果子又会烂在地里，很是犯愁。为此，第二季"多浪公益行动"计划在解决苹果、红枣等销路问题上，整合资源，搭建新疆农特产品线上线下联动销售平台，帮助当地农民，特别是贫困家庭销售农特产品，为农户解决问题，以促进农民增收，切实增强农户的脱贫信心和内生动力。

"点亮微心愿"活动是第二季"多浪公益行动"的项目之一。活动包括在阿克苏市征集贫困儿童的微心愿，并发动杭州市民，用爱心力量帮助孩子们实现。微心愿，一方面是指每个心愿的实现金额原则上控制在200元以内，另一方面寓意心愿能够滋润孩子幼小的心灵。

6月2日，阿克苏市多浪第一幼儿园、阿克苏市第二小学教育集团下属的喀拉特勒镇中心小学、阿勒迪尔小学等的小朋友前期许下的200个"微心愿"，飘过万水千山，来到杭州。"想要牙刷牙膏可以刷牙""想要一辆自行车，可以不用每天走12千米的路去上学""想要读一些医学书籍，将来救死扶伤""近视了，想要一副眼镜""我的心愿是想要一个生日蛋糕，因为家里的弟弟妹妹没有吃过蛋糕，我想让他们都尝尝生日蛋糕的美味"……在"多浪公益行动"2018第二季活动启动现场，100个微心愿在长江实验小学一楼大厅展示后，被学生和家长一抢而空，另外100个微心愿也被不在现场的爱心人士认领一空。很多家长希望活动能持续办下去，陪伴孩子走过6年小学生活，因为这是一场很好的"爱的教育"。

启动仪式上，来自宁波的"调皮孩子"童装捐赠价值36万元的童装，好未来教育集团杭州学而思培训学校捐赠价值15万元的图书，"一起作业"教育科技公司则捐赠能配齐1所图书室的图书等，充分展现了企业的社会责任感。

"随着'多浪公益行动'第二季的启动，杭州和阿克苏之间的友谊画卷也将揭开新的篇章。正是有了杭州爱心市民和爱心企业的积极响应和参与，才让人们再次感受了融入这座城市血脉的最美精神，让杭州的'最美'辐射到了祖国的西北边陲。很高兴见到参与'多浪公益行动'的长江实验小学的孩子们，你们不仅热衷公益，还思考哲学，注重传统文化传承。优质教育的普及，能助力我们打造'世界名城'的目标早日实现。"

——杭州市副市长、曾任杭州市第五批援疆干部负责人缪承潮

"在做大做强'全国一流、最有品位'的新型城市党报品牌的过程中，引导社会主流舆论、积极参与公益事业，是杭州日报义不容辞的责任与使命。

"这些年来，杭报积极投身于'拯救民勤''洒下滴滴汗水　带走缕缕书香'等爱心活动，在全国援助了20多所希望小学。去年的第一季'多浪公益行动'产生了非常好的社会反响。相信在社会各界的共同努力下，我们一定能把'多浪行动'做成杭州援疆的品牌公益活动，持续不断地为阿克苏的教育及社会事业发展贡献力量。"

——杭州日报报业集团总编辑万光政

　　"'多浪公益行动'第一季得到了国家、省、市领导的高度关注，受到了阿克苏市委、市政府及贫困家庭的高度褒扬，让杭阿两地结下深厚情谊。如今，560余名贫困家庭的孩子在杭州援建的多浪第一幼儿园快乐学习、快乐生活。

　　"'多浪公益行动'是我们援疆助力脱贫攻坚的重要举措之一，今年的内容和形式将更加丰富，受益人群将更广，影响力也将更大。相信在我们的共同努力下，'多浪公益行动'第二季将为阿克苏市各族群众送去温暖，带来美好。"

——杭州市第九批援疆指挥部指挥长杨国正

　　新学期开学，阿克苏市第二小学教育集团旗下喀拉塔勒镇的几所农村小学，收到了捐赠的上千册新书。在阿克苏市富阳幼儿园开学的当天，教师们将"多浪公益行动"捐赠的新衣服、玩具、书包等拆封，送到新入园的432名少数民族孩子手中。"我们告诉孩子们，这些礼物都是杭州的叔叔阿姨和小朋友赠送的，要好好学普通话，去关心和帮助社会上有需要的人。"这是一场生动的、用实际行动书写的"爱的教育"课。

　　2018年第二季"多浪公益行动"第一期的200个微心愿一下子就被杭州爱心人士认领一空。第二期又征集了200个，其中104个被爱财集团认领，其余由市援疆指挥部联系的爱心人士认领。微心愿五花八门，除自行车外，还有图书、眼镜、衣服、篮球等，都是孩子们迫切期待的。在收到爱心人士的捐款后，市援疆指挥部逐一进行采购。

　　9月13日，"多浪公益行动"之微心愿捐赠仪式在阿克苏市喀拉塔勒镇托吾尔其小学举行。杭州市援疆指挥部副指挥长万重丰为现场小朋友们分发微心愿礼物。这样，新疆阿克苏市的400名小朋友都收到了微心愿礼物。幼儿园和小学也收到了杭州各界爱心人士和企业捐赠的衣服、书包、图书、玩具等物资。副指挥长万重丰表示："微心愿虽然金额不大，但凝结了杭州人民的心意，它们穿越万里来到阿克苏，为阿克苏市贫困儿童带来了爱和温暖。下一步，指挥部将进一步促进杭阿两地交流交往交融，促进民族团结，助力阿克苏脱贫攻坚。"

10月12日，杭州市援疆指挥部在阿克苏市富阳幼儿园举行"多浪公益行动"第二季第一期捐赠仪式，向阿克苏市捐赠总价值100余万元的物资和资金，用以帮助当地贫困少年儿童接受义务教育。同时向阿克苏市富阳幼儿园捐赠全卷印刷的《富春山居图》。

"多浪公益行动"第二季第二期物资于2018年底抵达阿克苏。

第二季"多浪公益行动"通过"点亮百个微心愿"、捐赠幼儿园及中小学、助力脱贫攻坚搭建线上线下销售平台等三大模块，与腾讯公益平台等结合，募捐渠道和影响力进一步扩大。

三、第三季：让爱持续，不负美好

为了更好地关爱阿克苏市贫困儿童的成长，进一步帮助阿克苏市的精准扶贫工作，2019年7月9日，由杭州市援疆指挥部、杭州日报、浙江省阳光爱心公益服务中心发起的"多浪公益行动"第三季在杭州图书馆正式启动。为了更好地让关心、支持"多浪公益行动"的爱心人士了解行动的成果，仪式中增加了视频直播连线的环节，与相隔万里的新疆阿克苏市多浪第一幼儿园同步进行启动仪式。

在视频连线中，阿克苏市多浪第一幼儿园的孩子们齐唱童谣"中华大家庭，四海皆同心"，赢得仪式现场的阵阵掌声。这所幼儿园由杭州市援疆指挥部全额援建，幼儿园的图书馆、玩具和信息化设备都来自"多浪公益行动"第一季，由爱心市民和企业共同捐助。

如今，"多浪公益行动"已经走到了第三季。第三季计划为新疆阿克苏市所有在册贫困家庭点亮1个微心愿，捐建1所电子图书室、1所高中图书馆、3

所农村图书馆，为新建的2所幼儿园明德幼儿园和西湖幼儿园捐赠服装、文具、玩具、绘本等。同时助力精准扶贫，继续为阿克苏农产品搭建销售平台，让杭州的"最美"现象辐射到南疆大地。

"'多浪公益行动'的受助范围已经不仅仅是多浪幼儿园的小朋友们，还有援建的其他学校、幼儿园和社会福利中心。"杭州市第九批援疆指挥部指挥长杨国正说。

"虽然杭州与阿克苏相隔万里，但情谊深长，点点滴滴的细节印证了杭州与阿克苏人民的深厚友谊。"曾任杭州市第五批援疆干部领队的杭州市人民政府副市长缪承潮对援疆事业有着深刻的感触。

2019年是杭州市第九批援疆工作的收官之年，杭州日报报业集团总编辑万光政表示："我们一定能够把'多浪公益行动'做成杭州援疆的品牌公益活动，持续不断地为阿克苏地区以及新疆的社会事业发展贡献我们的智慧和力量。"

在社会各界爱心人士的支持下，始于2017年的"多浪公益行动"一直努力帮助解决阿克苏市贫困儿童的就学问题。在行动的第一季与第二季中，已经陆续捐建了5所乡村小学图书馆，累计募集了善款和物资超过200万元。在第三季启动仪式上，3家爱心企业现场为"多浪公益行动"捐助了价值64万元的善款和物资。很多无法到场的企业家和爱心市民，也通过不同形式向主办方表达了捐助意愿。

8月初，第三季第二批爱心物资——2.2万册图书和1000个书包，送往新疆阿克苏。而第一批的爱心童装早已穿在幼儿园小朋友身上。

杭州骄阳似火，杭州爱心似火。跨越万里，持续传递杭州大爱。

第二章 阿克苏市富阳幼儿园

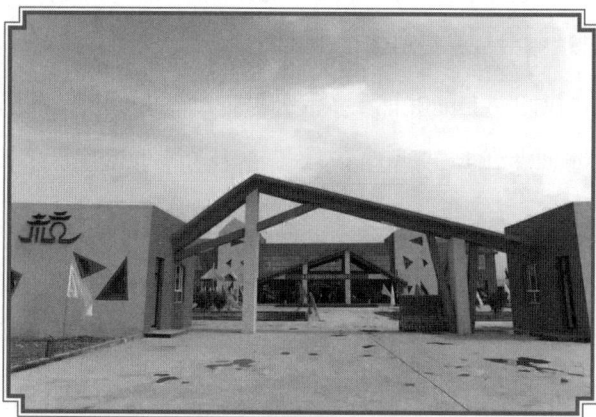

阿克苏市富阳幼儿园

2017年8月，杭州市第九批援疆指挥部全额投资援建的多浪第一幼儿园在阿克苏市多浪片区建成并投入使用，大大缓解了该少数民族聚居区学龄前儿童就近就学的压力，获得非常好的社会效应，报名入学的家长，在报名前一天就"打地铺、排长队"。该区域人口稠密但基础设施相对落后，一所多浪第一幼儿园，仅能满足部分孩子的就学需求，还有数百名的孩子依然"无书可念"。

在指挥部的沟通协调下，杭州市富阳区大力支持阿克苏市教育扶贫事业，决定全额投资1500万元,在阿克苏市多浪片区再建第二所幼儿园——富阳幼儿园因此得名。该幼儿园由杭州市富阳区全额投资援建,不仅是对中央教育援疆要求的响应和贯彻,也是切实解决阿克苏市多浪片区少数民族群众上学难的应时之举,对破解民生难题、促进民族团结、维护社会稳定具有积极意义,是一项惠民工程、德政工程。

阿克苏市富阳幼儿园项目是杭州市援疆指挥部2018年重点援疆交钥匙工程,建设地点位于多浪片区管委会规划纬二路以北,占地面积15亩,总建筑面积4271.28平方米。其中,幼儿园建筑面积3921.08平方米,地上两层,框架结构;值班室、晨检室建筑面积129.92平方米,地上一层,砖混结构;锅炉房建筑面积136.3平方米,地上一层,砖混结构;泵房建筑面积244.15平方米,地上一层,地下一层,框架结构。

该项目于2018年3月5日开工,8月18日举行交付仪式,由杭州市委常委、副市长刘国洪向阿克苏市委书记马国强交付钥匙正式投入使用,杭州市政府办公厅城建城管处金登杨,杭州市国土资源局党委书记、局长谢建华,杭州市国土资源局科长徐驰祥,浙江省援疆指挥部党委书记、指挥长王通林等参加了富阳幼儿园交付仪式。

2018年9月4日,富阳幼儿园举行开学典礼。幼儿园开设12个班级,每个班36名儿童,共有儿童432名,全部为少数民族儿童。富阳幼儿园不仅有效改善了阿克苏市幼儿园设施规模不足,幼儿园布局不合理的现状,保障儿童均能就近接受高质量的学前教育,而且为适龄儿童提供一个良好的起点、一个现代化的成长平台,同时对发展学前教育,提高学前教育质量,推进阿克苏市教育现代化建设,全面建设和谐社会具有重要意义。

杭州速度+杭州品质。仅历时157天,杭州市援疆指挥部就向阿克苏市人民交付了一座富阳幼儿园。157天,杭州援疆工作确保教育援疆方向不变、焦点不散、品质不减。幼儿园地基由高质量钢筋混凝土浇筑。指挥部领导班子定期到工地推进施工进度。项目组创新工程管理机制，严把工程质量关。

硬设＋软设。幼儿园建设有幼儿活动室、寝室、专用卫生间、衣帽间，以及食堂、保健室、隔离室、多功能厅、晨检室、门卫室等，幼儿园功能性用房一应俱全。所有床、柜、桌椅板凳均为优质环保木制。根据幼儿发展水平，幼儿园创设6个区角，供班级幼儿充分选择，自由操作。每个班级都配有多功能一体机，可以根据教学内容，采用多种现代化教学手段，丰富活动内容。配备电子钢琴等多种乐器，满足幼儿艺术领域的学习。援疆指挥部援建优良的标准化硬件设施，为打造"杭派十五年美好教育示范线"提供了有力支撑。

按照"两教一保"的教师配备标准，为幼儿园配备一批业务能力扎实、国语教育经验丰富的教师进行教育教学工作。幼儿园全部采用国家通用语言教学，每周举行升国旗仪式，校园文化氛围浓厚。富阳幼儿园以"求真、致善、养正、笃美"为办园目标，以"国学慧美生活、艺术奠基幸福"为办园理念，致力于弘扬优秀的中华传统文化。

富裕＋阳光。杭州市富阳区以"生活富裕·生命阳光"闻名。富阳幼儿园虽然专门为少数民族儿童援建，其外部造型采用具有现代化的设计风格，但内部装修又沿用中式的具有江南韵味的连廊庭院式布局，体现"富裕＋阳光"的独特韵味。绿树环绕、鸟语花香，笑声灵动、琴声悠扬。黄橙蓝相间的教学楼就像母亲敞开的怀抱，各种大型玩具、运动场、种植园置于其间，处处洋溢着温馨而又欢快的气息。走进幼儿园，恍若置身于美丽的童话世界。

国学＋艺术。"多浪公益行动"向幼儿园捐赠了等比例复制的《富春山居图》。国学教育是富阳幼儿园的一大特色，围绕《富春山居图》展开了以国学艺术为主题的环境创设——享公望·水墨之旅。在国学堂里，孩子们学习五子棋和书法，在水写纸上练习毛笔字，从小培养对中华文化的了解和认识。幼儿园通过开展名画名曲欣赏、笔墨游戏、传统手工制作、民间工艺学习等多样化的国学艺术形式，采用互动的方式给幼儿更多艺术体验和美的享受，更让幼儿在了解我国传统艺术文化的同时，提高幼儿国家通用语言发展能力。音乐教育是幼儿园的另一特色，在音乐厅里，摆满了奥尔夫乐器、古筝和尤克里里，为富阳幼儿园的特色教学奠基了良好的基础。同时开展舞蹈教育。

"扶贫先扶智"，只有教育才能彻底改变命运，激发起对美好生活的向往。作为贯穿三年援疆工作的一条主线，教育扶贫是杭州援疆最重要的一个缩影。富阳幼儿园是杭州市第九批援疆指挥部打造阿克苏"杭派十五年美好教育示范线"的重要一环，以此带动形成阿克苏市城乡一体、民族融合、学段衔接、优质均衡的教育风景线。

第三章 阿克苏市明德幼儿园
阿克苏市西湖幼儿园

阿克苏市明德幼儿园项目，位于阿克苏市栏杆路西侧，项目拟用地面积9106.17平方米（约13.66亩），拟建筑总面积4248.69平方米，其中，建设教学楼4203.49平方米，地上两层，框架结构；值班室45.2平方米，地上一层，框架结构；有围墙、水、暖、电等其他配套附属设施：项目总投资1446万元，资金来源为援疆资金。

阿克苏市明德幼儿园建设项目

阿克苏经济技术开发区西湖幼儿园建设项目，位于经济技术开发区浙江路北侧，项目拟用地面积6429.8平方米（约9.64亩），拟建筑总面积2251.28平方米，建设教学楼、晨检室、消控室、值班室以及其他配套附属设施，项目总投资700万元，资金来源于援疆资金。

阿克苏市西湖幼儿园建设项目

为进一步支持和扩大阿克苏市的学前教育，支持普惠性幼儿园建设，2019年，杭州市对口支援阿克苏市2146万元新建两所幼儿园，分别是阿克苏经济技术开发区西湖幼儿园和栏杆路明德幼儿园，资金全部来源于杭州援疆资金，总建筑面积约6500平方米，主要是建设教学楼以及其他配套附属工程。

"明德"取自"大学之道，在明明德，在亲民，在止于至善"，因此，2019年杭州市全额投资的重点援疆项目阿克苏市明德幼儿园，定位"中国风"。总投资1446万元，建设用地9106.17平方米，总建筑面积为4248.69平方米，是阿克苏市第一幼儿园集团园。3月15日，由浙江省杭州市援建的阿克苏市明德幼儿园建设项目完成招标工作，并于当月开工建设，计划8月底竣工投入使用，可容纳12个教学班级360余名幼儿。

明德幼儿园位于阿克苏市栏杆街道，紧邻商业中心"大十字"，地处黄金地段。与杭州援疆之前援建的多浪第一幼儿园、富阳幼儿园那种色彩斑斓的感觉不同，明德幼儿园这次主打"中国风"。白墙黛瓦、大屋檐、通体直贯的玻璃窗正是现在颇为流行的新中式风格，既包含传统建筑元素，又应用现代建筑材料。

杭州市援疆指挥部指挥长杨国正表示，目前在阿克苏市区内尚无这样规模的新中式建筑，这次尝试或许有些"大胆"，但相信有崇尚和谐的中华文化内涵，明德幼儿园一定能成为"百搭"款。

明德幼儿园以白墙黛瓦、大屋檐的"中国风"为独一无二的建筑风格，以"开蒙启智、明理立德"为办园理念，以"乐闻、乐问、乐思、乐行"为教育目的，课程内容涉及五大领域：健康、语言、社会、科学、艺术，开设国学特色课程，将中华民族的传统文化渗透到幼儿的一日生活和教学之中。

阿克苏市明德幼儿园建设项目经过近6个月的建设，金秋时节正式开园。

该项目建成不仅能有效改善阿克苏市幼儿园设施规模不足，幼儿园布局不合理的现状，还能保障儿童均能就近接受高质量的学前教育，为适龄儿童提供一个良好的成长平台，同时对发展学前教育，提高学前教育质量，推进阿克苏市教育现代化建设，全面建设和谐社会具有重要意义。幼儿园在满足当地教学需要的同时，为阿克苏市城市建设留下江南印记，为杭阿两地文化的交流交往留下鲜明注脚。

西子湖畔柳色青，白水城内人心暖。

2019年3月14日，由浙江省杭州市援建的阿克苏经济技术开发区西湖幼儿园建设项目完成招投标工作。该幼儿园位于阿克苏市经济技术开发区浙江路北侧，开发区公租房（一期）西侧。项目总投资700万元，总占地面积6429.83平方米，总建筑面积为2232.36平方米。项目建设期为132天，3月15日进场施工，7月28日通过验收，是阿克苏市经技术开发区第一所公办幼儿园，可容纳6个教学班级180余名幼儿。

2019年9月18日，杭州市副市长缪承潮、浙江省援疆指挥部副指挥长陈建忠、杭州市援疆指挥部指挥长杨国正、阿克苏市市长吾拉木江·热依木参加了西湖幼儿园的交钥匙仪式，仪式上，由杭州市副市长缪承潮将钥匙交给阿克苏市市长吾拉木江·热依木，这标志着由杭州市全额投资援建的重点项目——

阿克苏市西湖幼儿园正式交付阿克苏市。

红、蓝、白、绿相间的城堡式外墙，教学楼、活动室、幼儿宿舍、食堂等设施一应俱全。教师队伍主要由经验丰富的骨干教师及新教师组成，充满活力与朝气。在园内，孩子们可以自由选择自己感兴趣的活动内容，认知和学习，美术和画画，游戏与竞赛，模拟与探究，在各种功能室"学中玩，玩中学"，充分发挥想象力与创造力，尽情享受锻炼身体、陶冶情操、探索真相、了解自然、认识世界、发现规律等美妙过程与成长快乐。

西湖幼儿园的建成，完善了阿克苏市经济技术开发区的基础设施，给开发区企业及周边适龄儿童提供了学前教育平台，有效改善阿克苏市经济技术开发区幼儿上学难问题，还能保障儿童接受高质量的学前教育，稳定了开发区工人队伍，同时对阿克苏市着力构建普惠性资源为主体的学前教育公共服务体系发挥着重要作用，对破解民生难题、促进民族团结、维护社会稳定具有积极意义。

第四章 阿克苏市天杭实验学校

为认真贯彻落实党的十九大精神和习近平总书记在全国教育大会上的重要讲话精神，落实立德树人根本任务，推进义务教育优质均衡发展，加快推进教育现代化，办好人民满意的教育。杭州市援疆指挥部规划全额投入援疆资金，建设阿克苏市第十六中学项目（九年一贯制），高起点、高定位、高标准打造阿克苏市天杭实验学校（阿克苏市第十六中学）。规划中的阿克苏市第十六中学是2017—2019年杭州援疆的重点项目之一。

项目鸟瞰图

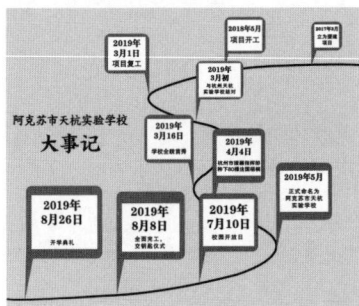

天航实验学校大事记

项目位于阿克苏市东至江南大道，南至杭州大道，西至莲花路，北至钱江路（阿克苏市就业培训中心东侧约300米）。规划占地面积9.542189万平方米（约143.13亩），总建筑面积4.492708万平方米。

学校建有10栋单体建筑及附属设施，含综合楼1栋、小学部教学楼3栋、初中部教学楼2栋、学生和教师公寓楼2栋，均为地上四层，框架结构；体艺楼1栋、餐厅1栋，均为地上两层，框架结构。校园建筑采用汉唐风格，恢宏大气，学校设施齐备，配有先进的功能教室，建有图书馆、学术报告厅、展览馆、美术书法室、音乐教室、形体教室、室内体育馆及2个300米塑胶运动场地等教育教学设施。学校落成后将是全市建筑面积最大、功能室最齐全、教学设备最先进的唯一一所智能化九年一贯制学校。

学校将于2019年秋季正式投入使用，按学区招生，计划一至九年级每年级各开设6个班级，共54个班级的规模，可容纳学生2700名，能有效缓解该校所在区域优质中小学教育资源缺乏，居民子女就近入学不便的状况，改善当地教育现状，提高教育水平。

2017年3月把项目建设列入2017—2019年杭州援疆重点项目之一。

2018年1月，项目土地、规划、环评等前期手续办理完毕。

2018年5月，项目开工建设。

2019年3月1日，项目正式复工，10幢主体建筑已封顶完成主体认证，进入内外墙粉刷和公共区域打造装修阶段，这是整个阿克苏地区春节后复工最早的政府项目之一。

2019年3月初，与杭州市天杭实验学校正式结对。"天代表天山，杭代表杭州，天山脚下结出教育援疆的硕果，这是杭阿两地人民友谊的象征。"杭州市援疆指挥部指挥长杨国正说。这是杭州天杭教育集团与新疆阿克苏跨越千万里的幸福"牵手"，也是天杭作为"新时代杭城名校"的责任与担当。该校成为杭州与新疆阿克苏各所结对学校中唯一一所全面引进杭派教育理念、共用一个校名的结对建设学校。阿克苏市天杭实验中学是天杭开展幸福教育帮扶的一个缩影，天杭充分挖掘自身潜力，本着"互助共享，合作共赢"的原则，深入贯彻省、市、区教育局教育扶贫会议精神，精准帮扶、注重实效，用一次又一次幸福"牵手"，助推兄弟学校共同发展，助力增进两校师生的获得感、幸福感。

2019年5月初，学校经中共阿克苏地委机构编制委员会批准成立，正式命名为"阿克苏市天杭实验学校"，定位为一所九年一贯制学校，是由阿克苏市教育和科学技术局管理的全额事业单位。为支持当地教育事业的发展，富阳的著名书法家羊晓君义务为学校题写校名、校训及校风。

2019年8月8日，由杭州市全额投资援建的新疆阿克苏地区阿克苏市天杭实验学校在浙江省委常委、杭州市委书记周江勇和新疆维吾尔自治区党委常委、自治区人民政府常务副主席张春林等领导的见证下正式交付给受援地政府。浙江省委常委、杭州市委书记周江勇向阿克苏市委书记马国强递交天杭实验学校"钥匙"。

2019年8月26日，阿克苏市天杭实验学校举行2019—2020学年开学典礼，标志着这所由杭州全额援建的九年一贯制学校正式投入使用。朱砂点痣，开蒙启智。杭州市援疆指挥部指挥长杨国正与学校教师们一起拿起朱砂笔，一一在孩子们的眉心处点上一个像痣一样的红点。"痣"与"智"谐音，朱砂点痣，意为开启智慧，目明心亮，希望孩子们从此"眼明心明，好读书，读好书"。2019年度第一学期天杭实验学校初步开设一年级、四年级、七年级三个年级，共20个班级。

阿克苏市天杭实验学校是由杭州市援疆指挥部全额投资打造的一所高起点、高定位、高标准的九年一贯制公办学校，由阿克苏市教育和科学技术局管理。创建伊始，杭州市援疆指挥部和阿克苏市教科局全程跟进工程建设，并在教学设备、环境建设、校园文化、师资队伍建设等方面均做了精心规划，致力于打造一所设备精良、环境优美、文化雅致、师资力量雄厚的美好学校。

学校建筑大多带有类似庑殿的房顶，颇具秦汉建筑风韵，操场上人造草坪和塑胶跑道红绿相间、红蓝相间，清爽养眼。学校的教室全都配有交互式电子黑板，可用专用笔或手指触摸书写，将传统板书功能与现代多媒体互动功能相结合，突破使用板书教学和 PPT 讲稿教学难以即时切换和互通的局限。杭州市援疆指挥部项目组组长庄伟庆说，学校还配备有鹰眼捕捉和人脸识别系统等一系列"黑科技"，秉承着杭州教育援建项目的"精品化、现代化、示范化"理念。援疆指挥部就是要把杭州最好的资源奉献给阿克苏市。

学校采用小班化教学、智慧化管理，秉承"美好地创造美好"的办学理念，以"办好一方教育、服务一方百姓、成就一代孩子"为办学目标，以培养"健康、尚美、乐学、笃行的美好少年"为育人目标，融入杭派教育理念，传承地域特色文化，怀着对美好教育的憧憬，努力创造期待中的美好教育。

学校师资团队由教育系统"百人人才库"选拔出的30名各科优秀骨干教师、部分杭州援疆教师、内地重点院校优秀师范毕业生共同组成。

长歌浩荡只待挥斥方遒，阿克苏市天杭实验学校将以无畏的勇气开拓进取，以无限的忠诚执着追求，在天山南麓播下幸福的种子，在西部边陲放飞未来的希望！"风好正扬帆"，在这前行的起点，在这时光的初始处，我们有太多对美好教育的憧憬。

"三风一训"

第五章　杭州师范大学附属阿克苏市高级中学

2010年5月中央召开第二次新疆工作座谈会，确定浙江省援建阿克苏地区，杭州市对口支援阿克苏市和兵团农一师。杭州市援疆指挥部围绕新疆实现跨越式发展和长治久安的根本任务及脱贫攻坚工作，坚决着力从教育入手，阻断贫困代际传递。为填补阿克苏市属中学没有独立高中的空白，向阿克苏传播东部地区教育教学先进理念，提升阿克苏整体师资水平，推进学校科学化管理等方面在地区起到示范作用，杭州市决定为阿克苏市教育事业投资援建重点民生工程——杭州师范大学附属阿克苏市高级中学（以下简称为阿克苏市高级中学）。学校始建于2011年11月，于2013年5月30日竣工，历时550天建成，总投入1.08亿元。

| 第一节　援建背景分析

一、基于国家对新疆实现跨越式发展和长治久安的重大决策部署

对口援疆工作要在事关新疆改革发展稳定的根本性、基础性、长远性问题上精准发力，在对口援疆广度拓展、深度挖掘、力度强化上狠下功夫。特别要坚定不移聚焦提高人口素质推进教育援疆，着力提升教育质量，为新疆实现跨

越式发展和长治久安做出新的更大贡献。

二、基于教育认可是新疆社会稳定的最关键因素

　　各族人民对国家政治、经济、文化的认同是社会稳定的先决条件，其中最重要的是文化的认同。而教育是民众达成文化认同的最合适的载体。在南疆，发展教育事业是一项筑基工程，是实现新疆社会稳定和长治久安的治本之举。当前，阿克苏地区优秀教师外流现象非常严重，关键还是对当地教育认同的缺失。在人的一生中，中学阶段是每个人人生理想起步的时光，他的文明素养、对世界的认识，对社会人生的理解都是在这个阶段初步形成的，且能让学生拥有精神归属感。学生在这个时期受到的教育，许多方面足以给他们提供一生的精神支撑，成为他们未来生命中一个不能缺少的支点。因此一所中学的办学理念、积淀的校园文化、高水平的教师队伍和优良的学习风气，共同构成一个不可取代的精神坐标，若能吸引周边崇尚文化的人群的教育认同，就能留住一批优秀教师，那么也就能留住一批孩子，连带孩子的家庭，人才稳定自来。

三、基于渗透杭派教育理念的全方位教师培养

　　未来的教育属于青年教师。在教育内容多元化、综合化、能力导向和教育方法手段网络化、智能化、数据化的背景下，传统意义上的传道、授业、解惑已经不能反映现代教育和现代人才培养的要求，不能满足学生发展的需要。师生之间的单向传授将逐渐被师生间的双向交流、多向交流所替代，教师需要加强信息的选择判断和利用能力，同时塑造自身的人格魅力。当前，阿克苏市对教师的需求量逐年增加，每年吸纳大批新教师，就拿阿克苏市高级中学来说，现有教职工260人，其中专职教师236人，平均年龄只有28岁，高级教师12人，一级教师39人，其中2015年招入新教师32人，2016年5人，2017年62人，2018年33人，这些新教师要扣好第一颗教学纽扣，必须快速提升教育教

学技能，站稳讲台，获得社会的教育信任。基于阿克苏的地域特征，其教育理念相对落后，因此杭州援疆决定改变在阿克苏地区渗入杭派教育理念的援疆模式，从2017年9月开始，以组团式援疆的方式，把几乎整个教师人才团队安排到阿克苏市高级中学，帮助学校青年教师更早更快速地提高教育教学技能，把阿克苏市高级中学打造成杭州援疆精品项目、"南疆一流、全疆示范"的名校。

第二节　援建阿克苏市高级中学项目

2011年，阿克苏市高中学校数量有限，只有三中、六中、七中高中部，没有一所完全高级中学，据统计，2006年初中毕业生为2918人，2007年初中毕业生为4477人，2008年初中毕业生为5033人，如果按照60％的初中毕业生进入高中接受继续教育的方案执行，将有三千多名的学生接受高中教育。据统计，2008年到库车二中上高中的学生达到400多名，给家长和学生带来极大的不便。如果按照现在的学校面积计算，学生人均占地面积只有0.98平方米，远远达不到基本的教育要求，导致一般的教学活动无法开展，同时增加了学生的安全隐患。因此，新建一所完全高级中学迫在眉睫，完全有必要。

阿克苏市高级中学项目位于阿克苏市府前路，左邻西湖大道，右邻龙井路。项目占地面积207.6亩，总建筑面积为5.474407万平方米，其中建设教学楼3栋建筑面积共计8688.61平方米、4栋学生宿舍楼1.560937万平方米、科技楼3926.67平方米、图书科技综合楼1.015636万平方米、行政楼3635.22平方米、体育馆5060.13平方米、食堂5154.58平方米、报告厅1290.41平方米，以及建有连廊、配电房、消防控制室、传达室，以上均为框架结构。建设内容包括教学楼、实验楼、办公楼、男女生公寓楼、教师公寓楼、民汉食堂、锅炉房、厕所、课桌凳、床、教学仪器及室外硬化、绿化配套附属设施。项目建成后可容纳学生2400人，计划开设48个班。计划总投资1.57亿万元，杭州市安排援助资金1.08亿元，阿克苏市自筹4900万元。工程建设周期为2011—2013年，2011年10月开工建设，2013年5月竣工，2013年8月举办交钥匙仪式。设计单位为浙江工业大学建筑规划设计研究院有限公司。

阿克苏市高级中学项目

2010年9月，第七批杭州援疆指挥部关于阿克苏市高级中学的项目通过申报。

2011年2月，完成选址和征地拆迁方案和可研报告编制工作，并上报阿克苏地区、阿克苏市发改委审批。

2011年5月底，完成初步设计和概算通过评审，组织征地拆迁工作。

2011年10月25日，开工建设。

2012年2月，备好钢筋1000吨，商品混凝土签订合同，所需红砖等建材实到位。

2012年6月底前，完成房屋框架结构工程，除室内装修、沥青路面面层、绿化以外所有工程。

2013年5月，在工地现场开展廉政文化进工地示范点建设活动，同项目实施一并推进，充分发挥廉政文化潜移默化的教育作用，并建立对援建项目全方位监督体系。

2013年5月30日上午，由浙江省杭州市援疆指挥部牵头，阿克苏市教育局、援阿办、质检站等部门组成的联合验收组，对杭州援建的阿克苏市高级中学项目进行竣工验收。验收组按照项目验收工作程序和方案，先听取监理、设计、地勘、施工、业主五方责任单位汇报，后分成验收监督组、实地查验组、功能验收组、节能专项组、工程档案资料组等五个工作组，对工程设计文件及合同要求的工程土建、装饰、水电安装、结构安全、使用功能、建筑节能等全部项目进行了实地查验。查验后，验收组综合各方意见认为，项目符合竣工验收标准，通过验收。

阿克苏市高级中学项目属杭州援建的重点项目之一。项目占地面积207.6亩，总建筑面积5.5万平方米，包括教学楼、宿舍楼、科技楼、图书科技综合楼、行政楼、体育馆、食堂、报告厅等12栋单体建筑物及配套附属设施。项目总投资1.57亿元，安排杭州援建资金1.08亿元，开设48个班，可容纳学生2400名。学校环境优美、功能齐全，能极大地改善阿克苏市教育基础条件，填补阿克苏市属中学没有独立高中的空白，为教育强市打下坚实的基础。

阿克苏市高级中学的竣工验收标志着杭州市全面完成新一轮三年援疆项目建设任务。阿克苏市高级中学建设项目被授予新疆维吾尔自治区"建筑工程安全生产文明工地"。项目建设能充分体现以人为本、以民为先的援疆理念，展示"杭州特色""杭州品牌""杭州效率"，能大大提升阿克苏市的城乡面貌和城市品位。

2013年6月26日上午，杭州市副市长陈红英来到新建成的学校，将其正式授牌为杭州师范大学附属阿克苏市高级中学，成为杭州师范大学在省外成立的最远的一所附属高中。

2013年8月6日上午，在学校小广场隆重举行交付仪式，浙江省政协副主席、杭州市委副书记、代市长张鸿铭郑重地把中学钥匙移交给阿克苏市代市长居来提·卡斯木，学校正式交付使用。阿克苏市高级中学的交付使用也标志着第七批杭州援疆指挥部全面完成援疆项目。

　　阿克苏高级中学是杭州重点援建项目。学校投入使用后，杭州市第八批、第九批援疆指挥部全力支持学校创建阿克苏地区乃至南疆一流名校，致力于教学硬件建设、学校内涵提升。在教学中，依托杭州教育优质资源，建立起杭州特色的杭州教育援疆新模式，在五年内把该校建设成为南疆一流的高中。

　　一是着力改善学校办学条件。由于阿克苏地处塔克拉玛干沙漠边缘，晴好天气居多，适宜开展天文观测。杭州市援疆指挥部在校园内援建一座先进的天文观测台，天文设备从国外进行订购，还邀请杭州市高级中学的教师赴阿进行指导。援建的阿克苏市高级中学天文台，是我国最西端的中学天文台，也是我国中学天文界设备最齐全、仪器最先进的中学远程控制天文台，可以补齐阿克苏市中小学生科技艺术教育存在着的教学设备短缺、辅导教师专业水平不高等短板，破解瓶颈，充分利用天文台推进科技教育。

　　自2014年始，三年内指挥部先后投入420万元，支持学校援建高中数学青蓝工作室、远程互动教室和2个通用技术教室；与杭州市教育局、文广新局、团市委、杭州日报等部门联合援建校图书室，捐赠图书，进一步充实学校图书资源；改造校史馆和运动场馆，援赠一批电脑机器人设备，开展电脑机器人兴趣教学，支持阿克苏市高级中学机器人学科发展。

　　二是多方位、多角度建设实训基地。在项目和资金上向阿克苏市高级中学倾斜，倾力将其打造成南疆乃至全疆教学科研实训基地。改造提升阿克苏市高级中学报告厅，建成集教学研讨、师资培训、大型会议、校园文化活动功能于一体的多媒体中心；建设阿克苏市高级中学校园网及教学课程点播系统，融合门户网、办公OA、精品课程点播、教务管理、校讯通等功能，提高阿克苏市高级中学内部协作和管理效率，扩大优质教学资源覆盖面，提升学校知名度和美誉度；征集论文，编印《校本教研新视野》会刊，激发教师开展科研的兴趣，锻炼其教学科研能力。随着教学设施设备的日益完备及教师教科研能力的提高，阿克苏市高级中学承担地区级大型教科研活动越来越多，实训基地功能越来越突出。

三是选派援疆教师加强学校管理。先后从杭州师范大学、杭州高级中学等名校选拔10名优秀教师担任学校副校长，分管教学和教师教育等核心业务，参与学校管理。协助建立健全课堂教学常规管理、教学质量监控体系、教师培训和考核、住校生管理等制度，构建符合寄宿制学校、以年级领导小组为核心的扁平化管理体系，为学校顺利起步、有序发展奠定坚实基础。

四是创新教师培训工作。完成校级干部赴杭轮训，选派40多名骨干教师赴杭进行为期2—3个月的培训。创新模式，将高中段援疆教师集中到阿高开展组团式帮带。针对学校年轻教师多的现状，以校内培训为重点，依托援疆教师建立"研训教一体化"的教师培训制度，助推教师专业发展。

杭州市第九批援疆干部人才牢记援疆使命，以提高工作实效为目标，围绕"传承、敬业、团结、精彩"这一主题，提出"传承创新、久久为功"的工作方略，特别注重延续传承好教育援疆项目，发挥教育援疆的综合效益。阿克苏市高级中学是第七、八批援疆重点项目，杭州市第九批援疆指挥部持续支持学校发展，希望通过接续用力，助力阿克苏市高级中学走到地区高中教育的前列，成为当地培养选拔教育系统领导的"黄埔军校"。

2017年，杭州市援疆指挥部促成杭州市教育局与阿克苏市教育局签署两地帮扶框架协议（2017—2019），进一步加强杭阿两地校际交流，实现精准援教、高效援教。同时促成杭州师范大学与阿克苏市高级中学签署帮扶协议，全面启动杭州师范大学扶助阿克苏市高级中学全面提升教育教学质量，打造"南疆示范高中"项目，致力于将阿克苏市高级中学提升为"地区高中教学示范中心"。两期18位援疆教师中，16位被组团式选派到阿克苏市高级中学开展教育援疆服务。利用杭州优质教育资源，点面结合、前后联动，不断创新组团援疆新举措新办法，优化提升阿克苏市高级中学之于杭州教育援疆的内涵，并构建出教师组团式援疆的"聚·融·创"范式。2017—2019年，杭州市第九批援疆指挥部援建4所幼儿园，一所九年一贯制学校——阿克苏市天杭实验学校，加上已经投入运行中的阿克苏市高级中学，在阿克苏市形成一条"杭派十五年美好教育示范线"，让教育援疆这棵大树真正在天山脚下扎根成长、枝繁叶茂。

阿克苏市高级中学自2013年6月正式成立以来，至今已走过6年的历程。六年来，学校在市委、市政府，特别是在杭州市援疆指挥部、市教育局的关心和支持下，不断完善硬件设施，加强师资队伍建设，提升学校教育教学质量，努力朝着"南疆一流、全疆示范名校"的目标前进。

教育本身是慢变革，教育援疆工作更是一项持续性的长久工作。学校在三批杭州援疆人的持续努力援建下，经历了从无到有，从弱到强，从单一的满足补充高中教学需求到成为阿克苏市教育辐射的中心。阿克苏市高级中学从1.0时代持续发展到5.0时代：1.0时代，第七批援疆，基础设施建设阶段；2.0时代，第八批第一期援疆，打造校园文化阶段；3.0时代，第八批第二期援疆，提升学校内涵阶段；4.0时代，第九批第一期援疆，创建学校特色阶段；5.0时代，第九批第二期援疆，援疆品牌辐射阶段。

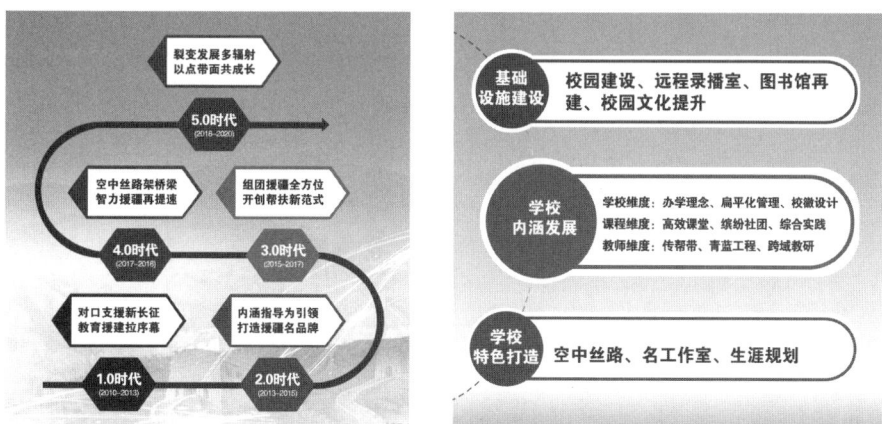

阿克苏市高级中学发展图

在三批杭州援疆人不间断的援建下，学校在基础设施建设、内涵发展、特色打造方面有了质的提升。

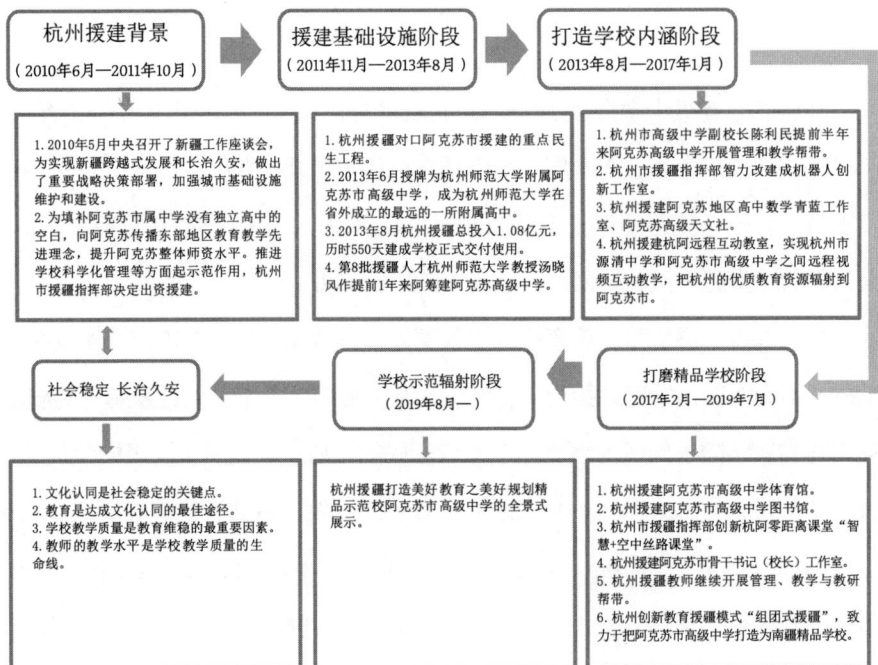

杭州援建背景	→	援建基础设施阶段	→	打造学校内涵阶段
（2010年6月—2011年10月）		（2011年11月—2013年8月）		（2013年8月—2017年1月）

杭州援建背景（2010年6月—2011年10月）
1. 2010年5月中央召开了新疆工作座谈会，为实现新疆跨越式发展和长治久安，做出重要战略决策部署，加强城市基础设施维护和建设。
2. 为填补阿克苏市属高中学没有独立高中的空白，向阿克苏传播东部地区教育教学先进理念，提升阿克苏整体师资水平。推进学校科学化管理等方面起示范作用，杭州市援疆指挥部决定出资援建。

援建基础设施阶段（2011年11月—2013年8月）
1. 杭州援疆对口阿克苏市援建的重点民生工程。
2. 2013年6月授牌为杭州师范大学附属阿克苏市高级中学，成为杭州师范大学在省外成立的最远的一所附属高中。
3. 2013年8月杭州援疆总投入1.08亿元，历时550天建成学校正式交付使用。
4. 第8批援疆人才杭州师范大学教授汤晓风作提前1年来阿筹建阿克苏高级中学。

打造学校内涵阶段（2013年8月—2017年1月）
1. 杭州市高级中学副校长陈利民提前半年来阿克苏高级中学开展管理和教学帮带。
2. 杭州市援疆指挥部智力改建成机器人创新工作室。
3. 杭州援建阿克苏地区高中数学青蓝工作室、阿克苏高级天文社。
4. 杭州援建杭州远程互动教室，实现杭州市源清中学和阿克苏市高级中学之间远程视频互动教学，把杭州的优质教育资源辐射到阿克苏市。

社会稳定 长治久安	←	学校示范辐射阶段	←	打磨精品学校阶段
		（2019年8月—）		（2017年2月—2019年7月）

社会稳定 长治久安
1. 文化认同是社会稳定的关键点。
2. 教育是达成文化认同的最佳途径。
3. 学校教学质量是教育维稳的最重要因素。
4. 教师的教学水平是学校教学质量的生命线。

学校示范辐射阶段（2019年8月—）
杭州援疆打造美好教育之美好规划精品示范校阿克苏市高级中学的全景式展示。

打磨精品学校阶段（2017年2月—2019年7月）
1. 杭州援建阿克苏市高级中学体育馆。
2. 杭州援建阿克苏市高级中学图书馆。
3. 杭州市援疆指挥部创新杭阿零距离课堂"智慧+空中丝路课堂"。
4. 杭州援建阿克苏市骨干书记（校长）工作室。
5. 杭州援疆教师继续开展管理、教学与教研帮带。
6. 杭州创新教育援疆模式"组团式援疆"，致力于把阿克苏市高级中学打造为南疆精品学校。

杭州援疆建设阶段图

下 篇

杭州教育援疆之精品援建篇

我们追求立人的教育，努力促进学校成为现代公民成长的精神家园，社会主义核心价值观培育的摇篮。

我们追求公平的教育，追求"有教无类"起点公平，"因材施教"过程公平，"人尽其才"结果公平的教育。

我们追求适合的教育，唤醒孩子们内在的力量，让他们在个性与选择的基础上能够走得更远，跑得更快，飞得更高。

我们追求开放的教育，让孩子们学会在开放中选择，在互动中提升，在包容中成长。

我们追求可持续的教育，让教育回归本真，培育学生的健全人格与创新精神、实践能力，为学生的终身发展奠基。

——杭派美好教育

第六章 杭州教育援疆之美好样式篇

第一节 "一站两联三建"之杭派美好教育援建模式

习近平总书记强调："坚持把服务中华民族伟大复兴作为教育的重要使命，坚持把教师队伍建设作为基础工作。"2010年以来，三批杭州市援疆指挥部倾时、倾力、倾情援建阿克苏市高级中学，第八批、第九批在第七批完成阿克苏市高级中学教育基础设施的基础上，持续打造阿克苏市高级中学，并以阿克苏市高级中学为教育培训基地，在杭派教育理念的引领下开展教育、教学、教研等系列活动，实现对阿克苏市的教育辐射。通过九年持续不断地发展，杭派美好教育援疆较成熟地构建了可展示、可推广、可复制的"一站两联三建"教育援建模式。杭州市援疆指挥部与当地市委、市政府，杭州各部门及前后方教育系统等多部门形成合力，众志成城、持续用力、久久为功，为促进新疆稳定和长治久安奉献杭州力量。

一、杭派美好教育援建模式

九年的倾情援建，创设出"一站两联三建"的杭派美好教育援建模式，日月和繁星皆为见证，路途和诗歌都是美好，所有的汗水都凝成智慧，一切的奔波皆通向荣耀。"一站两联三建"的杭派美好教育援建模式分解如下。

一站：建成一个杭派教育理念辐射空间站，即一个核心学校，作为教育、教学、科研及教师培养的辐射中心。

两联：一是跨域联动，指跨地域，跨越杭州、阿克苏两地物理距离（请进来、走出去）或虚拟距离（空中丝路课堂等），实现跨域教育联动；二是跨界联动，指跨学科界，撬动援疆教师学科外专长及其后方各路资源，实现跨学科界教育联动。

三建：一是建制，建跨域界联动机制、青蓝工程机制等机制，全维度打造精品学校；二是建室，建高中数学青蓝工作室、阿克苏骨干书记（校长）工作室等高端工作室，全方位培养拔尖教师；三是建网，建空中丝路课堂、数字化校园网等，实现数字化技术全域式覆盖教育教学。

二、美好教师培养空间站的援建

近年来，全球教育理念与育人目标发生了深刻变革，学习方式加快革新，智慧校园加速推进，面向未来的学习空间建设蔚为壮观，学校正在出现前所未有的"空间新场景"，更课程、更沉浸、更个性、更智慧、更赋能正成为未来学习空间的新特征。

杭州市第九批援疆指挥部在阿克苏市高级中学已建成的教育基础设施的基础上，持续投入援疆资金，以把阿克苏市高级中学提升为"地区高中教学示范中心""杭派美好教育理念辐射中心""师生成长的空间站"。自2013年4月始就持续不断地派遣援疆教师援助学校，由最初每期派送2—3位援疆教师，发展到第九批每期派送8位援疆教师进行组团式援建，放眼"教育新时代、空间新场景"的愿景，探索"基于师生成长的学习空间"如何突破以往的单一教室构架，构建一个更加开放、更加集成、更加多元的学习空间场景，使学校的每个空间都成为主动学习的场所，建设一所阿克苏市师生共同发展和家长、社会充分认可满意的核心学校，打造一个美好的杭派教育理念辐射空间站。

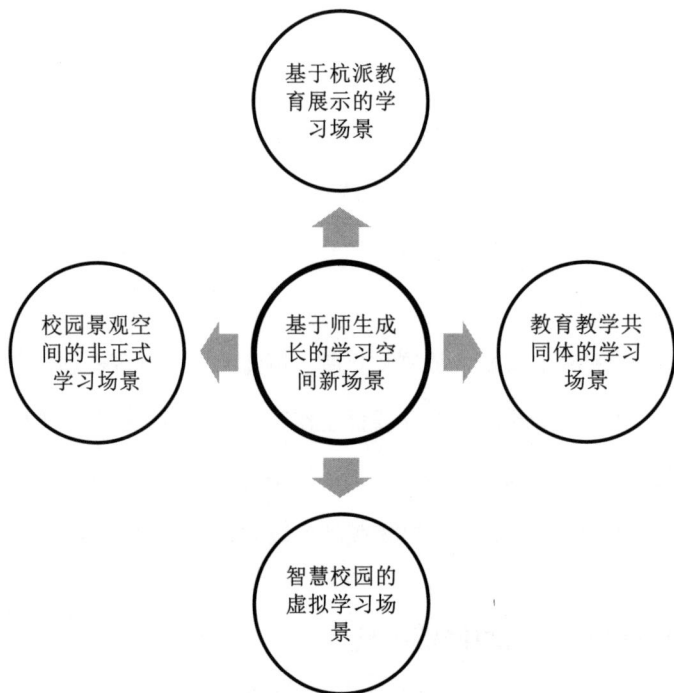

基于师生成长的学习空间场景结构图

（一）校园景观空间的非正式学习场景设计

校园环境文化是学校发展的物质基础。校园环境文化是指校园所处的自然环境、校园规划格局，以及校园建筑、雕塑、绿化和文化传播工具等方面形成的文化环境。校园环境文化既是学校显性文化存在和发展的物质基础，同时也是学校隐形文化的物质载体。

校园的环境文化含校训、校徽、校歌、校园内雕塑、各种提示牌、绿化地带、宣传栏、阅报栏、图书架、教学与研究宣传栏、信息广告栏和光荣榜、思想政治宣传栏、校务公开宣传栏、团队宣传栏、身心健康宣传栏、报刊信息宣传栏、围墙上的壁画字符等。学校环境文化建设中均注重"明确定位和突出特色""富于人性和人文性""融合科学艺术"等理念，使师生员工沉浸在健康和谐的文化氛围之中，呼吸清新高雅的文化气息，达到陶冶情操之目的。

（二）基于杭派教育展示的学习场景设计

"杭派教育展示"活动是杭州市援疆指挥部、杭州市教育局、阿克苏市教科局以阿克苏市高级中学为基地，以教师专业化发展为目标，以杭州市名师为引领，以课堂为载体，以参与式培训为主要方法，实现研训教一体化的品牌项目。其主要功能有教学研究学术引领、名师示范培养培训、展示观摩信息传播、合作交流资源汇聚。

"杭派教育展示"活动采用"同课异构 — 专家点评 — 教师互动 — 资源共享 — 交流合作 — 结拜名师"操作流程。第一是同课异构。以学科为主线，定期组织开展"杭派教育展示"活动，通过邀请杭州市名人、名师赴阿克苏市开设示范课、讲座、论坛等，阿克苏市教师观摩学习。对积极参与开课的教师，颁发证书，以资鼓励。第二是专家点评。聘请杭阿两地有关专家在每次开课、观摩结束后进行课堂点评和做契合主题的专题报告。第三是教师互动。开课的教师、观摩的教师、有关专家等实现多方互动，深入探究。第四是资源共享。每期活动结束后，"课堂实录"都将纳入阿克苏市教学资源库，为全市教师和相关合作单位积累丰厚、优质的课堂教学和教师培训资源，并建立"名师资源库"，为相关合作单位链接、汇聚资源。第五是交流合作。通过请进来、走出去等办法，开展送课下乡、送课进校、好课共享等活动，促进校际、区域交流和合作交流。第六是结拜名师。每学科每期开展活动后，抓住契机，开展名师结对活动，为阿克苏市青年教师成长创造条件。

"杭派教育展示"活动采用"合作主办、基地承办、品牌共建、资源共享"实施途径。第一是合作主办。由杭州市援疆指挥部、杭州市教育局、阿克苏市教科局合作主办，阿克苏市高级中学承办。主办方负责活动的策划与协调，负责每期"杭派教育展示"活动杭州名师和有关专家的聘请，负责活动的资金保障，负责为开课的杭阿两地教师颁发盖有主办方公章的证书，负责品牌的建设与推广。为便于开展工作，双方各安排一名工作助理，具体负责本项工作。第二是基地承办。阿克苏市高级中学为"杭派教育展示"活动的教学基地，杭派教育展示活动由阿克苏市高级中学具体承办，具体负责每期"杭派教育展示"活动的组织与实施，负责做好资源的整理、共享工作，负责做好交流与合作的有关工作。第三是品牌共建、资源共享。由杭州市援疆指挥部、杭州市教育局、阿克苏市教科局对"杭派教育展示"活动实行品牌共建和资源共享。

（三）基于成长共同体的学习场景设计

1. 搭建基于学科共同体的学习场景

杭阿共建青蓝工作室，由杭州市援疆指挥部援建设立，依托杭阿两地教育协作共建机制，吸纳阿克苏市相应学科骨干教师和援疆教师为工作室成员组成学科教师成长共同体，以组团式建学科、共建式带队伍、广覆盖提水平为目标，整合杭阿两地教育优质资源，开展学术交流，发挥阿克苏市骨干教师和杭州援疆教师在教育教学中的示范、引领和辐射作用。各青蓝工作室负责人根据自身优势和特长，按照工作室的目标、任务、职责、项目实施方案、工作计划等有序开展研修活动，开拓学科教师能力提升的学习场景。一是"请进来"，请杭州援疆教师、杭州市名师或疆内名师赴阿或者借助空中丝路课堂，以工作室为平台，为阿克苏地区的相关学科教师开设同课异构、专题讲座。二是"走出去"，每学期安排工作室成员赴杭名校或者疆内名校考察、培训、交流、学习。三是"送出去"，定期安排工作室成员到阿克苏市的各所学校开展送教活动。四是"传帮带"，杭州特级教师工作室与青蓝工作室结对，浙派名师、援疆教师与工作室成员结对，工作室成员与学校青年教师结对，形成三级梯队，开展教育教学帮扶活动。

2. 搭建基于管理共同体的学习场景

为加强阿克苏市中小学书记（校长）队伍建设，全面提高书记（校长）队伍的整体素质，加快培养一批具有教育家素质的书记（校长）队伍，杭州市援疆指挥部在阿克苏市教科局的支持下援建阿克苏市骨干书记（校长）工作室，工作室设立在阿克苏市高级中学内，由阿克苏市高级中学书记主持开展工作，主要依托下列载体实现群体共同成长。

一是开展课题研究。以成员校发展瓶颈突破等亟待解决的问题为核心研究课题，采用观摩、沙龙、论坛、讨论等方式，开展课题研究，探讨解决策略，以点带面，解决学校发展过程中出现的瓶颈问题，同时提高书记（校长）的科研力和实践操作能力。

二是以推动新高考背景下的课程建设。课程建设是学校发展的核心，校长及其团队只有具备强有力的课程领导力、指导力和执行力，才能保证课程高品位设置和实施。

三是举办杭阿两地名校长（书记）高峰论坛。杭阿两地教育名家共同探索教育改革创新，不断增加杭阿教育界交流融合，鼓励两地教育思想的碰撞，为阿克苏教育的未来，为千千万万孩子的未来，为新疆社会稳定和长治久安共同努力。

四是赴杭培训交流学习。通过近距离观摩、体验、实践杭派美好教育理念下的名校发展，以便更充分吸收内化，阿克苏市校长们满载智慧的果实而归，让先进的办学理念在阿克苏市这片教育沃土上开花结果。

3. 搭建基于科技创新能力的学习场景

杭州市援疆指挥部投入资金购置机器人创新工作室设备及每年的正常运转。机器人创新工作室坚持以科技育人为指导，紧密围绕学校"和谐＋优秀＋个性"的学生培养目标，以机器人创新工作室创建为载体，搭建阿克苏市高级中学机器人优秀辅导教师及学生创新平台，开创科技文化引领学生德育教育先河，带动更多的教师为阿克苏市高级中学科技素养建设献计献策、为学生创新意识的培养贡献力量，推动阿克苏市高级中学创新工作快速高质量发展。

机器人创新工作室的建立，打开了学校第二课堂之门，丰富了学生的课余生活，学生能充分展现自我的想象力与才华。通过参加每年举行的市级、地区、自治区乃至国家级青少年科技创新大赛和科学影像节活动，能迅速使机器人创新工作室成为学校、阿克苏市、阿克苏地区乃至自治区科技活动类的一大亮点。

4.搭建基于科学素养培育的学习场景

杭州市教育局、杭州高级中学采购、安装天文仪器设备并提供技术支持，在阿克苏市高级中学建成天文台。天文台建成以来，在杭州市援疆指挥部和杭州市高级中学的大力支持下，组织开展丰富多彩的科技实践活动，为学生提供开拓科学视野的学习空间，同时也扩大天文知识的宣传，营造一种尊重科学、崇尚科技的氛围，从而一步步地消除青少年不科学的极端思想，为新疆去极端化做贡献。

（四）基于智慧校园的虚拟学习场景设计

数字化校园网络的普遍建设及互联网平台的推广，为教师培训和学生发展提供了另一种选择，开辟了更开放、更个性化、更具时效的学习场景。第一类是智能化数字学习空间的建构，就是当下的云学习，包括主题式云学习和碎片化云学习，是教师培训形式之一，也是学生自主学习的方式之一。云端的学习内容是某个教学官网，或是某个学科基地校开设的学习资源网，或是名人名师名家的个人资源网等。装备能实现浏览数字学习空间的点餐机，或刷脸借阅学习资料的借书柜，或实现数字化学习的数字化信息教室、数字化美术教室、数字化物理实验室等硬件型学习空间，同时发动教师们建立微课自主学习平台、自主作业平台、学科自主学习平台等一系列适合学生自主学习的软件性学习空间。这样既能保证学习者的自主学习时间，还能提供给学生自主学习的空间。第二类是直播性的"智慧＋空中丝路课堂"。杭州市援疆指挥部前瞻性地构建了援疆品牌"智慧＋空中丝路课堂"，支持杭阿两地开展同课异构、专题讲座、教育教学研讨等活动，实现两地师生零距离互动，杭州任何一所学校都可与阿克苏市所有学校同上一课，使杭阿教育无缝对接，杭派教育理念辐射面更广。

三、援建教师培养空间站新亮点

（一）搭建"美好教育 +"全景式联动新平台

为践行立德树人的根本目标，进一步推进杭阿两地教育教学深度交流，提升阿克苏市高中师生美好规划力，培养全面且具有个性发展的美好学生，促进教师进行职业适切规划，同时为凸显杭派教育教学先进理念引领阿克苏市高中教育教学全面提升的成果，展现师生美好风貌，以打造"美好教育"这一愿景为契机，笔者代表杭州市援疆指挥部为学校设计定于每年4月29—30日面向阿克苏市举行以"美好教育"为主题的全景式展示活动。活动形式为名校长论坛、学校援建文化展示、杭阿教师同课异构、专家讲座、家长送职业进课堂、生涯规划讲座等，加深杭阿两地、阿克苏市域内各学校间的相互学习与交流，共享"美好教育"之展示成果。

（二）打造"学校 +"磁场式育人新模式

教育是学校、家庭和社会的共同责任和担当。杭州市援疆指挥部支持学校着力打造"学校 +"育人新模式，构建"大教育"格局，以学校为磁力源，向外辐射磁力，促进社会稳定。

一是打造"学校 + 家庭"模式，助力学生成长成才。全市成立家长学习论坛，开设家长网络课堂，组建家长志愿者队伍，规定每个学校每学期至少开一次家长会，家长每学年对任课教师进行一次师德考核，班主任每学年对学生进行一次全面家访。各学校利用家长资源，开展家长论坛、家长进课堂等活动。

二是打造"学校 + 社区"模式，提升学生实践能力。各学校积极开放内部资料，邀请社区人员来校参加开学典礼、学校开放日，为社区居民提供招生咨询服务。学校带领学生走进社区，协助社区开展创卫工作，参与"共建社区，争做文明居民"等活动。社区也大力支持学校办学，为学校周边环境治理提供现场办公、集中整治的便利，为学校发展献计献策。

三是打造"学校＋社会"模式，塑造学生思想品格。全市统一组织协调各学校与博物馆等共建德育基地，组织学生参观、学习、调查。学校与社会团体进行合作，比如与戚家拳研究会合作，组织学生去传承基地练习；与敬老院结对，定期去慰问、打扫；邀请各行业的专家或知名人士到学校对学生进行思想道德和人生观教育。

（三）包联"＋民族学校"造血式组团新帮扶

为了实现优质教育资源共享，优化区域内教育布局，加速中华传统文化的全覆盖，增进民族交流交融，促进阿克苏地区的社会稳定、长治久安，杭州市援疆教师定期带领阿克苏市高级中学教师，以学科组团式的方式赴包联民族学校帮扶。此举旨在加强民族学校教师队伍建设并提升其教育教学能力，以常规教研为例，把教材研究、学案优化、课件优化、评教评学做实在了，教师就成长了，让当地教师在潜移默化中收获态度、掌握方法、提高教书育人的水平。当前阿克苏市高级中学包联两所民族学校：库木巴什乡中学和阿克苏市第三高级中学。

四、跨域跨界联动保障机制

跨域跨界联动主要以杭州市援疆指挥部为支点，撬动杭州各方资源，跨越杭州、阿克苏两地物理距离或虚拟距离实现联动，这需要形成一定的联动保障机制才能促使联动正常开展。

组织保障。杭州市援疆指挥部、杭州市教育部门、阿克苏市教科局三方形成目标一致的联合体，协同建构现代研训教制度和体系，开启顶层设计和中长期规划，确立阿克苏市高级中学为开展教学研训的基地，开展教师培训、提升课堂质量，将好的经验和方法辐射到更多的学校，实现杭阿两地共建共享的双赢，让杭派美好教育理念在阿克苏生根、开花、结果，快速地带动阿克苏教育步入发展快车道。

制度保障。杭州市援疆指挥部促成杭州市教育局与阿克苏市教育局签署两地帮扶框架协议（2017—2019），协议内容细致有效，确保杭阿两地各项教研训活动按需正常高效开展。促成阿克苏市学校与杭州学校结对成友好学校，制定校际帮扶协议，互派教师交流学习、共建共享，在进一步加强杭阿两地校际交流的同时，更能实现精准援教、高效援教，为援疆教师撬动后方资源、开展跨学科援教等活动提供相关保障。

队伍保障。名人、名师、名校是保障跨域跨界联动的核心力量，其专业水平决定了杭阿两地联动的质量和效果。杭州市援疆指挥部对杭州资源有一个标准限定，积极主动与浙江师范大学、杭州师范大学牵线，邀请浙派名师、名校长、新锐教师等层面的教师来阿送教或开设空中丝路课堂。后方教师专业能力和影响力是开展联动活动质量和效果的重要保障。

| 第二节 "聚·融·创"之杭派组团式教育援疆范式

2013年4月，第八批援疆教师杭州师范大学英语系汤晓风老师提前1年赴阿，加入筹建阿克苏市高级中学的领导小组，时任副校长，投身学校校园内涵文化建设。

2013年8月，第八批援疆教师杭州高级中学教务主任兼数学教师陈利民老师提前半年赴阿，加入阿克苏市高级中学的领导小组，时任副校长，致力于学校建校初期的教师培养。

2014年2月，第八批杭州市第一期12位援疆教师全面进疆。援建目标就是为阿克苏培养一批带不走的教师队伍，让"杭派教育"理念的种子在当地教师的心中生根发芽。

在过去的1年半时间里，12位援疆教师除了教学上课，还有一项更重要的工作——人才传帮带，培养当地的老师。不但教学生，更要教老师，人才传帮带的意义，正在于那句古话：授人以鱼，不如授人以渔。通过开展师徒结对、邀请名师到阿克苏交流等形式，录制示范课集结成专辑，通过网络平台、刻录光盘等途径在阿克苏市中小学分发共享，把杭州援疆教师的教学经验留存下来。援疆指挥部援建了高中数学、小学语文两个"杭阿共建青蓝工作室"，其中高中数学工作室设在阿克苏市高级中学，来自杭州的三位教师担任导师，成员遍布阿克苏的各个高中。2015年高中数学、小学语文青蓝工作室被评为省援疆人才传帮带示范工作室和自治区、地区教学能手工作室。通过导师带学员，骨干学员再带新学员，创办会刊，建微信号等方式，两个青蓝工作室的传帮带效应，像两块石头落入平静的水面，不断向外推动一波波"教育的浪花"。"不忘初心，方得始终"，如今两个工作室的当地教师都已成为阿克苏的教师骨干力量。

2015年8月，第八批第二期12位援疆教师进疆，承担起"人才能带起一个学校、一个学科"的援疆工作，并继续做好传帮带工作，在援疆指挥部增建了一个小学数学工作室的基础上，引领好工作室，组织一场场专题讲座和评课活动，传授杭州先进的授课方法，为当地教师提供教学借鉴。三位教师被选派到阿克苏市高级中学开展援疆工作，其中王国灿、杨延丰这两位来自杭州的数学教师继任高中数学青蓝工作室的导师，继续传帮带的使命。

2017年2月，第九批第一期9位援疆教师进疆，2017年8月被选派到阿克苏市高级中学开展援疆工作的人数从4人增加至8人，自此组团式援建阿克苏市高级中学的教育援疆拉开序幕。

2018年8月，第九批第二期9位援疆教师进疆，继续以组团式教育援疆的形式选派其中8人至阿克苏市高级中学开展援建工作。

　　第九批杭州教育援疆立足新疆的社会稳定和长治久安，以"援疆一批人才，带出一批人才"为援疆任务，实现从"输血"转变为"造血"，并致力于打造杭州教育援疆品牌，亮出杭州智慧，播种杭派美好教育理念。

　　第九批援阿克苏市高级中学的八位教师，分别来自杭州师范大学及杭州高中名校，任教的学科有数学、英语、物理、化学、政治等，他们以杭派"美好教育"为愿景，以帮助每位教师提高美好职业规划力、帮助每位学生学好知识为目标，开展多层次、多方位、多角度的"传帮带"活动，为学校打造一支有着杭派先进教育教学理念的教师队伍，更好地培育美丽的"阿高"学子。同时以学校为教师培养的空间站，以点带面辐射到整个阿克苏地区教师队伍的建设，为第九批杭州市援疆指挥部倾全力打造的"杭派美好教育示范线"做出最闪亮的贡献。

　　杭州援疆教师团队从师资培训、课堂教学、教育科研等方面对阿高教师开展传帮带系列活动，定期开设新教师培训讲座；推进青年教师教学大比武；建立一对多的"师傅带徒弟"帮带关系以帮带各层次教师；指导各学科教研活动；开设教育科研讲座；举办杭阿两地名校长论坛及杭州名师送教活动；开设杭阿两地零距离"智慧＋空中丝路课堂"学生版和教师版；指导并引领设立在学校的阿克苏市骨干书记（校长）工作室、地区高中数学青蓝工作室等特色工作室；等等。在杭州援疆教师教育智慧的示范、引领和辐射下，学校不断创新教育教学模式，提升核心发展力，教学质量逐年提升，教育发展步入快车道，杭州先进的办学理念现已在阿克苏市高级中学这片教育沃土上开花结果。

　　提升"请进来、走出去"的形式和内涵。为了让阿克苏市的教师能集中学习先进教育理念，援疆指挥部充分整合杭州援疆教师和杭州特级教师赴阿送教的力量，成功举办杭阿两地名校长高峰论坛，"杭派教育展示"活动，杭州名师名校长、援疆教师和当地骨干教师一起开展"同课异构"等教研活动。

　　在杭州市援疆4期共23位教师不间断的援助下，阿克苏市高级中学在基础设施建设、内涵发展、特色打造方面有了质的提升。自此，杭州市第九批援疆指挥部构建出杭州市教师组团式教育援疆的"聚·融·创"范式：

"聚"是前提，即"聚合杭州力量"。援疆指挥部教育团队通过多途径聚合杭州名人、名师、名校的教育智慧。

"融"是途径，即"融合融通融入"。杭州市援疆指挥部教育团队"搭乘"杭阿共建青蓝工作室、"智慧＋空中丝路课堂"等载体，"融合"杭派教育资源，"融通"杭阿两地合作与交流、搭建后续沟通桥梁，提供校际来往互动平台，最终把杭派教育理念"融入"本地教育。

"创"是目标，即"创新教育模式"。一方面，杭州市援疆指挥部教育团队创新"三位一体"管理人才培养援疆样式和"一核三层"的学科人才培养援疆样式为学校培育具有系统教育力、持续学习力、无限创造力的优秀师资队伍，具有"修身·敬业·创新·树人"教风的新时代四有教师，从而助推学校创新教育模式，点亮教师发展美好规划路，推动阿克苏市教育的发展和进步，为阿克苏留下一支带不走的教师队伍；另一方面，杭州市援疆指挥部教育团队创新"三全三品"美好学生培养样式，协助阿克苏市高级中学培养具有"刻苦·主动·善学·勤思"学风的"和谐＋个性＋优秀"的新时代学生。

习近平总书记指出："改革是教育事业发展的根本动力。"阿克苏市高级中学借助杭州组团式教育援疆"聚·融·创"模式，借助"青蓝工作室""智慧＋空中丝路课堂"的"1＋1＝全覆盖"的辐射功能，在实践中不断变革优化，促使学校援疆教育样态呈现出"点"到"面"的蜕变：具体体现在援疆教师由分散在阿克苏多所学校发展到组团集中到1—2所学校，由原来只援建单一学科发展到覆盖全学科，从硬件设施的援建发展到内涵文化的援建，受援范围从校域扩大到市域甚至是地域，从关注成绩提升到师生美好规划的引领，从重点提升教育教学技能发展到教育教学理念创新等方面。

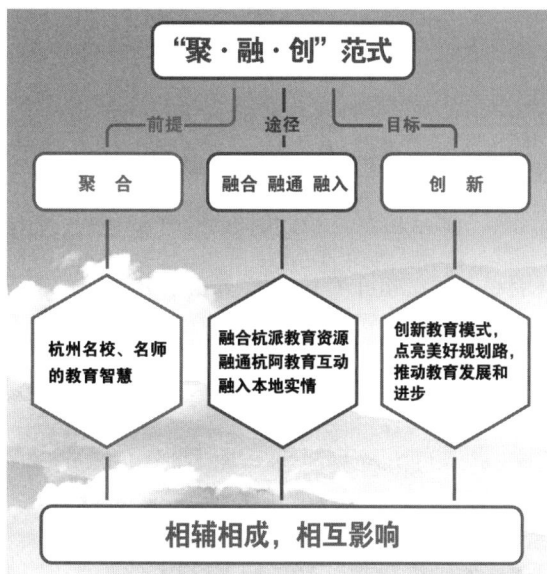

组团式教育援疆"聚·融·创"范式

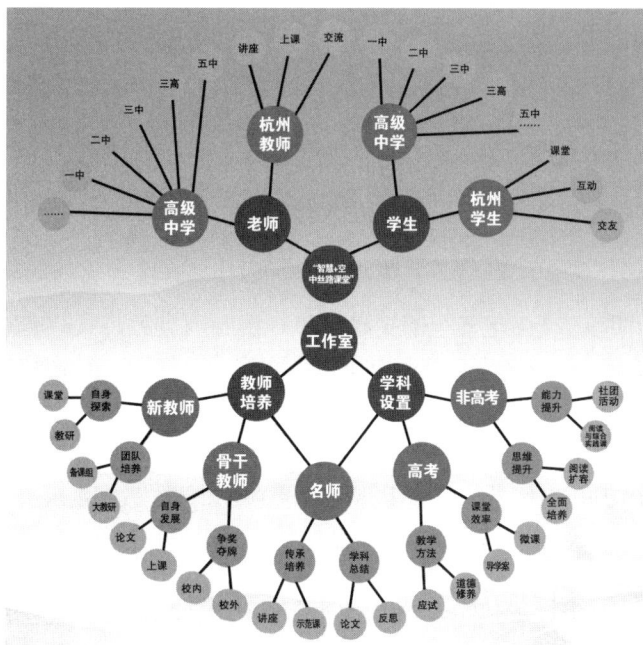

"1+1＝全覆盖"辐射图

┃ 第三节　杭派十五年美好教育示范线

杭州市第九批援疆干部人才在指挥长杨国正的领导下，深入学习贯彻党的十九大报告精神，把握"传承·敬业·团结·精彩"内心内涵，援疆工作坚持"八个突出"，实现"八个杭州"：队伍管理突出严管厚爱，锻造杭州铁军；产业就业突出电商招商，形成杭州特色；脱贫攻坚突出精准帮扶，展示杭州大爱；项目建设突出质量速度，创造杭州品质；教育援疆突出精品师范，打造杭州品牌；医疗援疆突出精准施策，建树杭州口碑；交流交往交融突出融合互动，体现杭州优势；新闻宣传突出四比四创，挖掘杭州最美。

党的十九大报告指出，建设教育强国是中华民族伟大复兴的基础工程，必须把教育事业放在优先位置。杭州市第九批援疆干部人才以党的十九大报告精神为指导，紧紧围绕社会稳定和长治久安工作这一总目标，发扬"舍家报国，倾情援疆"的精神，坚决落实"六个坚定不移"工作重点，结合"八个突出"，实现"八个杭州"，特别是把教育援疆作为援疆的重点工作来抓。

两年半来，杭州市宏观统筹规划援疆一批有品质、有文化的教育基础设施：2017年全额投资2014万元以"杭州速度"援建阿克苏市多浪第一幼儿园，解决该片区600名少数民族幼儿入园问题，并持续提升办学设施。2018年全额投资1500万元建设富阳幼儿园，解决片区432名少数民族幼儿入学难问题。同期投资1.6亿元全额援建九年一贯制阿克苏市天杭实验学校，于2019年5月交付，8月开始招收一、四、七年级新生入学。同时，对已经运行的援疆学校阿克苏市高级中学也加大资金投入，提升了校史馆、图书馆等校园文化设施，并开创组团式援建阿克苏市高级中学，集中教育援疆资源和力量培养教师队伍，培育学生美好生涯规划能力，提升学校的办学品质，打造成"南疆第一，全疆一流"的杭州教育援疆精品。2019年全额投资建设明德幼儿园和西湖幼儿园，并计划于当年交付使用。这样杭州市第九批援疆指挥部援建的四所幼儿园、九年一贯制阿克苏市天杭实验学校与已援建运行六年的阿克苏市高级中学一起构成覆盖学前、小学、初中、高中基础教育全学段的"杭派十五年美好教育示范线",利用杭州教育资源,从软件上支撑三校(园)成为阿克苏市乃至阿克苏地区的教育教学示范中心,初步形成从学前到高中的"十五年杭派美好教育示范线",让杭派教育在阿克苏落地生根,引领当地基础教育水平整体提升,使之成为杭州教育援疆留在阿克苏的一道亮丽民生风景线。

一、基于教师层面的打造举措

2017年11月1日,在杭州市援疆指挥部的组织和见证下,杭州市教育局和阿克苏市教育局签订深化对口帮扶教育工作框架协议,将全力导入优质教育资源,打造成从阿克苏市多浪第一幼儿园、阿克苏市第十六中学(现更名为阿克苏市天杭实验学校)到阿克苏市高级中学从学前到高中15年一脉贯通的"杭派美好教育示范线"。具体的做法如下。

一是把多浪第一幼儿园打造成为"阿克苏市示范幼教基地"。阿克苏市多浪第一幼儿园是杭州全额援建的高标准幼儿园。杭州市教育局选定一所杭州市知名幼儿园与其实施集团化办学,每年接收该园5名幼教教师赴集团短期培训。杭州市教育局每年至少选派3名优秀幼教管理者和幼教名师赴阿交流,在幼教理念引领、教学诊断、国语教学、校园文化建设等方面进行支持。

二是共同建设好阿克苏市第十六中学,完成教师培养、顶层设计等工作。规划中的阿克苏市第十六中学是2017年至2019年杭州援疆的重点项目之一。杭州市教育局将配合杭州市援疆指挥部完成阿克苏市第十六中学的专家审核、校园文化、顶层设计、教师培养等方面的创建工作。杭州市教育局确定一所杭城名校与阿克苏市第十六中学结对,形成集团化办学及长效帮扶机制。阿克苏市教育局在招生政策、班子建设、教师保障、运行资金、后期维护等方面进行有力保障。

三是共同打造一所高中，成为"阿克苏市高中教学示范中心"。阿克苏市高级中学，是杭州全额援建的一所高中，是杭州师范大学教育集团的一员。杭州师范大学将继续积极开展帮扶工作，每学期开展3次远程学科专家讲座、课例研究等活动；每学期接收5名阿克苏市高级中学的骨干教师赴杭师大参加为期15天左右的短期培训；每年选派杭州市优秀教学管理者、教研员、名师和学科带头人等赴阿开展活动交流至少1次；选派设计专家帮助阿高形成校园文化整体建设方案；帮助学校创建法制教育基地、创作校歌等。

四是携手提升阿克苏市"三名"队伍素质，即提升名校（园）长、名班主任、名教师队伍。教育提质升级，师资队伍是关键。杭州市教育局每年在杭州为阿克苏市开设1个主题研修班，每期40人，培训时间15天。杭州市教育局选派杭州市名校（园）长、特高级教师等赴阿交流活动每年不少于1次，开设名校（园）长论坛、教学讲座等。阿克苏市教育局每年选拔20名优秀后备干部赴杭州挂职学习。

五是结对一批友好学校，建立长期的帮扶结对关系。两地教育局统筹协调28所学校（幼儿园）签订友好学校协议书，组建13个教育共同体，并督促校际（园际）常态化开展有关教育教学交流活动。杭州结对学校每年接收5名阿克苏市结对学校骨干教师赴杭进行短期培训跟岗学习，每年选派1名校级领导、名师专家赴阿克苏市结对学校交流、指导教育教学工作至少1次。双方教育局共同支持打造结对学校（幼儿园）之间的远程视频互动教室，杭州结对校为阿克苏市结对校的远程互动录播教室建设提供相应的技术支撑，利用"空中丝路课堂"等形式帮助指导阿克苏市结对校实施智慧教育，提升阿克苏市教育信息化水平。

二、基于学生层面的打造举措

杭州市第九批援疆指挥部将杭派美好教育引入阿克苏基础教育，通过"四美育人"给予阿克苏学子美好期望。拟从幼儿园、小学、初中、高中四点一线，以点带面，逐步落实四美。

幼儿园："美好国语"塑造孩子未来。继续建设两所幼儿园，三年共建设四所幼儿园；落实省"111"幼儿园提升工程，提升6所标准化幼儿园；培训学前教师达1000人次；多浪第一幼儿园争创自治区示范幼儿园。

小学："美好课堂"激发孩子学习兴趣。利用教育部等四部委"万名教师支教计划"教师力量，在阿克苏市十五中打造"美好课堂"，组团式塑造"美好班级"，让孩子感受学习的快乐并提升教学质量。

初中："美好社团"提升孩子素养。积极将杭州美好素质教育理念融入阿克苏初中，为阿克苏初中提供一个新的教育模式，促进学校德育教育的研究和发展，培养学生积极向上的心态，提升学生良好的品德、行为和修养，激发学生潜能，促进学生身心健康，使之全面发展。

高中："美好规划"塑造孩子美好未来。学习是一场马拉松，应给予孩子准确定位、合理目标，利用大数据帮助学生了解自身特长与缺陷，合理规划生涯与未来。新高考背景下，让孩子认识专业、接触职业、统筹安排，为孩子的高中生活做一个合理的规划，才能在高考结束的时候给孩子一个闪亮而美好的未来。

第七章　杭州教育援疆之美好学校篇

　　天山南麓，白水之滨，杭阿携手，阿高屹立。学府弦歌不辍，木铎金声长鸣；含龟兹咀多浪，崭露学业峥嵘。

　　初入征途，筚路蓝缕，团结奋进，足迹铿锵。循循然，创管理新制；兢兢然，谱教研华章；默默然，塑敬业典范；欣欣然，溢桃李芬芳。吾辈秉承"明德、求是、精致、大气"之校训，笃行"和谐、明理、勤奋、致远"之校风。师，修身树人，洒一腔热血，培满园新翠；生，善学勤思，博三载春秋，成人生伟志。

　　往昔已矣，征程正遐，薪火相承，滋兰树蕙；沧桑砥砺，开创篇章，修史建馆，铭之勉之；春风化雨，润物无声，初心不忘，继往开来。

不忘初心去远航

—— 杭州师范大学附属阿克苏市高级中学校歌
创作于2018年4月

作词：语文组　　　　　　　　　　　　　　　　作曲：艺术组

天山 巍巍 白水 潺 潺， 多浪 河 畔 桃李

芬 芳。 阿高 知识的 殿 堂， 莘莘 学子 传承 开

创。 西子 湖畔 杨柳 依依 空中 丝 路 智慧

闪 光， 阿高 友谊的 桥 梁， 杭阿 共建 情谊 深

长。 明德 求是 汇聚我 生 命的 力量，
创新 树人 培育 英才 谱 华章，

精致 大气 追逐我 青 春的 梦 想；
善学 勤思 肩负 未来 做栋 梁；

披荆 斩棘 乘风破 浪 不忘 初心 去远 航；
沐浴 乘风 迎着 朝阳

不 忘 初 心 去 远 航！

| 第一节　基于杭派美好教育的校园文化援建背景

在杭州市援疆指挥部的持续援建下，经过2013—2015第一个三年规划的发展，基本完成阿克苏市高级中学基础建设工作，到2016—2018年第二个三年发展规划阶段学校已进入稳步发展时期，因此发展总目标确定为"品质提升"，在已经粗具规模的适合学校学生发展的育人模式和机制的基础上，逐步实现学校由"规范发展"向"自主发展"和"特色发展"的转变，新的教育教学质量和办学效益将更加明显，在课程和活动等重点方面实现学校向培育高素养学生的现代卓越高中转型。第三个三年发展规划的总目标为"品牌形成"，逐渐成为"教育思想领先时代，办学目标科学可行，办学机制开放有序，学校管理人本和谐，办学特色基本形成，学生个性较好发展"的"南疆一流、全疆名校"的示范性高级中学。

在"品质提升"期，杭州市援疆指挥部支持阿克苏市高级中学加大对校园文化建设的规划和投入力度，既重视硬件建设，也重视软件建设，既体现主旋律，又倡导多样化，既加强规范引导，又注重个性发展。经过三年的建设，形成了"校园建设营造整体美、绿色植物营造环境美、名人佳作营造艺术美、人际和谐营造文明美"的校园文化思路和格局，实现了学校校园文化的不断发展和全面繁荣。

阿克苏市高级中学在全市占有明显的地理、人文优势，作为杭州援疆的民生工程之一，每年接受的领导视察、兄弟单位的参观、全市大型活动、教育系统各类培训等涉外活动较多，作为全市教育名片，必须提升校园文化品质。

经过最初三年的发展，首届高考不负众望，阿克苏市高级中学用实力向社会交上一份骄人的答卷，社会效益显著，生源数量剧增。作为家长喜欢、孩子希望的优质教育单位，必须提升校园文化品质。

作为一所民汉合校，学校民汉学生同吃同住同学习，民族团结特点明显，阿克苏市高级中学必将成为"民族团结一家亲"宣传的主阵地，将这块阵地中的民族团结文化固化下来是绝对不能少的。作为阿克苏市唯一一个"高中教学科研实训基地"，承担着培养、发展我市高中名师队伍的重要使命，提升校园文化品质十分必要。

作为一所年轻的学校，学校领导班子年富力强、善于思考、想大事、能创新、做实事、能干事；教师队伍年轻化，有魄力、有干劲、上进心强、凝聚力强、教育效果显著。学校发展的内驱力要求必须提升校园文化品质。

阿克苏市高级中学是培养管理人才的地方，为各学校及市教育局输送大量管理人才，这样一所学校在领导的关注下，管理品质不断提升，文化底蕴不断深厚，这些内在的文化需要不断固化和沉淀。

第二个三年发展规划期，将结合学校实际、地域发展优势，贴近实际强化德育工作，在全体师生中努力形成追求"智圆行方"的校园文化，传承中华文明追求至德的思想境界，用统一的文化思潮来践行"智圆行方"的处世之道和人生智慧。(《淮南子·主术训》曰："智欲圆而行欲方。"即要求为人要能融入社会大群体，同时又不能失正气、骨气和品德；既要在坚持原则情况下保持独立的个性，又能应对社会的变化。) 学校要教育学生正确理解和运用好"方圆"之理，培养进退自如、泰然自若的处事境界。

通过绿化、美化、亮化，努力营造"乐中求学"的文化氛围，营造遵循教育规律、尊重师生差异、关注师生幸福感的育人环境，培养阿克苏市高级中学人的"自立精神、科学态度、人文情怀"，并按照已经成型"成人—成事—成才"的德育思路，进一步建成追求"智圆行方"校园文化特色：打造"智圆行方"的校园精神文化；构建尊重差异、民主自制、相互激励的制度文化；构建"乐于学习，和谐快乐，求真求精"的行为文化；构建"绿色书香，和谐有致，信息多元"的环境文化；构建"开放创新，自主选择，充满活力"的课程文化。

| 第二节　杭派美好教育之阿克苏市高级中学
　　　　章程

　　阿克苏市高级中学创建于2013年，是一所寄宿制、全封闭式管理的全日制普通高中。学校依托杭州市援疆指挥部与学校领导高瞻远瞩的发展理念，杭州先进的教育教学资源和教学管理模式，管理层强有力的执行力度，教师无私的奉献精神，在5年的办学积累中，结合本地教育实情，在杭州援疆教师指导下，制订了《阿克苏市高级中学章程》，以及学校制度《职责篇》10项共72条和《制度篇》16大项共181条等一套规范的管理制度，形成了学校独特的文化，为学校下一步发展奠定了坚实的基础。

一、总　纲

　　第一条　为贯彻落实好党的教育方针和十九大报告明确的关于"建设教育强国是中华民族伟大复兴的基础工程"的新时代教育事业发展的总体要求，落实立德树人根本任务，全面提升依法治校水平，大面积提高教育教学质量，努力培养德智体美劳全面发展的社会主义建设者和接班人，办好人民满意的教育，依据《中华人民共和国教育法》《中华人民共和国教师法》《中华人民共和国义务教育法》《中华人民共和国未成年人保护法》《中华人民共和国预防未成年人犯罪法》《中华人民共和国劳动法》《学校体育、卫生工作条例》和其他有关教育的法律法规，制订本章程。

　　第二条　学校名称：阿克苏市高级中学；学校地址：阿克苏市西湖大道16号；邮政编码：843000。

　　第三条　学校隶属阿克苏市教育局，为全日制公办高级中学，学制：三年。

　　第四条　指导思想：在中国共产党领导下，以马列主义毛泽东思想、邓小平理论、"三个代表"重要思想、科学发展观、习近平新时代中国特色社会主义思想为学校的行动指南，全面贯彻"坚持教育为社会主义现代化建设服务、为人民服务，把立德树人作为教育的根本任务，全面实施素质教育，培养德智体美劳全面发展的社会主义建设者和接班人，努力办好人民满意的教育"的教育方针。

第五条　本校的办学理念：科学和人文并重，规范和个性共存，基础和特长兼顾。

办学目标：条件一流、师资一流、南疆一流、全疆名校

学生培养目标：和谐＋个性＋优秀

校训：明德　求是　精致　大气

校风：和谐　明理　勤奋　致远

教风：修身　敬业　创新　树人

学风：刻苦　主动　善学　勤思

第六条　学校校徽：设计理念为"智圆行方，止于至善"。采用外圆内方的设计，象征着传承中华文明追求至德的思想境界，传承"智圆行方"的人生道德和智慧。方为做人之本，圆为处世之道。《淮南子·主术训》曰："智欲圆而行欲方。"为人既要中庸、圆滑，同时又不能失正气、骨气和品德，要在坚持原

校徽

则情况下保持独立的个性。学校教育学生要正确理解和运用好"方圆"之理，培养进退自如、泰然自若的处事境界。

二、学校管理

第七条　中共阿克苏市高级中学支部委员会（以下简称学校支委）是学校的领导核心，统一领导学校工作，支持校长依法独立地行使职权并开展工作。学校支委实行"集体领导、民主集中、个别酝酿、会议决定"的议事和决策基

本制度。其主要职责是：

（1）宣传和执行党的路线方针政策，宣传和执行上级党组织和本级组织的决议，坚持社会主义办学方向，依法治校，依靠全校师生员工推进学校科学发展，培养德智体美劳全面发展的中国特色社会主义事业合格建设者和可靠接班人。

（2）审议确定学校基本管理制度，讨论决定涉及学校改革发展稳定及教学、教研、行政管理中的重大事项。

（3）讨论决定学校内部组织机构的设置及其负责人的人选，按照干部管理权限，负责干部的选拔、教育、培养、考核和监督。加强领导班子建设、干部队伍建设和人才队伍建设。

（4）加强学校党组织的思想建设、组织建设、作风建设、制度建设和反腐倡廉建设。落实党建工作责任制。发挥学校基层党组织的战斗堡垒作用和党员的先锋模范作用。

（5）加强党员理论学习，坚持用中国特色社会主义理论体系武装头脑，坚定走中国特色社会主义道路的信念。组织党员学习党的路线方针政策和决议，学习党的基本知识，学习科学、文化、法律和业务知识。

（6）领导学校的思想政治工作和德育工作，促进和谐校园建设。

（7）领导学校的工会、共青团、妇委会等群众组织和教职工代表大会。

（8）支委会由党支部书记主持，实际到会人数达到应到会人数的4/5以上方可召开。支委会采取表决制做出决定，赞成人数超过应到会人数的1/2方为通过；重大议题或干部人事任免事项的表决，赞成人数应超过到会人数的2/3方为通过。

第八条　学校实行党组织领导下的校长负责制。校长由市委组织部任命。校长是学校的法人代表，全面负责学校的教育、教学、教研、财务后勤和其他行政管理工作。

校长依法履行下列主要职责：

（1）组织起草学校章程、发展规划，并负责组织实施。

（2）组织制定规章制度、工作计划，并负责组织实施、检查和评价。

（3）执行上级教育行政部门的决定和指示。

（4）领导学校各职能部门及常设机构，完善岗位设置，维护学校秩序。

（5）负责学校日常事务管理，主持校务会议审议重大事项并做出决策。

（6）负责学校教育教学工作，大力推进素质教育。

（7）负责教职工队伍建设，促进教职工全面发展。

（8）负责学校财务、基建及重要设施设备购置的审批。

（9）负责学校安全工作。

（10）组织协调学校与政府、社区、家庭等方面的关系，为学校创造良好的育人环境。

第九条　根据编制设置副校长2—3名，由市委组织部考察、任命。副校长对校长负责，协助校长分管具体某方面的工作。

第十条　学校设党建办公室、行政办公室、工会、妇委会、团委、德育处、教务处、教研室、总务处、治安室、电教中心、宿管办12个管理职能部门。党建办公室具体负责学校党务工作。行政办公室具体负责学校行政协调、学校内部管理工作和学校信息管理。工会具体负责维护学校员工的合法权益、监督学校各项工作的落实。妇委会具体负责维护女职工、女学生的合法权益，发挥党群联系纽带作用。团委具体负责团建和社团工作。德育处具体负责学生管理和学校德育各个方面的工作。教务处及教研室，具体负责学校教育教学工作、教育教学科研、教师的业务管理等工作。总务处具体负责学校总务后勤工作。治安室具体负责学校安全保卫工作。电教中心具体负责学校电子音响设备、远程录播和校园网络工作。宿管办具体负责住宿生的管理工作。一般情况下，各职能部门设主任1人，副主任1人，各自按照"分级管理、分工负责"的原则，在党支部的领导下履行规定职责。

第十一条　学校行政办公会议是学校管理的日常工作机构，主要工作内容为贯彻执行学校工作意见。行政办公会议由校长主持，成员为校级党政领导，行政职能部门负责人，工会、团委书记，各年级组长及各教研组长。

第十二条　教职工代表大会是学校依靠教职工民主管理学校、监督干部的基本形式。教职工代表大会暨工会会员代表大会代表每届任期5年，每年召开全体代表大会。学校工会委员会由工会会员代表大会选举产生。职工代表大会按照党的方针政策和有关法律、法规行使职权。主要包括：

（1）听取校长的工作报告，讨论审议学校的办学思想、发展规划、改革方案、工作计划、教师队伍建设等重大问题，提出意见和建议。

（2）审议通过学校提出的各项管理制度、考核办法、奖惩规定及其他与教职工权益有关的规章制度，由学校颁布实施。

（3）依法维护教职工的合法权益。建立评议、考核领导干部的制度。每年通过召开座谈会和无记名测评等方式评议学校领导干部。

第十三条　学校实行校务公开制度。校务公开的基本内容为：学校办学方向、规划和教育教学改革方面的重大事项；学校领导班子建设、党风廉政建设方面的重要事项；涉及教职工权益的重要事项、学校重要财务收支情况和教职工普遍关注的热点问题；涉及学生权益的收费、评奖评先和保送推荐等事项。

第十四条　学校依法健全校内纠纷解决机制，综合运用信访、调解、申诉等争议解决机制处理学校内部各种利益纠纷。学校建立校内申诉制度。分别成立校内学生申诉处理机构和校内教师申诉处理机构，明确申诉处理机构的人员组成、受理及处理规则。

第十五条　学校建立家长学校。成立家长委员会，家长委员会要定期研究学校教育工作和家长工作，开办好家长学校。

第十六条　学校接受市委、市政府和上级教育行政部门的评估、检查、监督，接受社会、家长的舆论监督，听取社会各界对学校工作的意见。

三、教育管理

第十七条　学校倡导社会主义核心价值观，坚持德育为首、德智体美劳全面发展的方针。德育管理模式：全员管理，全员育人。按照《中小学德育工作实施纲要》等纲领性文件开展和改进学校德育工作。积极争创各级德育达标、德育示范学校。

第十八条　学校树立"法律是准绳""稳定压倒一切""安全重于泰山"的责任意识，经常开展民主法制教育、民族团结教育、安全教育。通过学科教学、班团队活动、主题实践活动、社会实践和社区服务等形式向学生进行马克思主义常识教育、爱国主义教育、集体主义教育、传统文化教育、理想教育、法治教育、道德教育、诚信教育、劳动教育、纪律教育、心理教育、个性发展教育和优良传统教育。

第十九条　学校德育工作的核心是"立德树人"。德育工作的主要途径：发挥学校育人主导作用，构建"社会、学校、家庭"三结合的德育一体化教育网络。

第二十条　学校依照《中华人民共和国国旗法》规定举行升旗仪式。

第二十一条　学校德育处负责德育工作，成立德育工作领导小组。年级设置年级组长，统筹年级的教育教学工作。每班设置班主任，协调各科任教师，联系家长，落实各项教育计划。学校给予班主任一定津贴。建立"团委—团支部""学生会—班委会"的学生自我管理网络。学校全体人员增强育人意识，关心学生成长，做到领导管理育人，教师教书育人，职工服务育人。

第二十二条　学校德育处负责对各班级纪律、卫生、两操、仪容仪表等常规工作进行检查评比。

第二十三条　学校根据《中学生守则》和《中学生行为规范守则》实施学生德育评价考核制度，按照规定认真填写学生评语，定时发放学生手册。

第二十四条　学校以班级为教育、教学工作的基本单位。班主任是班集体工作的组织者、教育者和指导者，并负有协调本班级各科的教育工作和沟通学校与家庭、社会教育之间联系的责任。

第二十五条　学校聘请法制副校长（司法、公安部门干部）1名，其在学校党支部的领导下，负责协助学校的遵纪守法教育工作，保证学生思想行为良性发展，保证良好的育人环境。

四、教学管理

第二十六条　学校按照各学科教学大纲、课程标准和教材的要求开展教学活动，从事学校教学管理。

第二十七条　学校开设课程以教育部最新课程计划为依据，开齐课程，开足课时。严格按照中学各学科课程标准组织教学，积极开发校本课程。

第二十八条　学校执行《教学常规管理规定》。抓好备课、上课、作业批改、课外辅导和教学质量检测等环节的管理。

第二十九条　学校坚持以教学为中心，狠抓科学管理，提高课堂教学质量。建立由"分管校长、教务处、教研室、备课组"的管理网络。教研室督促备课组定期开展教研活动，落实教学、教研计划、完成教学、教研任务。

第三十条　学校应遵循教学规律，积极实施素质教育，进行教育教学改革，开展教育科研和教学研究，更新教育观念，改进教学方法，充分利用现代化教学手段。学校必须面向全体学生，因材施教，培养学生良好的学习习惯，掌握科学的学习方法，激发学生独立思考和创新的意识，切实提高教学质量。

第三十一条　教务处是学校教学工作的职能部门，必须严格执行课程标准，严格按上级教育行政部门颁发的校历安排工作。

第三十二条　落实教学责任制，优化教学管理。教学质量管理工作要坚持注重教学过程质量的跟踪，确保教育教学各项任务保质保量完成。

第三十三条　严格执行教学大纲和教学计划，维护课程表操作的严肃性，任何班级不得擅自停课。学校停课或调整上课时间须报市教育局批准。

第三十四条　学校执行国家教育考试制度。按照主管部门的规定规范考试，认真组织期中和期末教学质量监测及部分学科的毕业（结业）考试、考察，并按要求做好成绩统计和质量分析。同时按上级教育行政部门的规定组织好初中升学考试、高中毕业升学考试。

第三十五条　坚持"质量立校，科研兴校"战略。积极营建学习型学校，认真做好教育教学科研工作。组织教师积极参与教学改革和教育科研，努力探索出一条适合学校实际的教科研之路。每位教师撰写教育教学论文每学期不少于一篇。

第三十六条　教材、学习资料由学校有关部门统一征订、管理，任何部门、个人不得擅自向学生推销学习资料。

第三十七条　加强学籍管理，健全学生档案，对转学、休学、借读、复学等应严格按手续程序办理。严格招生、毕业证书发放、学生档案管理等纪律制度。

第三十八条　加强教学档案资料建设，教务处、教研室、档案室要认真做好各类教学资料的收集和归档。

第三十九条　教务处认真管理和积极使用教学设施、仪器设备、文体器材、图书资料，尤其要注重发挥现代化教学设施的使用效益，同时做好各类教育教学资料的收集归档。

五、教师管理

第四十条　教师享有《中华人民共和国教师法》及有关法律规定的权利，教师必须履行《中华人民共和国教师法》及有关法律规定的义务。

第四十一条　教师和工人必须遵守国家的法律、法规，遵守职业道德规范。自觉维护学校的荣誉和利益，遵守学校的规章制度，执行学校的教育教学和各项工作计划，完成教育教学和各项工作任务。

第四十二条　学校执行国家教师资格制度、教师专业技术职务聘任制，实行教师持证上岗。

第四十三条　教职工应具备职业道德水准和良好师德，做"四有"教师，履行岗位职责，遵守学校规章制度，服从工作安排，勤奋学习，踏实工作。

教师做到：

（1）有理想信念，有道德情操，有扎实学识，有仁爱之心。

（2）认真备课，认真上课，认真布置作业和批改作业，认真辅导，认真考核。

（3）学期初有工作计划，学期末有总结或专题小结。

（4）规范教学行为，不体罚和变相体罚学生，廉洁从教，不擅自向学生收费，不向学生推销商品，不搞有偿家教，不接受家长的吃请，不参与黄、赌及封建迷信、非法宗教和邪教活动。

（5）衣着整洁，举止文雅，谈吐文明，为人师表。

教辅人员和工人应提高服务意识，自觉履行职责，切实保障学校教育教学工作顺利开展。

第四十四条　学校鼓励、支持教师开展教育教学改革实验，鼓励、支持教师从事科学研究、学术交流，支持教师参加进修和其他方面的培训。学校积极开展各种形式的教师培训，打造一支高素质的教师队伍。

（1）实行岗位目标责任制，强化教职工的岗位责任意识，加强师德教育，开展师德标兵评选活动。

（2）建立一个学习型团体，鼓励终身学习，为教师的继续教育提供各种机会和平台。

（3）狠抓课堂教学，把课堂教学作为主阵地，贯彻三大教学原则，即以教师为主导，以学生为主体，以训练为主线。

（4）注重培养青年教师和发挥骨干教师、学科带头人的示范作用。

（5）实施名师工程，有计划地培养各级教师。

（6）实行教育教学安全责任一票否决制。

第四十五条　学校保护教职工的一切合法权益，保障教职工享有国家政策规定的待遇。在努力提高办学效益的前提下，不断改善教职工的工作条件和生活条件。

第四十六条　学校每年对教职工的职业道德、职业能力、工作量及表现、工作业绩进行客观、公正、公开的考核。对在教育教学、培养人才、教学科研、教学改革等方面取得重大成果的教师及在学校各项工作中表现突出的教职工予以表彰、奖励。对违反学校规章制度，造成不良影响或不良后果的教职工予以批评教育或处分、处罚。

第四十七条　实行全员聘任制，学校根据需要设置岗位，明确岗位职责。

第四十八条　教职工如有认为合法权益受到侵犯，或对所受处理、处分不服的，可按有关规定向上级主管部门和劳动仲裁部门提出申诉。

第四十九条　学校依法维护退休职工的合法权益，退休职工的管理由学校党支部、工会具体负责。

六、学生管理

第五十条　学生享有法律、法规规定的接受平等教育的权利，确保每个入学的孩子都能享有公平而有质量的教育。

第五十一条　学生必须履行国家法律、法规规定的受教育者的义务，必须遵守学校的规章制度。

第五十二条　凡按有关规定被本校录取或正式转入本校学习的学生即取得本校学籍。学校按上级教育行政部门的规定管理学生学籍。

第五十三条 学生以"刻苦、主动、善学、勤思"为努力方向。学校对取得优秀成绩和对学校做出重大贡献的学生给予表彰与奖励。学校对违反校纪校规的学生予以批评教育。对实施欺凌和暴力的学生可依法依规采取适当的矫治措施予以教育惩戒，进行严肃的批评教育和警示谈话；情节较重的，可邀请公安机关参与警示教育。对屡教不改、多次实施欺凌和暴力的学生，应登记在案并将其表现记入学生综合素质评价，必要时，可要求其转入专门学校就读。

处分学生应遵循"最小侵害"原则，坚持程序正当、证据充分、依据明确、定性准确、处分适当。

学生享有下列权力：

（1）参与评议学校、教师工作。

（2）接受平等教育。对从教者奖惩不公正，有权在校内提出申诉。

（3）参加学校安排的各项活动，使用学校教学设备、图书资料。

（4）在学习成绩和操行评语等方面获得公正评价。完成规定的学业后获得相应的学业证书。

（5）法律、法规和学校制度规定的其他权利。

学生应当履行下列义务：

（1）遵守法律、法规和学校的规章制度。

（2）勤学苦练，完成规定的学习任务，立志成才。

（3）文明守纪，不随地吐痰，不乱抛纸屑和杂物，不乱写乱画，不在校园内骑车，不损坏绿化，不浪费粮食，不讲粗话脏话。

（4）维护学校声誉，为校争光。

第五十四条 学校共青团组织受学校党组织领导，是学校先进青年的群团组织。学校各级团组织要积极做好对青年学生的教育、引导和服务工作，要配合党政全面贯彻教育方针，认真搞好自身建设，在推进素质教育中发挥积极作用。

第五十五条 学生会是全校学生的群众组织，接受学校团委和德育处的领导。

第五十六条 学生社团是学生为了实现会员的共同意愿和满足个人兴趣爱好的需求、自愿组成的、按照其章程开展活动的群众性学生组织。在保证完成学习任务和不影响学校正常教学秩序的前提下开展各种活动。接受学校团委领导和监督。

第五十七条 学校建立健全宿舍管理制度,并按制度对住宿学生实施管理。

第五十八条 学生按照有关文件规定缴纳各种费用。

七、总务、后勤管理

第五十九条 学校坚持总务后勤工作为教育教学服务,为师生服务的原则,总务处要强化服务意识,主动、热情、优质、高效、全面、超前地做好后勤保障工作。

第六十条 学校经费来源是政府财政拨款。

第六十一条 学校合理使用资金,搞好经费的预算、执行和决算。坚持统筹计划、量力而行、确保重点的原则,提高经费使用效益。严守财经纪律,建立健全财务制度,经费开支实行民主管理,并接受政府职能部门和上级教育行政部门审查和监督。

第六十二条 学校全面落实校产管理制度。强化校产管理,及时做好校产清理核查和登记工作,做好校舍和设施的维护及管理。

第六十三条 制订校园建设整体发展规划,有计划、有步骤、合理地行基本建设。

八、卫生健康及环境、安全管理

第六十四条 学校建立食堂各项管理制度,加强食堂饮食卫生管理,自觉执行《中华人民共和国食品卫生法》，做好师生饮食服务工作。

第六十五条　学校贯彻《学校卫生工作条例》，建立和健全学校卫生工作制度，配备必要的卫生设施，经常开展卫生宣传教育。建立健全教室、校园环境区和宿舍卫生包干与检查评比制度，抓好每天的清扫和保洁工作。

第六十六条　学校认真贯彻实施《学校体育工作条例》，成立学校体育工作领导小组，正常开展学校的体育工作。

第六十七条　学校每天坚持做好眼保健操、课间操，积极开展健康教育，培养学生良好的卫生习惯，做好预防近视、传染病、常见病和食物中毒工作。建立师生健康档案，监测师生体质健康。

第六十八条　学校组织学生定期开展劳动教育、社会实践和课外活动。每年举行一次全校师生共同参与的运动会、科技文化艺术节，以促进师生身心健康发展。

第六十九条　搞好校园绿化、美化建设。努力构建高品位的校园文化氛围，争创各级卫生单位、绿色学校。

第七十条　学校切实加强安全保卫工作，建立学校内部和周边治安综合治理制度。强化安全教育，提高师生自救自护能力。总务处、治安室定期进行安全检查，做好防火、防盗、防电、防毒工作，及时发现和排除各种隐患，确保财产安全。

九、附则

第七十一条　学校按照本章程建立健全各项规章制度，使学校各项工作有章可循。

第七十二条　学校可根据实际需要修改本章程。本章程如与国家法律、法规和上级有关政策相悖，一律以国家法律、法规和上级有关政策为准。

第七十三条　本章程须经学校教职工代表大会讨论通过，呈报市教育局核准后生效实施。

本章程执行中的解释权属学校支部委员会。

（本章程自2018年10月12日经第一届六次教代会审议通过，2018年10月13日经校委会通过，2018年10月13日经阿克苏市教育局同意备案，自2018年10月14日起正式生效。）

附：学校制度条目表

学校制度条目表

类别	项目	条款
职责篇	党组织	党支部工作职责、支部委员会工作职责、党支部书记工作职责、党支部副书记工作职责、党支部组织委员工作职责、党支部纪检委员工作职责、党支部宣传委员工作职责、党支部青年委员工作职责、党支部保卫委员工作职责、党小组职责
	行政	校长职责、分管教学工作副校长职责、分管德育工作副校长职责、分管后勤工作副校长职责、行政办公室工作职责、行政办公室主任岗位职责、办公室干事岗位职责
	教务处	教务处工作职责，教务主任工作职责，教务员工作职责，图书阅览室管理员岗位职责，中学教师职责，教师行为准则，实验室管理人员职责，理、化实验室工作人员职责，生物实验室工作人员职责，图书室管理员职责，档案室管理员工作职责
	教研室	教研室工作职责、教研室主任工作职责、教研员工作职责、教研组长工作职责、备课组长工作职责
	德育处	德育处工作职责、德育处主任职责、德育处干事工作职责、年级组长工作职责、班主任岗位职责、宿管办人员岗位职责、心理健康教育教师岗位职责、晚自习值班教师岗位职责
	总务处	总务处工作职责、总务主任工作岗位职责、治安保卫工作职责、治安保卫人员岗位职责、保管员工作职责、会计岗位职责、出纳岗位职责、校医工作职责、司机工作职责、门卫工作职责
	工会	工会工作职责、工会主席岗位职责、工会女工委员职责、工会组织委员职责、工会生活委员职责、工会文体委员职责、工会宣传委员职责、工会调解委员职责
	妇委会	妇委会工作职责、妇委会主任工作职责、文体委员工作职责、组织委员工作职责、宣传委员工作职责、生活委员工作职责、财务委员工作职责
	团委	学校团委工作职责、团委书记工作职责、社团辅导教师工作职责
	电教中心	电教中心工作职责、校园网络管理员职责、机室工作职责
制度篇	党建	党建制度、民主生活会制度、"三会一课"制度、"三重一大"工作制度、发展党员工作制度、党员政治生日谈话制度、党员教育培训制度、民主评议党员制度、党费收缴制度、党组织服务联系教师党员制度、党员联系群众和服务群众制度、党务校务公开工作制度、党风廉政建设责任制度、党内监督制度、党风廉政建设领导干部重大事项报告制度、党风廉政建设谈话制、诚勉谈话制度、关于共产党员佩戴党徽的规定

续表

类别	项目	条款
制度篇	行政	行政办公室制度、行政例会制度、教职工大会制度、外出参加会议或活动制度、年终考核制度、职称评审制度、评先选优工作制度、人事管理制度、校领导接待日制度、上交材料制度
	政治思想、职业道德	政治学习制度、师德教育学习制度、师德师风考核制度
	教务处	教务处工作制度、学籍管理制度、备课制度、上课制度、上课常规、作业布置批改制度、考试管理制度、课后辅导制度、学生成绩考核制度、评卷工作制度、活动课制度、教学检查督促制度、控辍制度、教育事故登记制度、教学事故登记制度、管理事故登记制度、图书室管理制度、图书借阅管理制度、物理实验室学生实验制度、物理仪器室管理制度、物理实验室仪器、设备损坏赔偿制度、化学实验室学生实验制度、化学实验室管理制度、化学实验室仪器损坏赔偿制度、生物实验室学生实验制度、生物实验室仪器损坏赔偿制度
	教研室	教师听课制度、巡课制度、教研活动制度、教研组活动制度、校本培训制度、继续教育制度、青年教师培养制度、骨干教师培养制度
	德育处	德育处工作制度、升国旗制度、德育工作常规管理制度、法治教育制度、班主任考核制度、学生综合素质评价制度、文明礼仪监督岗工作制度、纪律卫生检查制度、安全教育制度、学生安全制度、卫生工作制度、防止宗教向学校渗透制度、团班会制度、家长学校工作制度、家访制度及家长接待制度、校园欺凌预防和处理制度、宿管科住校生管理制度
	总务、后勤	总务处工作制度，库房保管员管理制度，校车使用管理制度，司机管理制度，物资、固定资产管理制度，班级财产管理制度，用电管理制度，损坏公物赔偿制度
	财务	财务制度、财务公示制度、财务制度实施细则、学校资产的管理制度、学校收入支出管理制度、学校预算管理制度、收费管理制度、费严管严罚制度、收费管理公示制度、财务室安全管理制度
	体音美劳、课外活动	体育教学对教师的基本要求、体育教学对学生的基本要求、课外体育锻炼的基本要求、体育器材室管理制度、体育场地器材管理使用制度、体育器材赔偿制度、体育课堂活动及训练安全制度、音乐室管理制度、美术室管理制度
	卫生与健康	保健室管理制度、保护视力预防近视工作制度
	工会	工会委员会工作制度、女工委员会工作制度、工会委员会会议制度、工会代表大会制度、工会委员会集体领导制度、工会工作报告制度、职工生活调查制度、工会重大事项报告制度、工会文书档案管理制度、工会争议调解委员会工作制度、工会安全保卫监督检查委员会工作制度、工会财务管理制度、工会经费审查委员会工作制度、校务公开制度、校务公开责任制度
	妇委会	妇委会工作制度
	团建	团干部工作制度、共青团组织建设制度、优秀团员评选条例、团委团员组织关系转接制度、团委团员证管理制度
	电教中心	教师使用微机制度、教师办公电脑使用制度、学校微机室管理制度、微机室学生上课管理制度、机房硬件设备安全使用制度、机房用电安全制度

续表

类别	项目	条款
制度篇	治安室、安全管理制度	安全领导小组定期会议制度，安全宣传教育制度，安全工作检查制度，值班制度，在校学生安全管理制度，组织学生外出集体活动安全保卫制度，办公室安全管理制度，微机房安全管理制度，多媒体室安全管理制度，实验室安全管理制度，食堂安全管理制度，食品卫生安全管理制度，食堂进货安全制度，食堂清洁卫生制度，食堂消毒制度，消防安全管理制度，学校用火管理制度，电机、设备安全管理制度，重大突发事件，事故报告制度，学校安全事故责任追究制度
	各类应急预案	关于预防和处置校园突发事件的应急工作预案，突发火灾事故应急预案，食物中毒应急预案，校产被盗事件应急预案，大型师生活动突发事件处置应急预案，传染病预防与控制应急预案，防洪抗汛及避险预案，停电应急预案，预防学生拥挤踩踏事故应急预案，校舍倒塌事故应急预案，交通安全应急预案，自然灾害应急预案，饮食、饮水卫生安全应急预案，校园欺凌事件预防与处理应急预案，学生急性伤病处置预案，实验伤害事故的防范及处置预案，外来人安全管理预案，触电事故应急预案，组织学生外出活动意外事故应急预案，其他伤害事故应急预案，防恐怖袭击工作预案，课堂教学突发事件应急预案，微机室安全事故应急预案，通用技术实验室安全应急预案

｜ 第三节　杭派美好教育之学校环境文化

杭州师范大学附属阿克苏市高级中学位于阿克苏市西湖大道16号，是一所寄宿制、全封闭式管理的全日制普通高级中学。学校毗邻美丽的多浪河二期，占地面积208亩，建筑面积6万平方米，学校绿化面积占校园面积的53％。布局合理，环境优美，三区分明，一次设计成型。教学区由3栋教学楼、1栋实验楼和1栋图书科技楼构成，生活区由4栋宿舍楼、1栋餐饮中心构成，运动区有体艺楼、田径运动场、篮球场、羽毛球场。学校还有独立的天文台、校史楼和可容纳800人的报告厅，整体设计体现了江南连廊文化风格，追求绿色生态人文艺术型校园理念。学校硬件设施齐全，设有图书馆、心理咨询室、教师申诉室、学生申诉室、道德讲堂、家长学校活动室和各种社团活动室、400米标准塑胶田径运动场、塑胶足球场等。学校还建有1栋教师周转房，共14栋单体建筑。

学校环境文化是指校园所处的自然环境、校园规划格局，以及校园建筑、雕塑、绿化和文化传播工具等方面形成的文化环境。学校环境文化既是学校显性文化存在和发展的物质基础，同时也是学校隐形文化的物质载体。

在多期杭州援疆教师接力指导下，具有杭州元素的校园环境文化处处洋溢浓厚的育人氛围，内含校训、校徽、校歌，校园内雕塑、各种提示牌、绿化地带、宣传栏、阅报栏、图书架、教学与研究宣传栏、信息广告栏和光荣榜、思想政治宣传栏、校务公开宣传栏、团队宣传栏、身心健康宣传栏、报刊信息宣传栏、围墙上的壁画字符等。学校环境文化建设中应注重"明确定位和突出特色""富于人性和人文性""融合科学艺术"等理念，使师生员工沉浸在健康和谐的文化氛围之中，呼吸清新高雅的文化气息，达到陶冶情操之目的。

一、色彩文化

建校初，学校将环境文化建设整体色调定为褐色、蓝色和白色，褐色是大地的颜色，蓝色是天空的颜色，白色是浪花的颜色。大地褐象征着坚毅，旨在引导学生拥有坚强的品质，遇到困难不退缩的奋斗精神与脚踏实地的处事态度。天空蓝象征着广博，旨在引导学生拥有广阔的视野，胸怀天下的伟大志向和海纳百川的包容之心。浪花白象征着交融，浪花指多浪河的浪花和杭州西湖的浪花，寓示着通过两地思想文化的交流、碰撞，激起智慧的浪花。

在校园环境文化中，整体围绕三色文化设计。学校整体建筑是大地褐色，凸显厚重感，学校校徽由褐、蓝、白三色构成。在教育实践中，三色文化的内涵也处处得以体现。一年一度的学校运动会，通过竞技场上的你追我赶、顽强拼搏，培养坚毅的品质和敢于挑战、不断超越的奋斗精神。学校广播社每日播报时事新闻，德育三分钟时事评论让学生拥有国际视野，关心天下事。学校拥有设备最齐全、仪器最先进的中学远程控制天文台，让爱好天文的学生的眼界拓宽至星系、宇宙。杭阿共建成就了阿克苏市高级中学的今天，学校一年至少举办一次大型的课程改革开放日，邀请杭州优秀的教育专家、教学名师来校进行教学交流，让师生在课堂上领略名师风采，在讲座中吸纳先进的教育理念。由杭州援疆指挥部、杭州师范大学联合主办，杭州师范大学外国语学院和阿克苏市高级中学联合承办的杭阿共建"智慧＋空中丝路课堂"，让两地师生远程交流互动，思维碰撞让智慧闪耀绚烂的光芒，每一次的智慧共享都让师生有很多收获。

二、校园四化

校园四化特指"绿化、美化、亮化、净化"。绿化、美化分期、分步骤完成：一期主要位于图书科技楼前两侧的绿地及进入校门后左右两侧绿地。种植适宜西北地区水土资源气候且与高级中学人文文化相适应的草木，提升高级中学绿化层次，赋予校园青春活力，给学生营造良好的学习和生活环境。二期主要位于教学区图书科技楼与教学楼、实验楼之间的四块空地。分别围绕"诗、书、礼、乐"四个主题，开展草木绿化、地面硬化与人文雕塑相互融合，相得益彰的绿化工程，每块区域环境优美，主题突出，教育目的明确。三期主要位于图书科技楼后至教学区后侧马路的一整片空地。该空地位于教学区的核心位置，育人地位突出。结合高级中学明德、求是、精致、大气的校训，将杭阿两地特色有机结合，开展草木绿化、地面硬化与人文雕塑的绿化、美化工程。

三、楼宇文化

图书科技楼一楼大厅展现爱国主义教育。左侧1—4楼楼梯，展现杭阿共建文化节。右侧1—4楼楼梯，展现爱疆文化。东侧1—4楼楼梯，展现儒家文化。西侧1—4楼楼梯，展现儒家文化。高一年级所在的1号教学楼——明德楼，突出成人教育，涵盖诚信教育、感恩教育、生命教育、规范礼仪。高二年级所在的2号教学楼——求是楼，突出成事教育，涵盖理想教育、崇德向善、励行致远、明礼知耻等内容。高三年级所在的3号教学楼——精致楼，突出成才教育，涵盖永不言败、奋力拼搏、自强不息、勤学自律等内容。做好学校生活区、教学区、运动区楼宇建筑的整体文化氛围提升工作。

四、室内文化

班级文化、办公室文化：丰富多彩，形式多样，富有教育性。寝室文化、厕所文化、餐厅文化、走廊文化等：精心别致、陶冶情操。各室（音乐室、美术室、科技室、图书室、自修室、活动室等）文化：布置美观大方、富有特色。

┃ 第四节　杭派美好教育之学校综合发展

目前学校有教职工261人（杭州援疆教师8人），其中党员教师66人，团员教师76人，教师平均年龄28岁，内地大学生占学校教师总人数的89.4%；61个教学班；在校学生3323人，其中共青团员1864人。学校是阿克苏市唯一一所寄宿制、全封闭式管理的全日制普通高中。学校自2013年6月成立以来，通过引进人才、全疆选调、市上遴选、特岗考试4种方式招录教师。学校依托杭州先进的教育教学资源和教学管理模式，与杭州师范大学附属中学、杭州高级中学、杭州源清中学结为友好学校。

结合学校的实情，在几期杭州援疆教师的指导和杭派教育理念的引领下，制订学校发展的总体目标。确立强烈的服务意识，以发展为主旋律，以质量为生命线，培养多层次、高素质、有特色的各类人才，向全面实施素质教育要质量，向促进学生全面发展要质量；坚持以强化管理为龙头，打造一支理念先进、奋力拼搏、团结协作、率先垂范、高效廉洁、开拓创新的干部队伍，以师德高尚、基础扎实、专业过硬、结构合理的标准，培养一支具有创新意识、创新精神、创新能力实践能力、敢于争奖夺牌的高素质的教师队伍，坚持优化办学条件和内涵提升相结合的发展战略，形成卓有成效的管理体系、德育工作体系和学校特色，努力营造校风文明、教风严谨、学风踏实的校园文化。努力把学校建成一所与其历史地位相适应的在全疆具有广泛知名度、美誉度并起示范辐射作用的高质量的阿克苏市教育示范校。

一、硬件设施配备

阿克苏市高级中学始建于2013年9月，建校初期规划教学班级48个，每个班级都配备电子白板教学设备。四年后的2017年4月，由阿克苏市教育局统一更换部分电子白板，其中教学区42个班级配备多媒体一体机，5个实验室配备多媒体一体机。2019年5月，由阿克苏市教育局统一更换剩下20个班级的电子白板为多媒体一体机。

在教学初期，学校进行校园网规划，配备中心机房一个，内含防火墙、网关、核心交换机、服务器5台，4栋教学楼每层配备三层交换机1台，保障各班网络畅通，办公区每层配备三层交换机1台，保障教师备课学习，教学区、办公区有无线网络覆盖；经过5年运行，网络设备运行良好，保障教育教学进行。

安防监控方面，在建校初期，全校安装模拟摄像头，实现教学区、学生公寓、校园关键部位全覆盖；经过5年运行，由于设备老化，今年学校对监控系统进行全面升级，全部更换为高清数字化摄像头，覆盖教学区、学生公寓及校园关键部位。

广播系统，在建校初期，学校建有完善的校园广播，实现自动化铃声，并且保障校园广播每天播报。

标准化考场建设，2016年学校被确定为高考考场，为保障高考顺利进行，学校进行了标准化考场建设，全校建有标准化考场48个，考务室1个，指挥中心1个，并且实现考试通道监控全覆盖；2018年为保障高考顺利进行，安装了新的广播系统。

录播教室，建校初期，由杭州援建一间远程录播教室，可以实现本地录播，并且可以实现与杭州的远程互动，2017年，阿克苏市教育局统一配备了1套直录播系统，可以实现本地录播和直播课堂。

2016年杭州援建一间机器人创新工作室，为学校实现现代科技教育提供了良好的平台，学校通过创新工作室培养学生科技创新能力，每年参加自治区科技创新大赛，争奖夺牌。

当前，学校以党的十九大精神引领各项工作的开展，进一步推进普通高中普及攻坚计划的实施进展，积极探索现代信息技术与教育的全面深度融合，努力提升学校核心发展力，促进学校内涵式跨越式发展，与当地市委、市政府，杭州市援疆指挥部各部门及前后方教育系统等多部门形成合力，继续为打造"南疆一流、全疆名校"而努力，众志成城、持续用力、久久为功，为促进新疆稳定和长治久安奉献杭州力量。

二、党建+美好教育

学校始终坚持党的领导，把新时代党的教育方针全面贯彻到学校各个方面，以"党建 + 美好教育"为工作思路，建立"一、二、三、四、五"工作机制，筑牢教师思想根基，确保教师队伍建设方向；结合学校实际推出"四以"方略，调动新教师成长潜能；利用教师组团式援疆"聚·融·创"范式，提升教师培养高度；通过"三个一"提升师德涵养，塑造"美好教师团队"，开创"美好教育"新局面。

（1）党在指引，我有行动——注重队伍建设。学校党支部通过"党建+美好教育"从教务教研、师德师风、德育教育、社团建设、校园文化、安全稳定六个方面制订工作思路，建立"一、二、三、四、五"工作机制促进学校各方面工作顺利开展，并在建校五年之内向教育系统输出34名管理骨干（其中内地大学生占30％）；获得自治区依法治校示范校、自治区德育示范校称号等各级各类称号或奖项152个。其中"一、二、三、四、五"工作机制，即一个战斗堡垒、两条辐射途径（思想政治建设、业务能力提升）、三项提升举措（援疆资源、师徒结对、校本培训）、四级培养目标（骨干教师—党员骨干教师—党员管理骨干—学校领导）、五项工作重点（注重德育、注重智育、注重体育、注重美育、注重劳育）。

（2）多维并举，激发潜能——促进教师成长。结合我校教师年轻的特点，学校党支部带领教研室推出"四以"方略，即"以团队带个人、以比赛促发展、以学习提能力、以实践抓教学"，多元化调动新教师积极性，发现新教师潜能，促使新教师成长。

（3）倾情援疆，叠加成长——提升教师培养。学校依托杭州援建教育资源，利用"聚·融·创"教师援疆范式，锻造出优秀的师资队伍。高级中学教师在杭州援建教师团队的带领下获得全国名校长称号的有1人；获得国家级综合荣誉的有4人；获得国家级教学等单项荣誉：一等奖33人、二等奖22人、三等奖31人，共85项；同时着手打造"杭阿两地，师资智库"，将杭州优秀教育资源辐射阿克苏市；两地不断加强沟通交流，使援疆教育帮扶呈现"浸润式"发展。

（4）文化凝聚，价值认同——内化教师涵养。学校党支部通过"三个一"即"每日一省、每周一歌（校歌和红歌）、每月一评"增强教师"四个认同"的意识，在学校党支部领导的带领下全校教师"内修素养，外树形象"，在对库木巴什乡中学的帮扶过程中，学校教职工都表现出高级中学人应有的责任与担当。"美好教育"需要奉献精神，需要家国情怀，高级中学每一天都在践行。

三、学校办学成果

阿克苏市高级中学在落实立德树人根本任务的指引下，不断创新教育教学模式，积极推进现代信息技术与教育的深度融合，以创新型学校建设为契机，努力提升学校核心发展力，以更高的热情、不懈的努力和执着的追求，创全面发展之优、示素质教育之范，力争把学校建设为南疆一流、全疆示范性名校，为千载丝路点缀桃李明珠。学校着力打造一支"师德高尚，理念先进，业务精湛，高效精干"的教师队伍，将教师以学科及年级为单位划分为高一至高三语文、数学、英语、物理、化学、生物、政治、历史、地理、艺术、体育等22个备课组，以具有高三教学经验的老教师为备课组长引领全组。备课组根据学科特色每周定期开展集体备课、大备课组教研活动。同时，各备课组还结合教学实际开展集体备课展示、数学说题比赛、组内同课异构、杭阿隔空交流等异彩纷呈的教研活动，在集体中实现专业进步。建校以来，学校采取多项措施不断强化师资力量，在吸引优秀教师来校任教的基础上，采取送出去、请进来等多种方式大力培养、培训现有教师。每年分阶段、分层次派遣教师、中层干部及校领导赴杭州、四川、北京等地学习教育教学理念，并邀请魏书生等全国知名教育专家学者开展讲座，开阔了教师视野，更新了教师教育理念。这支理念先进、素质优良、结构合理、敬业奉献的教师队伍，为学生成就美好梦想和学校可持续发展提供了强大的智力支撑和保障。

通过持续不断地打磨，学校教师团队结构越来越合理。教师团队由杭州援疆专技人才、来自全市遴选的优秀高三教师、全疆选调的骨干教师、全国各大高校引进的优秀大学生和优秀特岗教师组成。教师学历均为本科及以上学历，其中研究生学历9人，全日制本科学历207人。学校党委书记王能靠是自治区教学能手，校长张翠红是全国名校长、正高级职称、自治区特级教师。教师队伍中自治区教学能手3人，地区教学能手、学科带头人3人，市级拔尖人才、学科带头人、骨干教师、优秀教师、有为青年等32人，杭州援疆教师干部8人，国家级优秀班主任、自治区级优秀班主任、地区级优秀班主任、市级优秀班主任、市级师德标兵20多人，在他们的带领下，阿克苏市高级中学拥有了一支能吃苦、肯钻研、愿付出、师德过硬、业务精湛的师资队伍。学校教师积极参加各级各类教育教学比赛，并取得优异的成绩。仅2018年，学校教师中获得国家级奖项的有62人，获得自治区级奖项的有302人，获得自治区级荣誉称号的有4人，获得地区级、市级荣誉称号的有35人。2016—2018年，学校教师获得国家级奖项85个、自治区级奖项562个、地区级奖项109个、市级奖项363个。

阿克苏市高级中学秉承"学生为本，能力为先"的教学观，形成了"科研先导、教学从实、文化立身、名师强校"的办学特色，注重培育素质全能的人才，加强对学生活动的建设。作为第一个在阿克苏地区推行社团建设的示范高中，学校现有天文社、电脑机器人社、文争书法社、美术社、曦杭文学社、足球队、浆果乐队、舞蹈社、啦啦操等33个学生社团。社团由专业教师辅导，学生组织、管理。为了促进学生活动蓬勃开展，学校还推进精品化社团建设，举办"以青春之名，献礼十九大"校园文化艺术节、汉字听写大赛、校园友谊篮球赛等多项文体活动，获得了"自治区科普先进集体""自治区第31届青少年科技创新大赛优秀组织单位""自治区天文优秀团体""自治区校园春晚表演类金奖"等多项荣誉。

自建校以来，师生共同努力，争先创优，争奖夺牌，学校先后被授予"自治区德育示范校""自治区依法治校示范校""自治区级示范性家长学校""自治区民族团结一家亲先进集体""自治区第二届中小学体育大课间活动达标学校""自治区校园春晚表演类金奖""自治区天文优秀团体""自治区级科技特色示范校""自治区平安校园""自治区青少年模拟法庭""自治区科普先进集体""自治区五四红旗团支部（总支）""地区德育示范校""地区家长学校示范学校""地区依法治校示范学校""地区家庭教育工作先进集体""阿克苏地区文明校园""地区模范教工之家""地区先进基层党支部""地区五一先进集体""地区青少年科技创新大赛先进集体""地区民族团结进步先进基层党组织""地区级文明单位""地区培育和践行社会主义核心价值观示范学校"等集体荣誉。2015年至今，阿克苏市高级中学在阿克苏市教育系统中连续5年在双目标考核中获得第一名。

2016年，阿克苏市高级中学首秀高考成绩位居阿克苏高中前三名，首次参加高考789人，一本上线率15％；本科上线率75.16％；全校升学率99.9％。其中文科班的语文、文综成绩均超过地区二中。

2017年高考再创佳绩，有887人参加高考，本科一批次上线181人，上线率为20.4％，较上一年增长5.4个百分点；本科二批次上线476人，上线率78.6％；全校升学率100％。

在两年中，阿克苏市高级中学向复旦大学、南开大学、浙江大学、中山大学、武汉大学等百余所名校输送了一批优秀学子。

2018年，阿克苏市高级中学不忘初心，砥砺前行，高考再续辉煌，高分段再创新高。全校参加高考总人数1050人，600分以上5人，同比上一年增加2.5倍。500分以上人数51人，同比上一年增加1.8倍。第一批上线203人，上线率达21％；本科上线879人，上线率达83.7％。另有20余名艺术特长生被中央戏剧学院、四川音乐学院等全国知名艺术高校录取。

2019年，阿克苏市高级中学高考创造五大亮点。一是全疆位次大飞跃，理科最高分624分，全疆排名第664名，较2018年提升265名；文科最高分610分，全疆排名第204名，较2018年提升858名。二是全疆前500名大突破。2019年全疆22.9万考生中，进入前500名的学生达到11人，较2018年实现重大突破。三是高分500分以上人数翻一番。文理科600分以上2人，580分以上7人，较2018年增加5人。500分以上99人，较2018年的49人翻了一番，同比增长102%。四是本科上线攀新高。一本上线人数307，上线率达24%，较2018年提高近4个百分点，本科上线人数1091人，上线率达85.4%。五是创新班均分创辉煌。理科创新班总分平均分520分，超出一本线70分，一本上线率达100%。

2013年以来，据不完全统计，来学校调研、参观学习的各级各类领导等高达数百次，部分来访情况如下。

杭州师范大学附属阿克苏市高级中学
2013—2019年重要领导来校活动记录

2013 年	
3月21日	浙江省对口支援办副主任吴胜峰带队检查援疆项目
4月16日	裘东耀指挥长带队调研学校援疆项目
6月8日	杭州市人大副主任朱金坤带队检查学校援疆项目
6月17日	自治区发改委副巡视员毕庶亭带领发改委、住建局、监督厅、教育厅等工作组检查工作
6月26日	杭州市陈红英副市长来阿克苏市高级中学举行授牌仪式
7月18日	浙江省指挥部副部长、地委副书记徐纪平一行检查工作
7月21日	浙江省发改委副主任周华富一行检查工作
7月30日	阿克苏市委书记秦加友陪同地区领导和台州领导视察学校工作 克孜勒苏柯尔克孜自治州党委副书记王兴波带队视察学校工作
8月6日	杭州市张鸿铭市长带队一行来校视察工作并交接钥匙
8月7日	浙江省人民政府李强省长带队一行检查指导工作
8月15日	杭州市纪委、常务副书记、检查局长王宏一行视察学校工作
8月21日	杭州市西湖风景名胜区管委会（市园文局）党委书记、局长刘颖一行来校
8月22日	杭州市审计局党组、局长骆寅一行来校视察
8月27日	建德市陈震山带队约15人一行来校参观 杭州市直机关工委副书记朱建林一行来校考察
8月30日	第八批杭州市援疆指挥长楼建忠，副指挥长胡金浩、蔡德全一行检查工作
9月2日	浙江省教育厅副厅长于永明等10人一行来校参观

	浙江省、市电台记者和五大新闻媒体来校宣传
9月3日	浙江省指挥部欧阳指挥长约15人一行来校参观
9月4日	杭州市档案局、档案馆领导来校参观
9月9日	自治区教育厅张副厅长一行来校督察工作
9月14日	杭州城市建设投资集团有限公司副总经理范川一行检查学校项目
9月16日	谢建华指挥长、楼指挥长、胡指挥长，郑副市长到校调研
9月17日	阿克苏市人大代表副主任李常明、副市长周新平带领阿克苏市人大代表来校参观调研
9月22日	杭州市桐庐县县长方毅一行来校考察
9月23日	杭州市政协党组副书记、副主席张鸿建一行来校考察
9月24日	杭州市桐庐县教育局书记、局长一行来校
9月25日	阿克苏市教育局党办周碧云一行3人来校对第三季度党建工作进行督导
9月29日	地委委员、市委书记高国飞在杭州市援疆指挥部副指挥长谢建华、周涛、副市长郑莹等的陪同下来校调研
10月8日	名校长工作室成员来校观摩学习
11月15日	市教育局亚力坤副局长陪同自治区人大视察组来校视察工作
11月18日	北京市援疆指挥部来校参观指导
12月6日	杭州天文科普专家林岚老师来校开展"漫谈宇宙"讲座
12月18日	杭州援疆谢指挥长来校调研

2014 年

3月19日	自治区编办主任刘晓延一行来校视察指导工作
5月14日	阿克苏市教育局李治局长一行来校调研
5月15日	华山中学邱成国校长一行来校考察
6月20日	中科院国家天文台首席科学家胡景耀一行应邀来校做学术报告
7月12日	党的群众路线领导小组来校参观指导
7月17日	杭州专家一行四人来校参观指导
8月5日	杭州市直机关领导来校参观指导
8月15日	骆寅部长和上级领导来校指导工作
8月20日	杭州市人大常委会主任、党组书记王金财一行来校视察工作
8月29日	杭州市拱墅区委书记许明一行来校视察指导工作
9月10日	教师节当天地区武警支队王队长、潘指导来校慰问
9月17日	浙江省援疆办毛局长来我校视察工作并督导援疆落实情况

9月19日	地区工会主席来校指导工作
9月25日	阿克苏地区法院退休干部领导一行走访学校。
10月10日	浙江省副秘书长孙厚军一行莅临学校指导工作
10月20日	杭州二中叶翠薇校长访问学校并应邀为阿克苏市学校校长们做讲座
10月23日	温州市援疆指挥部领导莅临我校视察援疆工作，湖州市援疆指挥部领导莅临学校视察援疆工作
	阿克苏校长培训班"百名校长"抵校参观
10月31日	浙江省对口支援办领导、省发展规划院城乡建设处处长等一行来校参观指导工作
11月10日	浙江省援疆指挥部廉政督察组叶书记一行莅临学校指导工作
11月12日	阿克苏市政协领导及杭州援阿办一行来校指导工作
11月13日	自治区地区领导及人大代表一行来校参观指导工作
	自治区党委组织部副部长张艾兵一行来校参观指导工作
11月18日	新华社新疆分社副总编何占军一行来校参观
11月20日	阿克苏市人大代表来校参观
11月24日	郑莹市长陪同国家卫生城市检查组来校检查卫生情况
11月25日	地区发改委吴副主任和市发改委杨主任一行来校视察2014年杭州援疆项目情况
11月26日	自治区教育厅教学工作调研领导小组来校视察督导
11月27日	自治区教科院代表教育厅来校督察教学工作开展情况

2015 年

1月8日	杭州市纪委派驻市政府办公厅纪检监察组副组长刘文军一行来校指导工作
4月9日	阿克苏地区地委书记窦万贵、杭州市援疆指挥部楼指挥长等上级领导来校参观指导工作
5月5日	自治区人大常委会主任乃依木·亚森在阿克苏地区副专员康菊，阿克苏地区人大工委副主任孙云成，阿克苏市委副书记、市长居来提·喀斯木，副市长郑莹，阿克苏地区市食药局相关领导的陪同下，一行40多人来校调研食品安全工作
6月17日	当代著名教育改革家魏书生老师来校开展讲座

2016 年

| 3月24日 | 兵团农一师二团中学的领导和教师一行参观交流 |

3月25日	阿克苏市"乡村学校少年宫"建设推进会
4月10日	"杭阿共建高中教学科研实训基地"揭牌
4月12日	中国科学院科普志愿新疆行
4月18日	自治区教育厅学考中心命题组来校巡视督察
5月24日	阿克苏市教育系统"民族团结一家亲·同学共筑中国梦"民族团结进步年大型文艺会演
8月22日	自治区教育厅帕尔哈提·艾则孜厅长来校调研指导工作
8月26日	阿克苏地区教育局领导来校检查指导暑期师生集中教育活动
9月21日	杭州师范大学党委书记陈新华来校调研指导工作
11月9日	西北师范大学领导来校回访毕业生就业情况

2017 年

3月15日	自治区教科所丛培军莅临学校进行高考前的指导讲座
6月18日	西北师范大学校领导来校慰问实习生
7月5日	市人大党组成员、副主任张帆来校进行政治理论教育
8月13日	杭州市副市长缪承潮一行四十余人来校视察指导工作
9月18日	杭州市富阳区教育局倪副书记一行来校视察交流

2018 年

1月5日	迎接自治区团建检查
4月12日	自治区薄改检查组来校检查
4月18日	迎接自治区安全办检查
4月19日	自治区卫生城市检查组来校检查
4月23日	杭州市建德市副市长何亦星来校指导工作，捐款5万元
4月23日	王云凤常委陪同杭州领导一行来校视察工作，参加升旗工作
5月2日	地区人大工委副主任孙云成一行9人进行《自治区南疆地区普及高中阶段教育条例》执法检查
5月12日	杭州市富阳区党政代表团参观学校
5月24日	杭州市萧山区教育局图书捐赠活动
8月18日	杭州市援疆原指挥长谢建华一行来学校参观
8月18日	杭州市委常委副市长刘国洪一行来校参观
8月18日	杭州市富阳区代表团来校参观
8月24日	浙江省教育厅厅长郭华巍一行来校参观
9月17日	自治区司法厅领导来校指导工作

9月29日　　地区德育示范校督察组来校检查

10月21日　　自治区德育示范校检查

11月12日　　自治区总工会来校深入推进工会改革创新调研

11月13日　　河南教育厅南阳代表团来校学习交流

11月14日　　"两纲"督导来校检查

2019 年

1月3日　　浙江省援疆副指挥长陈建忠等领导来校检查杭州市援建工作

3月7日　　杭州市援疆指挥部指挥长杨国正、副指挥长万重丰、办公室主任孔一、人才组组长袁朝阳等来校调研

3月21日　　国家卫生健康委名医走基层活动暨新疆维吾尔自治区健康扶贫天山行主题宣传活动在校举行

5月13日　　杭州市教育工会李素芬、王连刚、陈海瑛、傅国光一行来校捐赠

5月25日　　浙江省援疆指挥长王通林、杭州市援疆指挥部指挥长杨国正等来校调研

5月29日　　教育部领导验收杭州援疆项目

8月29日　　杭州特美刻集团捐赠仪式，行署副专员、浙江省援疆副指挥长陈建忠、杭州援疆副指挥长万重丰等出席捐赠仪式；仪式后特邀香港大学大三学生陈佳意给高三学生介绍学习经验

　　沐浴时代春风，伴随流金岁月，阿克苏市高级中学在各级领导的关心和支持下、在全体家长和社会人士的帮助下走过了不平凡的六个春秋。六年来，师生不忘初心，砥砺前行；四载高考勇创新高，捷报频传！目前，学校已成为阿克苏地区能与地区二中和第一师中学共同位列全地区前三家的高级中学，实现了从2013年招生困难，到2019年被列入地区一批次重点高中的飞跃。如今的阿克苏市高级中学，对于奋斗中的教师、成长中的学生而言，犹如鱼之水、鸟之风、草木之时，将为全体师生实现梦想、迈向成功提供源源不竭的动力。

第八章　杭州教育援疆之美好教师篇

┃ 第一节　两点一线：美好教师培养模式

教师承担着传播知识、传播思想、传播真理的历史使命，肩负着塑造灵魂、塑造生命、塑造人的时代重任，是教育发展的第一资源，是国家富强、民族振兴、人民幸福的重要基石。中国特色社会主义进入了新时代，人民对公平而有质量的教育的向往更加迫切。而且时代越是向前，知识和人才的重要性就越发突出，教育和教师的地位和作用就越发凸显。

习近平总书记指出，今天的学生就是未来实现中华民族伟大复兴中国梦的主力军，广大教师就是打造这支中华民族"梦之队"的筑梦人。进入新时代，更要坚持把教师队伍建设作为基础工作，切实抓紧抓好。增强教师教书育人的责任感和荣誉感，深化教师管理领域的综合改革，切实提高教师的收入待遇，全面提升教师社会地位，锻造一支高素质、专业化、创新型教师队伍，让教师队伍成为建设社会主义现代化强国的重要支撑力量。

阿克苏市地处偏远南疆，教育硬件投入严重不足和优秀师资匮乏是制约阿克苏市教育发展的两大核心问题。如何整合杭阿两地的有效教育资源，让阿克苏市人民享受到真正"有品质"的教育，让阿克苏市的孩子"好上学"和"上好学"，这是杭州市市委领导、援疆指挥部领导和援疆教师共同关心的问题。

援疆干部们认为，教育基础设施齐全、设备完善是开展优质教育工作的重要平台，因此，以点带面，建设一批标志性学校，树立标杆，带动未来阿克苏市学校的发展，被确定为第七批教育援疆的主旨。针对教育硬件设施严重不能满足阿克苏市高中教育要求的状况，援建占地面积 2017.6 亩，投资 1.08 亿元的阿克苏市高级中学。

杭州市第八、九两批援疆指挥部接过援建阿克苏市高级中学的接力棒，先后选派 23 位教育教学经验丰富的优秀教师到阿克苏市高级中学开展教育支援，一边抓校园文化建设，一边努力为阿克苏市打造一支"带不走"的教师队伍，使杭州教育援疆工作处处闪现杭州智慧。基于阿克苏的地域特征，教育理念相对落后，阿克苏市对教师的需求量又在逐年增加，每年要吸纳大批新教师。就拿杭州师范大学附属阿克苏市高级中学来说，2018 年有教职工 260 人，其中专职教师 236 人，平均年龄只有 28 岁，高级教师仅 12 人，一级教师 39 人，其中 2015 年招录新教师 32 人，2016 年 5 人，2017 年 62 人，2018 年 33 人，这些新教师要扣好第一颗教学纽扣，必须快速提升教育教学技能，站稳讲台，获得社会的教育信任。因此，杭州市第九批援疆指挥部在接过援建阿克苏市高级中学的接力棒后，决定改变在阿克苏地区渗入杭派教育理念的援疆模式。从 2017 年 9 月开始，以组团式援疆的方式，把 9 位援疆教师中的 8 位 —— 几乎是整个团队安排到阿克苏市高级中学，帮助学校的青年教师更早、更快速地提高教育教学技能，同时致力于将阿克苏市高级中学打造成杭州援疆精品，提升其软实力，使杭派美好教育的理念深深扎根在阿克苏。

通过几期杭州教育援疆人的共同努力，在杭州市第九批援疆指挥部的支持下，笔者提炼并构建"两点一线"的教师培养模式，即紧扣管理人才、学科人才两点的培养模式，为阿克苏市留下一道亮丽的教师成长风景线。在短短的 6 年内，阿克苏市高级中学为阿克苏市输送了 27 位校级领导，为杭州市锻炼了 8 位校级及以上管理人才（详见《阿克苏市高级中学管理团队变迁一览表》）。

同时有大批教师成长为名优教师、骨干教师，并在各级各类的比赛中获得众多奖项。目前有全国名校长1人、自治区特级教师1人、自治区优秀班主任1人、自治区教学能手3人、地区教学能手3人、地区优秀班主任1人、市级骨干教师8人、市级学科带头人6人、市级拔尖人才4人、市级优秀教师8人、市级优秀班主任8人、有为青年6人。综合荣誉类获得者有国家级4人、自治区级18人、地区级14人、市级75人。教学等单项荣誉获得者有国家级一等奖32人、二等奖22人、三等奖31人，共85项；西北地区级一等奖4人、二等奖5人；自治区级一等奖148人、二等奖196人、三等奖209人；地区级一等奖62人、二等奖32人、三等奖19人；市级一等奖137人。

阿克苏市高级中学管理团队变迁一览表

序号	姓名	原职务	现职务	备注
1	王能靠	2013年6月—2016年9月任阿克苏市高级中学副校长；2016年9月—2018年3月任阿克苏市教育局副局长	2018年3月任阿克苏市高级中学党支部书记	
2	张翠红	2013年6月—2018年7月任阿克苏市高级中学校长	2018年7月调任阿克苏市第三高级中学党支部书记	
3	木塔力甫·尼亚孜	2013年6月—2016年6月任阿克苏市高级中学党支部书记	2016年6月调任阿克苏市第七中学校长	
4	张志平	2013年6月—2016年7月任阿克苏市高级中学副校长	2017年8月调任阿克苏市第六中学党支部书记	
5	陈利民	2013年8月—2015年6月任阿克苏市高级中学援疆副校长（第八批第一期）	杭州高级中学副校长	杭州
6	汤晓风	2013年6月—2015年6月任阿克苏市高级中学援疆副校长（第八批第一期）	杭州师范大学外国语学院英语系教授	杭州
7	郑虹	2015年8月—2016年6月任阿克苏市高级中学援疆副校长（第八批第二期）	杭州师范大学外国语学院英语系副主任	杭州
8	王国灿	2015年8月—2016年6月任阿克苏市高级中学援疆副校长（第八批第二期）	杭州市富阳区新登中学副校长	杭州
9	骆玎	2017年2月—2018年6月任阿克苏市高级中学援疆副校长（第九批第一期）	杭州师范大学外国语学院党行办主任	杭州

序号	姓名	原职务	现职务	备注
10	俞伟	2017 年 2 月—2018 年 6 月任阿克苏市高级中学援疆副校长（第九批第一期）	杭州市艮山中学副校长	杭州
11	寿柱	2017 年 2 月—2018 年 6 月任阿克苏市高级中学援疆副校长（第九批第一期）	杭州师范大学附属中学副校长	杭州
12	张强	2013 年 7 月—2016 年 7 月任阿克苏市高级中学总务主任	2016 年 9 月任阿克苏市纺城一中副校长	
13	田远斌	2013 年 7 月—2016 年 4 月任阿克苏市高级中学政教处主任，2016 年 4 月—2017 年 8 月任阿克苏市教育局政教股股长	2017 年 8 月任阿克苏市第三中学副校长	
14	崔振强	2016 年 12 月任阿克苏市高级中学副校长	2017 年 11 月调往筹建阿克苏市第十六中学	
15	秦敏	2016 年 8 月任阿克苏高级中学副校长	2017 年 8 月任阿克苏市第十二中学任党支部书记，2019 年 3 月任阿克苏市第十五中学党支部书记	
16	彭涛	2013 年 7 月—2017 年 7 月任阿克苏市高级中学电教中心主任	2017 年 8 月任阿克苏市第六中学副校长	
17	袁飞宇	2016 年 6 月任阿克苏市高级中学工会主席	2017 年 6 月任阿克苏市第四中学副校长，主持阿依库勒镇中学工作	
18	杨利军	2016 年任阿克苏市高级中学政教处副主任	2017 年 6 月任库木巴什乡中学党支部书记，2019 年 3 月任阿克苏市教育局党工委委员、工会主席	
19	石钰智	2017 年 3 月任阿克苏市高级中学政教处干事	2017 年 6 月任依杆旗中心学校副校长，2019 年 3 月任库木巴什乡中学负责人	
20	武文东	阿克苏市实验中学教研室主任	2017 年 8 月任阿克苏市高级中学副校长	
21	杨明	曾任阿克苏市高级中学教研室主任	2017 年 8 月任阿克苏市第三高级中学副校长	
22	张全金	2016 年 8 月—2017 年 8 月任阿克苏市高级中学党行办主任	2017 年 8 月任阿克苏市第十二中学副校长，2018 年 4 月任市教科局党工委委员	
23	刘方	2014 年 8 月—2017 年 8 月任阿克苏市高级中学语文备课组长	2017 年 8 月任阿克苏市第三中学副校长	
24	丁娟	2013 年 8 月—2017 年 8 月任阿克苏市高级中学英语教师	2017 年 8 月任阿克苏市第十中学副校长	
25	田晓斌	2016 年 8 月任阿克苏市高级中学工会副主席	2018 年 1 月任柯坪县一中副校长	

序号	姓名	原职务	现职务	备注
26	吕锋锋	2017 年 7 月任阿克苏市高级中学政教处副主任	2018 年 3 月任库木巴什乡中学副校长	
27	张伟	2013 年 7 月—2018 年 6 月任阿克苏市高级中学教务处主任	2018 年 6 月任阿克苏市高级中学副校长	
28	魏艳霞	2017 年 7 月任阿克苏市高级中学教研室主任	2018 年 6 月任阿克苏市高级中学副校长，2019 年 3 月任市教科局党工委委员、进修学校副校长	
29	邢作栋	2016 年 8 月任阿克苏市高级中学总务主任	2018 年 7 月任阿克苏市第三高级中学副校长	
30	白建军	2017 年 7 月任阿克苏市高级中学政教处副主任	2018 年 7 月任阿克苏市第三高级中学副校长	
31	任耀生	2018 年 1 月任阿克苏市高级中学教务处副主任	2018 年 7 月任阿克苏市第三高级中学副校长	
32	李学斌	2018 年 1 月任阿克苏市高级中学宿管科副主任	2018 年 7 月任阿克苏市第三高级中学副校长	

第二节　三位一体：管理人才培养援疆样式

望得见过去，守得住现在，看得清未来。

杭州市第九批援疆指挥部在传承杭州市第八批援疆指挥部人才传帮带的援疆项目基础上，自2017年以来就致力于推行"三位一体"的管理人才培养样式，旨在为阿克苏市高级中学打造一批想干事、能干事、会干事、好干事、干好事的团结向上的优秀管理团队，一方面使学校各项工作取得较好的成绩，另

"三位一体"的管理人才培养援疆样式

一方面为地、市教育系统输送具有执行力强、协作能力强、服务意识强、奉献意识强、大局意识强的优质教育管理人才。

2016年至今，阿克苏市高级中学为阿克苏市教育系统培养了共计27位校级领导，为阿克苏的教育发展贡献了巨大的力量。为了让学校中层队伍在这样的基础上不断层，能够持续发展，学校每学期末进行中层论坛，让所有中层就自己的管理理念、管理方法、管理经验、管理心得向所有备课组长进行演讲，并就自治区教育教学常规60条相关问题进行答辩。通过这种交流学习的方式，提高学校培养中层队伍的"造血"能力，让学校的中层管理团队不断地提升和发展。

一、培养载体之一：阿克苏市骨干书记（校长）工作室

为进一步加强阿克苏市中小学书记、校长队伍建设，全面提高书记、校长队伍的整体素质，加快培养一批具有教育家素质的书记、校长队伍，杭州市援疆指挥部决定出资10万元设立阿克苏市骨干书记（校长）工作室，由阿克苏市委、市政府和市教育与科学技术局在中小学校长培训工作中实施"骨干书记（校长）工作室"制度。借助骨干书记（校长）工作室这一核心平台，充分发挥名书记（校长）的引领、示范、带动、辐射作用，全力打造阿克苏市教育学习型、研究型工作管理团队，探索符合阿克苏市实际及特色的校长队伍成长机制与便捷通道，为均衡阿克苏市教育发展做出贡献。

工作室以党的十九大会议精神为指导，依托杭阿两地教育协作共建机制，整合两地教育优质资源，以科学发展观为统领，以建立学习共同体为目标，以书记（校长）的办学实践为主线，以书记（校长）的自主研修为基础，以科研课题为切入口，充分发挥骨干书记（校长）的引领作用和工作室成员间的团结合作效果，积极探索现代学校办学特色模式，努力提升书记（校长）的办学能力，促进学校的和谐发展；以提升书记（校长）政治素质和专业化水平为重

点，遵循优秀书记（校长）成长规律，创设优秀书记（校长）成长环境，搭建优秀书记（校长）成长平台，打造一支高素质的全市中小学知名骨干书记（校长）队伍，不断提升全市教育现代化发展水平，引领全市各中小学书记（校长）朝专业化方向发展，使工作室成为全市特级教师、正高级教师的培养基地和摇篮。

工作室自筹备以来，得到了阿克苏市委、市政府，杭州市援疆指挥部，阿克苏市教育局领导的大力支持和帮助。工作室设在阿克苏市高级中学校史楼二楼内，在阿克苏市委组织部、杭州市援疆指挥部、阿克苏市教育局领导的大力支持和帮助下，2018年11月30日下午在阿克苏市高级中学举行阿克苏市骨干书记（校长）工作室开班仪式，挂牌"阿克苏市骨干书记（校长）工作室"。成员从全市普通高中、义务教育阶段学校中遴选出初中11名，高中4名，主持人1名，助理1名，共计16名骨干书记（校长）进行为期3年的重点培养，使这批书记（校长）在治校办学理念和能力上有较大的提升，并能够在一定范围内起到模范带头和辐射作用。

工作室为了确保正常扎实地开展各项培训学习交流辐射等活动，制订了《阿克苏市骨干书记（校长）工作室成员工作职责》《阿克苏市骨干书记（校长）工作室三年发展规划》《阿克苏市骨干书记（校长）工作室年度工作计划》等章程。

阿克苏市骨干书记（校长）工作室的成立，代表杭州市援疆指挥部在阿克苏教育界播下了美好教育的种子，带着满满的欣喜，怀着美好的展望，孕育、成长。不用多久，阿克苏市骨干书记（校长）工作室这朵奇葩一定会在这片沃土上绽放出光芒，结出硕果累累！有务实的领导团队引领着、激励着，工作室成员脚下的路会越走越踏实、越走越宽广、越走越辉煌。

（一）阿克苏市骨干书记（校长）工作室成员工作职责

1. 骨干书记（校长）工作室职责

（1）承担书记（校长）学员的培训和指导工作。通过"骨干书记（校长）工作室"的培养，提升学员的政治思想、师德修养、领导能力和工作作风，拓宽其教育视野，提高其教育管理和创新能力，使其办学理念更加系统化、特色化，所在学校办学质量和办学效益有明显提高。

（2）搭建优秀书记（校长）集中研修的平台。建立书记（校长）积极参与、合作研修与自主发展的工作机制，全面总结书记（校长）们的办学经验和思想，深入开展项目或课题研究。在周期内确定并开展至少一项课题研究，形成一批教育教学改革实验和学校管理研究成果，并在全市乃至更大范围产生一定影响。

（3）带动和指导其他学校工作。以研讨会、报告会、骨干书记（校长）论坛、公开教学、现场指导等形式，每年承担至少一次主题展示活动，充分发挥工作室的示范辐射作用。

（4）完成教育主管部门交予的其他工作任务。

2. 骨干书记（校长）工作室主任职责

（1）制订学员周期培养目标和工作室年度工作计划，建立工作室工作制度，并报市教育局备案。

（2）对学员、助理进行考核，建立工作室学员成长档案。

（3）以师带徒的形式，传授教育教学管理经验，指导学员开展课题研究，进行教育教学改革探索，对学员所在学校工作进行指导。

（4）承担有关学校管理、书记（校长）培养培训的课题研究。工作周期期满时，完成工作室工作总结报告，完成1篇学校管理创新与教育教学改革的研究报告，并公开发表1篇以上研究论文。

（5）积极组织、聚集优秀书记（校长）集中研讨，共同进步。

（6）开展主题论坛、在线交流、理论学习等活动，成为骨干书记（校长）工作室的动态工作站、成果辐射源和资源生成共享。

（7）接受主管部门的指导、检查、评估，向主管部门汇报工作，做出书面总结。

（8）按照专款专用的原则，负责工作室资金的使用和管理，并接受上级部门审计。

3.骨干书记（校长）工作室核心团队成员职责

（1）1人配合主持人开展初中书记（校长）培养相关工作。

（2）1人配合主持人开展高中书记（校长）培养相关工作。

4.骨干书记（校长）工作室学员职责

（1）依据个人实际，确立自身发展目标，制订周期内学习计划和研究项目。

（2）虚心接受工作室主持人的指导，完成工作室主持人安排的学习和研究任务。周期期满时，完成个人专业成长报告，并公开发表至少1篇研究论文。

（3）在工作室主持人指导下，做好学习记录、案例评析，总结管理方法、管理经验、管理模式，剖析本人所在学校存在的主要问题，提出解决办法及实施方案。

5.骨干书记（校长）工作室助理职责

在工作室主持人的直接领导下，起组织、协调作用，完成工作室主持人分配的各项任务。

（二）阿克苏市骨干书记（校长）工作室三年发展规划

为进一步加强我市中小学校长队伍建设，全面提高校长队伍的整体素质，加快培养一批具有教育家素质的校长队伍，现就骨干书记（校长）工作室的发展特制订本工作室工作三年发展计划（2019—2021年）。

1.指导思想

以《国家中长期教育改革和发展规划纲要（2010—2020年）》，市委、援疆指挥部、市教育局建立骨干书记（校长）工作室要求为指引，以书记（校长）的办学实践为主线，以校长的自主研修为基础，以建立书记（校长）学习共同体、努力成为教育家型书记（校长）为目标，形成一支坚持正确的办学方向，具有先进的办学理念、较强的研究和课程领导能力，体现阿克苏市教育特色的教育领军人才队伍。

2.工作理念

培养教育家型书记（校长），推动学校特色发展。

3.基本思路

工作室将以学校管理为研究领域，以教师队伍建设和课程建设为主旋律，以学校特色的建设与提升为研究方向，通过"专家引领、课题研究、实践考察、学术交流、总结提炼"的方式，提升书记（校长）的领导力，促进中青年书记（校长）形成自身独特的办学思想，学校办学水平和特色建设得到进一步提升并呈良好的发展势头，在全市范围内产生一定的示范作用。

4.工作室成员及组织机构

（1）工作室主持人：阿克苏市高级中学党支部书记。

（2）专家顾问团队：阿克苏市教育局党组（教育党工委）书记，杭州市援疆指挥部阿克苏市教育局副局长，3名杭州援疆副校长。

（3）骨干书记（校长）工作室核心团队成员：阿克苏市高级中学党支部书记，主持人，负责工作室全盘工作；阿克苏市第三中学党支部书记，配合主持人开展初中书记（校长）培养相关工作；阿克苏市实验中学党支部书记，配合主持人开展高中书记（校长）培养相关工作。

（4）工作室助理：阿克苏市高级中学副校长，在工作室主持人的直接领导下，起组织、协调作用，完成工作室主持人分配的各项任务。

（5）学员：

类别	序号	学校	书记（校长）姓名	性别
高中	1	阿克苏市高级中学	王能靠	男
	2	阿克苏市第三高级中学	张翠红	女
	3	阿克苏市实验中学	黄巧玲	女
	4	阿克苏市第五中学	曹强	男
初中	1	阿克苏市第三中学	张丹	女
	2	阿克苏市第四中学	方燕	女
	3	阿克苏市第六中学	张志平	男
	4	阿克苏市第十中学	许磊	男
	5	阿克苏市第七中学	武海龙	男
	6	一区中学	钱建斌	男
	7	二区中学	赵江	男
	8	三区中学	宋泽远	男
	9	四区中学	詹萍茹	女
	10	五区中学	杨利军	男
	11	六区中学	刘艳	女

5.工作室职责

（1）制订规划，建立制度。制订工作室三年发展规划和年度工作计划，指导制订学员个人三年发展规划，建立工作室工作制度。

（2）搭建书记（校长）集中研修平台。建立书记（校长）积极参与、合作研修与自主发展的工作机制，组织读书研讨活动，深入开展项目或课题研究，探索教育改革，形成一批教育教学改革实验和学校管理研究成果。

（3）承担学员的培训和指导工作。通过"骨干书记（校长）工作室"的培养，提升成员的政治素养、师德修养和领导能力，拓宽其教育视野，提高其教育管理和创新能力。工作室需对学员进行考核，建立学员成长档案。

（4）带动和指导学员学校工作。以调研诊断、报告会、书记（校长）论坛等形式，帮助成员所在学校提炼办学思想、明晰学校发展思路，充分发挥工作室的示范辐射作用。

（5）完成阿克苏市教育局交予的其他工作任务。

（6）按照专款专用的原则，负责工作室资金的使用和管理，接受上级部门的审计。

6. 主要工作措施

（1）创建一个平台，即创建学习平台。实行集中学习和自主学习相结合，对成员进行教育思想、教育教学实践及学校治理的引领。两年内，分期分批到书记（校长）学员所在学校学习调研，书记（校长）做办学特色或办学思想分享；分期分批举行书记（校长）学员管理经验交流汇报。要求成员每个学期写一篇学习体会或工作反思，三年内至少公开发表一篇研究论文。

（2）推动两项研究：推动成员所在学校突破发展瓶颈的课题研究，推动新高考背景下书记（校长）课程领导力实践与研究。

推动学校突破发展瓶颈的课题研究，即邀请本地区或国内知名教育专家组成团队，进行调研诊断、专题指导，对成员所在学校建设发展进行跟踪。

推动我市全面推进国语教学、集团化办学、新高考、中考等背景下书记（校长）课程领导力实践与研究，即在新疆全面实施国语教学、集团化办学、新高考、中考等背景下，借鉴苏浙沪等地经验，围绕培养学生核心素养目标，探索因校制宜的课程建设体系。

（3）实施三维联动：一是成员学校联动；二是异地工作室对接；三是主题考察学习。

成员学校联动，即以提升办学质量和创建学校特色为主题，对成员学校进行全方位的考察调研，达到相互学习、共同提高的目的。

异地工作室对接，即与疆内、内地名校长工作室结对，组织双方学员间的互动交流，建立友好合作关系。

主题考察学习，即围绕"两项研究"等主题，充分利用工作室成员的资源优势，组织学员外出学习、观摩教育发达地区的学校在特色办学、课程建设等方面取得的成功经验。

（4）形成四种特色，即形成管理队伍建设特色、课程建设特色、书记（校长）领导力特色、办学思想特色。

形成管理队伍建设特色，即在"两项研究"的推动下，促进工作室成员共同成长进步，同时发挥工作室成员的集体智慧，推动成员学校管理队伍建设。

形成课程建设特色，即借助全面发展国语教学、集团化办学、新一轮高考、中考等改革机遇，探索适合成员学校在全面发展国语教学、集团化办学、新高考、中考背景下课程建设新的形态，并与高校开展互动交流，建设满足学生需要、促进生涯规划的特色课程体系。

形成书记（校长）领导力特色，即通过多种途径，帮助中青年书记（校长）结合个人特点、所在学校实际和教育改革发展的趋势，提升自身领导力。

形成办学思想特色，即通过鼓励学员们撰写教育随笔和论文、反思等途径，梳理、总结、提炼教育教学管理经验和办学特色，形成较科学、系统的办学思想和教育思想，从而有效指导教育和办学实践。

7.阶段工作安排

（1）第一阶段：2019年1月—2019年12月。

① 完善工作室的常规建设，制订工作室三年发展规划和年度工作计划，明确分工，各负其责，做好各项工作的部署。

② 确立课题研究方向，进行课题论证，完成课题开题工作。

③ 建立工作室网页和微信群，开展互动交流。

④ 学员个人制订三年发展规划。

⑤ 做好与异地工作室对接工作。

（2）第二阶段：2020年1月—2020年12月。

① 统筹安排并启动成员学校调研考察活动。

② 安排去教育发达地区进行主题考察，并通过案例分析会、主题论坛等形式，要求工作室成员对本学校办学进行总结提炼汇报。

③ 做好与异地工作室的交流学习工作。

④ 学员积极反思与跟进，结合课题研究和案例分析，努力探索学校特色研究，进行课题中期验收汇报交流。

（3）第三阶段：2021年1月—2021年10月。

① 组织学员进行主题参观考察学习。

② 针对课题研究进行总结和归纳，做好课题结题的验收工作。

③ 结合个人成长经历，凝练自己的教育思想。与个人三年发展规划比照分析，收集整理学员学习成果。

（4）第四阶段：2021.10—2021.12。

① 书记（校长）教育思想报告会暨学校特色（或特色学校）创建展示活动。

② 做好工作室周期工作总结。

③ 进行工作室优秀学员和个人成果奖的评比活动。

④ 接受阿克苏市组织部、援疆指挥部、阿克苏市教育局的验收评审。

阿克苏市骨干书记（校长）工作室

2018年3月1日

（三）阿克苏市骨干书记（校长）工作室2019年年度工作计划

为全面落实专家型骨干书记（校长）工作室建设工作，切实开展好骨干书记（校长）工作室各项研学活动，结合工作室实际，特制订骨干书记（校长）工作室2019年度工作计划。

1. 指导思想

以习近平新时代中国特色社会主义思想为指引，以建立学习共同体为目标，以书记（校长）的办学实践为主线，以书记（校长）的自主研修为基础，以学校发展诊断为切入口，充分发挥骨干书记（校长）的引领作用和工作室成员间的团结合作，努力提升书记（校长）办学的综合能力。

2.工作目标

借助骨干书记（校长）工作室这一核心平台，充分发挥骨干书记（校长）的引领、示范、带动、辐射作用，全力打造学习型、研究型工作团队，探索符合阿克苏市实际及特色的书记（校长）队伍成长机制与便捷通道，为均衡阿克苏市教育发展做出贡献。

3.工作重点及措施

（1）个人规划。工作室成员要根据个人的实际情况，结合工作室本年度规划方案，科学地制订出本人的年度专业发展规划、年度研修计划，明确今后自己专业发展的目标和步骤。

（2）理论学习。工作室成员要加强对教育理论、教育专著的学习和研究，通过分组学习、交流研讨、读书沙龙、管理名著解读等，不断提高自己对教育的认识。工作室为每个成员提供适当的图书等学习材料，要求每位成员每年阅读1—2本教育专著，并撰写1万字以上的读书笔记或心得，每年至少在工作室博客上发表不少于2篇工作感悟，交流心得体会。

（3）专题研讨。工作室建立"专题式"主题研讨制度。由主持人根据研究方向确定主题，带着主题深入到各自学校展开全方位的诊断式服务，尝试建立每年度两次专题性研讨会。

（4）教育考察。有计划地组织工作室成员外出培训、观摩学习、考察名校等。

（5）课题研究。工作室成员要根据个人研究方向承担1个课题研究，撰写课题实验方案，积累课题研究资料，定期在工作室交流会上交流研究信息，工作室将督促并鼓励全体成员做好科研成果转化。各成员每人将至少撰写1—2篇教育教学论文，在市级以上刊物发表或在学术会议上交流。对优秀成果工作室予以经济奖励。

4.主要工作时间安排

（1）2018年2、3月份：添置骨干书记（校长）工作室办公设施、设备；起草工作室2018年度发展规划、管理制度、学年计划、主持人和工作室成员岗位责任，并组织通过。

（2）2019年2月份：讨论、研究，制订工作室成员个人发展规划、学年研修计划、课题研究实验方案；讨论"学校文化建设对促进特色学校发展的研究"。

（3）5、6月份：赴成员学校就学校文化与特色学校的发展进行学习调研。

（4）7月份：召开"学校文化与学校特色发展"研讨会、工作室中期工作自评总结会。

（5）8月份：组织"学校文化建设对促进特色学校发展的研究"培训讲座。同时整理上半年针对课题研究的各种成果。

（6）9月份：各成员校开展各具特色的校园文化活动。

（7）10月份：工作室选派成员赴内地名校考察学习。

（8）11月份：工作室赴内地考察学习成员交流学习经验和心得。

（9）12月份：工作室全体成员做年度个人成长、学校文化与特色发展汇报，工作室主持人做工作室工作总结。同时向上级部门提交工作室年度工作总结及工作成果汇报。

5.具体要求

（1）工作室成员要在紧密联系各自学校的实际情况下展开研究，以自己的办学实践为主线，边学习边研究，借此推动自己的专业发展和学校的可持续发展。

（2）工作室成员对工作室安排的工作要克服困难、团结合作、示范引领，工作室运行相对分工。

（3）工作室成员在本年度内对照骨干书记（校长）考核细则、工作室考核细则创造性地完成工作任务，并达到优秀以上等次。

阿克苏市骨干书记（校长）工作室

2018 年 11 月 10 日

（四）走在杭派教育的风景里

发展"美好教育"是现阶段人民对教育提出的更高要求，也是学校追求的最终目标。"美好教育"就是要培养"美好的人"，让每一个培养出来的人都能感受美好、追寻美好、创造美好，成就美丽人生、享受美好生活、实现美好愿景。为进一步推进"美好教育"发展，开拓"美好教育"新途径，2019 年 5 月 3 日，阿克苏市骨干书记（校长）工作室 5 名中小学校书记、校长前往杭州开展为期 1 周的观摩学习活动。

5 月 6 日，在阿克苏市高级中学党支部书记王能靠的带领下，5 名书记、校长到杭州师范大学附属中学观摩学习。他们在杭州师范大学附属中学唐新红校长的带领下，先后到教学楼、食堂、咖啡吧、宿舍、图书馆、体育馆等地参观校园环境。优美灵动的校园环境，现代高科技教学设备，沉淀着的深厚的文化内涵，处处体现以学生为本的发展理念。每个宿舍 12 人，三室两厅，每个人都有独立的空间，有大衣柜、大书桌、洗漱池和卫生间。学生下晚自习可在客厅自由学习，完全不会影响他人。在高低床设置固定的钉子，设有装蚊帐的挂钩……这些细节体现了对学生无微不至的关怀。图书馆共三层楼，装饰清幽雅致，大气有格调，藏书量更让所有书记、校长惊叹不已；且配合现代高科技的借阅设施，每个细节都在打造"美好教育"的愿景。

杭师大附中副校长周丽婷介绍学校走班及教研情况。学校有 35 种走班模式，真正做到尊重所有学生的选择，立足学生的长远发展，挖掘每个学生潜力。语数英分层教学、选课分类走班、艺术类分项走班。学校在实施过程中遇到较多问题，诸如教师的人员调配、作业的管理等，但在不断实践中探索新途径，都已一一克服。在对教师的评价中，采用人性管理方式，分层次、分阶段逐步促进教师专业成长。

书记、校长观摩学习团和在杭师大附中跟岗学习的3位老师交流，询问学习生活情况并听取了3位教师近40天的学习情况汇报。

阿克苏市实验中学党支部书记黄巧玲说："可以看出，师大附中为了学生发展，扎实开展了很多工作，真正体现尊重学生、发展学生。'美好教育'不是纸上谈兵，而是扎扎实实地去工作，更需要我们在战略规划下通过切实可行的措施去稳步推进，附中的管理模式给了我们很多启发。"

墨子曾叹言"染于苍则苍，染于黄则黄"。建设校园文化，是营造美好之"场"。杭师大附中注重校园环境建设，优化育人氛围，努力以优雅的环境涵养师生优雅气质。以"美好"为主题，形成"清雅、精致"两大风格，营造"花香味、书香味、人情味"的"三味"校园，精心打造学校樱花道、书香吧等景致。

阿克苏市高级中学党支部书记王能靠在参观后说："学校文化具有无处不在的育人力量，建设'美好教育'要以先进的学校文化为统领。以我校为例，我们一要不断丰富以'明德'精神为核心的学校文化，努力培养学生的全面素养和健全人格，力争'让每一位学生都得到全面自主的发展'；二是各是其是，尊重师生个性化的发展需求和行为方式，追求民主、多元、开放、包容的办学风格，努力为每一位学生提供'适合的教育'。以杭派优势资源为依托，结合当地情况，因地制宜、因材施教办教育。激发学生潜力、爆发力，激活教师工作积极性是目前我们最重要的任务。"

构建"美好教育"，是适合新时代发展的理想教育，本次观摩学习活动，加强了杭阿两地友好学校的交流互动，进一步加深了杭阿友情，为共同开创"美好教育"奠定了基础。以优势杭派资源为依托，以打造优秀的教师团队为基础，引导学生在高水平完成课程学习的同时，以适合自己的个性化方式去求知、去生活、去创造。努力建设校园文化，营造美好之"场"；开展多彩活动，激发美好之"情";开发教研新模式,构筑美好之"路";改革课堂教学,深扎美好之"根";创新管理机制,成就美好之"人"。

跨越千山万水,共叙杭阿友情,共促"美好教育"长远发展。

二、培养载体之二:阿克苏市中小学德育骨干培训班

为了学习杭州美好教育理念下学校的办学理念、办学特色,努力学习前沿德育教学理念,以此解决现实教育教学中的实际困惑,提高阿克苏学校德育教育质量,特别是班主任管理等方面的能力。在杭州市援疆指挥部支持下,成立阿克苏市中小学德育骨干培训班,帮助阿克苏市学校提高德育教学效果,提升阿克苏地区薄弱学校教师德育管理专业化水平,促进师生心理健康。培训班的成立,是开展交流活动时贯彻落实教育科学发展理念、共享杭阿两地学校教育资源、促进教育均衡协调发展的重要措施,可以有力促进两地教师,特别是班主任团队专业化水平的提高,学以致用,让学校德育工作再上新台阶。新疆阿克苏德育骨干教师到杭州学校蹲点交流学习,举行杭阿两地班主任结对签约仪式,翻开两地德育教育与班主任工作新篇章。借助培训班这个平台,让阿克苏市德育骨干教师看到更加美丽的教育风景,享受更有意义的教育幸福,可以更好地促进杭阿两地的教育教学交流。

(一)培训活动简介一则

1.培训动员会

2018年8月,来自阿克苏市中小学的36名德育副校长、政教主任、德育骨干教师会集一堂,在市教育局二楼会议室举行2018年阿克苏中小学德育骨干教师赴杭培训动员会,会议由张全金主持,杭州市援疆指挥部人才组副组长、阿克苏市教育局党工委委员、副局长吴栋栋同志做了此次赴杭培训的动员与注意事项演讲,负责此次培训的两位领队吴燕媛、韩娜做了表态发言,阿克苏市四中德育副校长吴克勇同志作为学员代表表态发言。

会议上，吴栋栋副局长表示此次赴杭培训是在杭州市援疆指挥部、杭州市教育局、阿克苏市教育局的高度关心下精心组织的，要求本次赴杭培训人员要端正态度、提高认识，遵守杭州市教育局、杭州师范大学的要求，坚决服从管理，不干任何与培训无关的事情，努力提高自己的能力，切实将立德树人的根本任务落到实处；要带着一颗感恩的心、认知的心、收获的心，带着问题、带着任务、带着责任去学，坚持写日记、坚持思考、坚持多问，将此次培训的作用发挥到最大，真正有所学、有所获。

"十年树木，百年树人"，此次培训能让教师们进一步明确责任和义务。学员纷纷表示要充分利用所学切实解决各自学校德育方面的难点问题，他山之石，可以攻玉，解惑释疑，学有所用，希望能在此次学习中积极地把先进的教育管理理念转化到实际工作中，使其落地生根，开花结果，从而为阿克苏的德育工作、为社会稳定和长治久安贡献力量。

2.开班仪式

2018年9月12日上午，阿克苏市中小学德育骨干教师培训开班仪式在杭州举行。此次培训由杭师大经亨颐学院承办，杭州市教育局人事处调研员边宏、杭州师范大学经亨颐学院副院长叶哲铭、阿克苏市教育局纪检监察室主任吴燕媛及政教股干部韩娜出席，来自阿克苏市各中小学的34名德育骨干参加。开班仪式由杭州师范大学经亨颐学院教师黄芳主持。

杭州师范大学经亨颐学院副院长叶哲铭致欢迎词，阿克苏市第四中学副校长吴克勇作为学员代表发言。

杭州市教育局人事处边宏同志做了开班动员讲话。他将2018年杭阿两地教育援助工作娓娓道来，杭州教育局竭尽全力支持阿克苏教育，从办学支持、教师支援等方面总结了现阶段杭阿两地教育的成绩，并就教师节全国教育大会习总书记的讲话精神做了初步解读，指出此时举办德育培训班机会好、任务重。他说，首先，此次培训主题与落实全国教育大会中习总书记的指示非常吻合，契机非常好。其次，全国的教育大会又给此次培训明确了学习任务和目标，阐明了本期培训班的特点和举办目的。他着重讲到了提升和落实学校德育工作，并就此次培训提出三点意见：一是不忘初心，牢记教育工作者的历史使命和时代要求。教书育人，传道授业解惑。同时要做到习总书记在教育大会上提出的要求——新时期教育工作者，要有更高远的历史站位，站在历史的高度不忘历史的使命，切实增强做好德育工作者的使命感、责任感。二是潜心找准定位，德育因材施教，因人而异。作为教育工作者，要有心，用自己的大爱关注孩子成长，习总书记指出教育工作者是要培养社会主义的接班人和建设者，给了我们清晰的定位，就是给孩子提供一种慢慢提升不足、使长项更长的教育环境。要深刻把握学校德育建设面临的新形势、新任务，全面提升德育工作的针对性、有效性。三是要带着思考学习、落实机制。通过学习杭州德育工作提高认识，进一步改革创新，推进本校德育工作，将此次所学所悟本土化，落到实处。最后，他向全体学员提出殷切的希望，期待看到阿克苏学校具有本地学校元素的德育模式。开班仪式结束后，杭州师范大学经亨颐学院副院长叶哲铭为全体学员做了首场专题培训。

本次培训班由杭州市援疆指挥部、杭州市教育局联合举办，聚焦德育培训，安排了包括理论学习、专题讲座、跟岗实践和研讨交流等方面内容。

（二）学员培训总结一则

正是人间四月天，醉在春暖花开时。阿克苏市教育系统德育骨干教师一行22人来到了魅力杭州跟班学习，我有幸成为其中一员。与实验中学副校长鱼小燕、第三高级中学任耀生一起被分配到杭州师范大学附属中学跟班学习，经过两个月的观摩学习，我有以下体会和感受，与大家分享。

1.打造主题校园文化，让一花一木都能说话

杭师大附中教室的墙壁上，布置了别具特色的班级文化，体现了学生的创造力和深厚的文化底蕴。60年的老校，将科技和人文、自然完美结合，既

感受优美纯净的校园环境，更体悟到人文魅力的校园文化。优美灵动的校园环境，现代高科技教学设备，沉淀着的深厚的文化内涵，处处体现以学生为本的发展理念，进来即静，就想读书，浓浓的文化熏陶，这是学生之大幸焉。杭师大附中每个宿舍20人，三室两厅，每个人都有独立的空间，有大衣柜、大书桌、洗漱池和卫生间，学生下晚自习可在客厅延长读书时间，完全不会影响他人。附中在高低床设置固定的钉子、装蚊帐的挂钩，这些细节体现对学生细心的关怀。图书馆三层楼，装饰清新雅致、大气有格调，藏书量能满足学生的需求，又有现代高科技的借阅设施，每个细节都在打造"美好教育"的愿景。

杭州第二中学的宿舍设计墙面文化布置空间，粘贴隔音板，充分调动学生的自主创造力，地面上设计榻榻米地毯，让宿舍富有家的温馨、爱的关怀。

文化底蕴和校园氛围是促进学生学习和发展的动力，环境造就人。要想改变学生，就尽量先改变校园环境，提升校园文化内涵，让学生入校有一种幸福感，能静下心来学习。采荷一小以"荷文化"为学校的文化核心，挖掘荷品质，延伸出向美而生、与美同行的美育教育，从而以文化人，以美育人。我认为任何一个学校都应该有自己的核心文化和办学特色，深入挖掘，形成主线，让一花一木都能说话。

建设校园文化，是营造美好之"场"。学校要注重校园环境建设，优化育人氛围，努力以优雅的环境涵养师生优雅气质。以"美好"为主题，形成学校自己的风格，营造"花香味、书香味、人情味"的"三味"校园，精心打造学校独特景观和地标式文化，深化文化内涵。

2.加强精细化管理，提升德育教育品质

（1）"做简单的事，你就不简单。""做说过的事，言出必果。"作为一所学校，必须提前统筹安排好一年中所有的工作，做计划前，要广泛征求意见，盘点重难点工作，计划要经过反复修改，最后在全体大会上通过方可实施。这种方式的管理更加民主、公平、公正，所有教职工通过的计划，体现"民主集中，人人参与管理"的原则，能充分调动工作积极性，做到有的放矢，按计划有步骤地实施，很大程度上提高了工作效率，降低了管理难度。"言必行，行必果"，说到做到，可提高执行力。

（2）行政例会高效有启发。杭州天杭实验中学的"四定一果"，"四定"是"定时间""定内容""定程序""定发言人"，"一果"是"反馈结果"，每个科室主任发言完，主管副校长进行补充，给出指导意见，总结经验。计划由常规工作、重点工作、清单目录和外出研训情况四部分组成。计划中既有对上周工作的总结，反馈问题、经验总结，又有下周实施措施，计划表一目了然。每周行政例会计划上体现精细化管理，在不断总结反馈中，提高提升管理水平。对于一些刚接手工作的新干部，专门制作科室工作流程图，让年轻干部看了一目了然，很快进入角色。

（3）定期召开领导班子会议、中期工作盘点会。凡事提前做，渐渐落实。做好计划后严格执行，学校提供一切条件，立足于学校和学生的长远发展，做好服务，当一些工作出现冲突时，以"发展学生"为原则，协调配合好各项工作。杭州天杭实验中学邱校长还表示"做做过的事"，做自己做过的、他校做过的、同伴做过的事，汲取经验教训，他山之石，可以攻玉。取长补短，改革创新。

（4）总结经验，砥砺前行。一是明确定位抓管理，二是品质发展抓小班（小班化管理，关注每一个学生），三是把握关键抓队伍（班主任、青年教师、干部），四是精品管理抓流程，五是德育活动抓创新（规范养成、德育活动仪式感），六是持续发展抓课程（课程重构、作业改革、分层走班），这六条管理经验值得因地制宜地借鉴，学校管理就是要做自己擅长的。

（5）以文立功，以美怡人。"以文化人、以美育人"的管理理念，新颖有创意。采荷一小以"荷文化"为核心，让美充盈校园、浸润课堂、流淌心田的智慧思想、发展特色的美育教育，培育正直、自信、灵动的采荷学子。一是依托"品德+"课程，落实三全育人。用"品德+"的方式，渗透德育教育，根据年龄特点，制订年级培育计划。二是建设特色课程，提升德育实效。根据年级差异，循序渐进地开展一系列活动。采取给学生颁发勋章的方式，激励学生养成良好的学习习惯，提升各方面能力。三是抓好教师队伍，夯实教育基础。实行班主任导师制，发挥传帮带作用。四是活动项目化，分层落实。对活动开展及时跟进，注重实效，活动后多元评估。五是优质共生，集团化办学。资源共享，优质共生，美美与共，实行集团化办学，能让优势互补，资源达到最大化利用。集团化办学加强各校区横向和纵向融通，建立协作机制，促进教学质量的均衡发展。总之，教育就是为了发展一切的学生，一切为了发展学生，让学生在学校学会做事，学习做人。

3.为学生搭建平台，神采奕奕放光彩

杭师大附中每周一次的晨会由班级自己承办，自定主题，形式多样，目的在于加强对学生的德育教育，提升学生品德修养，增加其人文内涵。我认为这样的晨会为学生搭建了一个平台，使其能绽放无限光彩。这种德育教育形式新，内涵深，参与广，容易植根学生内心，达到育人目的。这样的方式也有利于发挥主办班级的主动性、创造力，激发其他学生兴趣，提高学生参与度，有利于培养学生爱国情怀，使其拓宽知识视野，开创思维，坚定理想信念，增强文化自信，为促进德智体美劳全面发展奠定基础。一枝独放不是春，百花齐放春满园。德育晨会让学生自己组织、自己承办的方式给学生发挥特长、释放个性、展现才华提供了良好的平台。学生在学校规定的主题下，自主选择擅长的主题，以多种形式呈现德育教育，打破了传统的德育方式，于快乐中得到教育。学生是富有创造性的个体，一定要尊重学生，发挥学生特长。组建一支强有力的学生会队伍，让学生自主开展活动，效果会更好。

4.劳逸结合提高效率，开阔视野拥抱自然

杭州学校会经常组织春游，通过春游，领略了杭州的风土人情和秀丽的自

然风光，开阔了视野，拓展了知识面，陶冶情操，培养热爱祖国大好河山的情怀，为以后更好地学习奠定基础。寓教于乐，走出去才能收回来，现当代的教育是开放的教育，游学也是一种有效的学习方式，可以让学生从实践中去思考问题，爱学习更爱生活。

5.建立答疑机制，促进学生均衡化发展

杭师大附中的中午午休、下午自修，是学生自主答疑时间。学生利用课余休息时间，到教师办公室问问题的热情高涨，答疑场面很壮观。他们因为走班制没有时间在班里询问，养成了利用这段时间主动提问的习惯，教师们也牺牲了自己的休息时间为学生答疑解惑，让人感动。学习需要融会贯通、举一反三，并且将知识运用到实际操作中。遇到问题及时求教，是很好的学习方法，要持续保持。在新疆首先要转变教师观念，提高思想觉悟，培养奉献精神。同时要培养学生主动问问题的习惯，形成良好的班风、学风。

6.加强职业规划教育，尊重学生选择

在杭州实行走班制，已经有近五年历史了，制度逐渐完善，学生能很快适应并赞同这种形式的教育。走班制是一种新颖、开放、平等、人性化、顺应时代发展的教育新形势。它有利有弊，利大于弊。习近平总书记在全国教育大会上曾明确提出，为党育才，为国育人，培养德智体美劳全面发展的社会主义建设者和接班人。在选课前，杭州各校采取多种方式引导学生进行职业规划，根据兴趣明确方向，适应时代发展。

（1）提前规划时间，做到有的放矢。

初中毕业即可鼓励学生去全国自己感兴趣的一些大学参观、访学。提前了解大学的课程设置，体验大学生活，感受大学校园环境，激发学生学习的动力。利用寒暑假，利用本校学长的优势资源，介绍大学生活或高中成长历程，提前了解高中与大学的异同点和衔接点。初步确定学习目标，奋斗方向，在高一就基本区分会考科目和选考科目，树立学科要融会贯通的理念，打好基础。

（2）利用社会资源，加强社会实践。

在高一上学期结束，即可对学生进行职业规划指导，开设职业规划课程，由专门的心理教师承担，也可由对各行职业比较了解的资深教师做讲座，做好对高考政策、大学课程、选课的管理、职业发展、社会发展趋势等的介绍和知识的普及。不仅给学生普及，也给家长普及。学生利用假期再次走进周边大学（如塔里木大学、阿克苏大学）进行研学活动，参观感受后可写出调查报告，本班学生可在一起分享交流。

（3）开发家长资源，促进家校联系。

学校发展不可忽视家长资源，学校提前对各班家长的职业进行摸查统计，对学生感兴趣的职业进行统计，挑选最具有代表性的一些职业，邀请家长进行到校指导。每班一个职业讲座，学生可根据自己的兴趣挑选班级去听。听后学生写反思心得，在一起交流分析。分析职业与选课的联系，指导学生选课既是感兴趣、擅长的，又是顺应社会发展、有潜力的。收集信息和讨论结果，编辑成册，可供更多学生了解。

（4）做好调查问卷，避免选择过于集中。

通过对社会人士、家长、学长、教师、学生等群体的问卷调查，进一步多方了解社会发展需求、职业发展潜力，避免选择过于集中。

（5）丰富活动载体，增强学生体验。

可开展丰富多彩的职业体验活动，如模拟法庭、医生再现、企业面对面、工程师的生活等等，激发学生兴趣，加深对各类职业的了解。

总之，职业规划的效果取决于学校、家长、社会形成合力，方可给学生充分指导。要想改变，先改变思想。对教师加强"心理导师"的培训也至关重要。

7. 提高课堂效率，做学生的人生导师

习近平总书记曾在思政课教师大会上讲话，要求要切实提高学校教师思想

政治教育教学与研究水平，着力打造一支可信、可敬、可靠、乐为、敢为、有为的高素质教师队伍，人人都做思政老师，为党育人，为国育才。习总书记的讲话，给学校怎样开展思想品德课指明了方向。采荷一小教师的一节示范课，给我很大启发。

（1）思政课不是生搬硬套社会主义理论，而是将思品教育贯彻到教育的始终，各个课程渗透德育，提高学生的思想认识，让学生将个人发展与国家命运紧密联系，爱党爱国，培养有责任担当、有素质修养、有能力、有情怀的现代青年。

（2）践行"三全育人"机制，人人都是思政教师，都有宣传国家政策、讲解国家历史、激发学生爱国情怀、增强学生责任担当意识的责任。

（3）始终坚持立德树人这一根本目标，可以多种活动为契机，提升学生品德修养，培养德智体美劳全面发展的社会主义接班人。

路漫漫其修远兮，吾将上下而求索。想让课堂变得有深度、有高度、有广度，必须多读书、多听课、多反思、多领悟，把自己变成"情怀深、学识广、人格正、思维新"的好教师。我想改用孔子的一句名言"师之德风，生之德草，风正则草茂"，作为教师，必须具备多种素养，将各学科融会贯通，这样才能以理服人、以文化人。教之以德，管之以礼，培养德智体美劳全面发展的学生。

都说教学是一门艺术，那么优秀的教学是让人赏心悦目、沁人心脾、神清气爽的艺术。教书育人，教知识更要教做人，先立德后树人。现在流行一句话"有知识没文化"，怎样让学生真正有文化、有修养、有担当，就需要用文化涵养人，以德立人、以智启人、以体健人、以美怡人，以劳育人，培养德智体美劳全面发展的社会主义建设者和接班人。学校管理要始终以发展学生为根本，在坚定理想信念上下功夫，在厚植爱国情怀上下功夫，在加强品德修养上下功夫，在增长见识上下功夫，在培养奋斗精神上下功夫，在增强综合素质上下功夫。办中国特色教育，结合当地实际情况，办家长和学生满意的教育，我们任重而道远。

8.知己知彼百战不殆，在差距中找出路

（1）竞争意识缺乏。经济基础决定上层建筑，杭州经济富裕，从上到下，从社会到学校到家庭高度重视教育，这种外在的环境，让学生自然而然有很强的竞争意识。这里初中升高中限制只能有50％的升学率，而只有全省前两千名能进一级重点高中上学。学生需要"过五关斩六将"才能得到最好的求学机会。有这样的竞争压力，学生不得不努力。阿克苏的普高教育是鼓励学生都有学上，入学率基本可达90％以上，这样就丧失了竞争的土壤。其次，杭州采取七选三选课制度，挑选自己最擅长、最感兴趣的科目组合，在一定程度上激发了学生学习积极性和主动性。学校很少存在学生逃课或不听课现象，学生都是我要学而不是逼着学。落后就要被淘汰，这里的学生违纪两次要被真正开除，没有任何回旋的余地，严格而又人性化的管理让学生无空可钻。高进高出的发展趋势，相对学生来说，学生视野更开阔，接触新事物多；交通便利，教育资源丰富，更有利于学生发展。

（2）师资力量存在较大差异。杭师大附中强大的师资力量，教师平均年龄40岁，老中青结合，有高级职称的教师达到60％，有博士、硕士学历的老师占到近1/3。浓厚的教研氛围，健全的激励机制，各类大型学科节、学术节等比赛，更有利于培养教师专业成长。而影响阿克苏教育发展的关键因素在教师。第一，阿克苏市各学校普遍存在教师年轻化，教学经验不丰富、教学水平不高的现象。第二，观念上存在差异，奉献精神不够。个别教师能力较差，专业素养较低，还得过且过，不思进取，不愿意付出，导致教学质量打折扣。第三，教学教研氛围还不够浓厚，缺乏竞争激烈的土壤。各学校虽然很重视教研，但有些教师还缺乏刻苦钻研、精益求精、无私奉献的精神，在工作上找借口，影响专业成长。第四，外部环境影响。学生基础差、视野窄，个别教师自暴自弃抓优放差，课堂效果不佳。

（3）视野受限，思维不新，学习习惯欠佳。学生长期生活在边疆，视野不够广阔。读万卷书，还需行万里路。学生安于现状、缺乏目标的现象很严重，不会学习，不想学习，导致有些学生长期陷入迷茫困惑，成绩出不来。引导学生学习方法，规范学生学习习惯，帮助学生树立坚定的目标变得至关重要。其次家长素质不高，缺乏良好的家庭教育，一定程度上影响了学生发展，加强家庭教育培训势在必行。

（4）管理中人性化大于刚性化。面对学生学习目标不明确，不会学习，缺乏学习主动性等问题，没有采取有效办法整改。可以尝试晚自习作业规范化、课堂作业日常化、假期作业实践化的模式。晚自习作业提前预设好，六门学科教师要协调配合布置作业，有专门管理作业的群，由每个任课教师轮流管理，目的是让作业优中选优、合理安排，让学生充分利用晚自习时间。

面对教师工作积极性不高，专业水平还相对欠缺的问题，继续抓牢"考试、集体备课、课堂教学、微课、教学设计"几个抓手，严格要求，规范管理，持之以恒，将教研活动日常化，使之深入骨髓。尤其抓住青年教师晚上时间，发挥骨干教师引领带头作用。

马克思说，正确的意识主宰正确的行为。既然改变不了外在环境，那就改变学生思想，提高教师的积极性。想要很好地应对多元的、高速发展的社会，就必须改变自身。对于学生，激发学生所有潜力、爆发力，提高最大化学习效率。管理学校先要改变观念，让学生思想上认识到自己不足，激发积极进取的精神，从逼我学到我要学。对于教师，要发现教师的特长，给教师展现的平台，把教师的奉献精神逼出来，让教师不计得失努力工作，打造一支领跑的队伍。

9.创造"美好教育"，美美与共

发展"美好教育"是现阶段人民对教育提出的更高要求，也是学校追求的最终目标。"美好教育"就是要培养"美好的人"，让每一个培养出来的人都能感受美好、追寻美好、创造美好，成就美丽人生、享受美好生活、实现美好愿景。

杭师大附中为了学生发展，扎实开展了很多工作，真正体现尊重学生，发展学生。"美好教育"不是纸上谈兵，而是扎扎实实地去工作，更需要我们在战略规划下通过切实可行的措施去稳步推进。

墨子曾叹言"染于苍则苍，染于黄则黄"。学校文化具有无处不在的育人力量，建设"美好教育"要以先进的学校文化为统领。我们要不断丰厚以"明德"精神为核心的学校文化，努力培养学生的全面素养和健全人格，力争"让每一位学生都得到全面自主的发展"；二是各行其是，尊重师生个性化的发展需求和行为方式，追求民主、多元、开放、包容的办学风格，努力为每一位学生提供"适合的教育"。以杭派优势资源为依托，结合当地情况，因地制宜、因材施教办教育。因此激发学生潜力、爆发力，激活教师工作积极性是目前我们最重要的任务。构建"美好教育"，是适合新时代发展的理想教育，以优势杭派资源为依托，以打造优秀的教师团队为基础，引导学生在高水平完成课程学习的同时，以适合自己的个性化方式去求知、去生活、去创造。努力建设校园文化，营造美好之"场"；开展多彩活动，激发美好之"情"；开发教研新模式，构筑美好之"路"；改革课堂教学，深扎美好之"根"；创新管理机制，成就美好之"人"。

10. 打造特色校园文化，向内涵式方向发展

杭州新安江中学整个校园文化围绕"弘毅"文化展开，有专人管理这项大的课题。设计五个方面，如弘真课堂等，学校所有管理围绕这个核心主题去开展，有完整的体系，据说这是请专家专门打造和设计的，成为学校最大的亮点。阿克苏市高级中学也应该以一个核心为指导，辐射各个方面。如以"明德"为核心，辐射"明达"管理、"明丽"校园、"明智"教研、"明心"德育、"明媚"课堂。培养"明德、求是、精致、大气"之人，大学之道，在明明德，在亲明，在止于至善。

　　以校训"明德、求是、精致、大气"为主线，君子先修身养德，而后做事实事求是，追求真理；最后做人精致大气，勇于担当。管理明细、通达，致力于全校师生的发展；打造清净、雅致的校园环境；培养明智、智慧的好教师；做育人育心、养德养正的德育；打造春风化雨、阳光明媚的课堂。《尚书·咸有一德》中有关于"明德"的内涵，指一德，又称天德、乾德、大德、俊德、正德、元德、上德，在于弘扬一心，弘扬精一之德、专一之德、唯一之德、纯一之德。只有精一、专一、唯一、纯一，学业和工作事业才能日新月异地进步发展、创新。其一，"明德"就是培养学生具有光明之德，《逸周书·本典》曰："今朕不知明德所则，政教所行，字民之道，礼乐所生，非不念而知，故问伯父。"《史记·五帝本纪》曰："天下明德皆自虞帝始。"宋朝曾巩《谢雨文》："吏无明德，但知告其困急于神。神既赐之，其尚终惠。"清代孙枝蔚《春木》诗之四："愿崇明德，以娱高年。"都是说要崇尚美德。其二，师生要成为才德兼备的人。《诗经·大雅·皇矣》："帝迁明德，串夷载路。"朱熹集传："明德，谓明德之君，即太王也。"南朝宋代谢灵运《拟魏太子"邺中集"诗·陈琳》："余生幸已多，矧乃值明德。"说明"明德"就是成为德才兼备之人。其三，彰显德行。《管子·君臣下》："此先王所以明德圉奸，昭公灭私也。"《荀子·成相》："明德慎罚，国家既治四海平。"彰显德行，方可得到发展。

　　《大学》第一章中曾说："大学之道，在明明德，在亲民，在止于至善。知止而后有定，定而后能静，静而后能安，安而后能虑，虑而后能得。物有本末，事有终始。知所先后，则近道矣。古之欲明明德于天下者，先治其国；欲治其国者，先齐其家；欲齐其家者，先修其身；欲修其身者，先正其心；欲正其心者，先诚其意；欲诚其意者，先致其知。致知在格物。物格而后知至，知至而后意诚，意诚而后心正，心正而后身修，身修而后家齐，家齐而后国治，国治而后天下平。自天子以至于庶人，壹是皆以修身为本。其本乱而末治者，否矣。其所厚者薄，而其所薄者厚，未之有也。此谓知本，此谓知之至也。"

物格一意诚一心正一身修一家齐一治国一平天下，按照这样的培养主线，教学生认知自我，明确方向（理想信念教育）；执着追求，做正直善良之人（道德品质教育、心理健康教育）；敢于担当民族复兴大任，肩负祖国未来（爱国主义、传统文化教育）。这样层层推进，培养人，塑造人，为党育才，为国育人。打造阿高美好式、内涵式发展之路，做阿高自己的校园文化品牌。以校训"明德"为主线，管理上采用"明主、明智、明达"的"三明治"管理，校园环境上打造三味文化，即"花香味""书香味""人情味"文化；教研上培养教师弘扬"精一、专一、唯一、纯一"的理念，精益求精，打造精品；德育上培养"格物致知""意诚心正""孝悌感恩""责任担当"的阿高学子；升格"五位一体"课堂，即"明确""明快""明亮""明净""明朗"课堂，形成"33445"的校园文化格局；开启全新阿高"123456"育人模式，即一条主线，两星两翼（学习标兵、师德模范），三味文化，三全育人，四种仪式（入学仪式、成人礼仪式、入团仪式、毕业仪式），五种课堂（思政课、法治大讲堂、劳动与综合实践课、生涯规划课、名师论坛），六个节日（清明节、五四青年节、端午节、中秋节、国庆节、元旦），将活动贯彻始终，形成现代网络型、智慧型、数字化校园，全面提升学生素养。

11. 发挥校友作用，打造有温度的母校文化

四季轮回，初心不变，养正传薪，明远行健。5月18日，杭州高级中学"百廿校庆"在贡院校区举行。此时此刻，杭州高级中学群贤毕至，少长咸集，一万多来自全国各地的校友、嘉宾参加了此次庆典。

庆典活动在一曲《五月天》的激昂交响乐中拉开帷幕。校管乐队的演奏铿锵有力，将所有在场嘉宾带入庆典倒计时。旗鼓舞《百廿荣光》在声声激荡的鼓声中呈现出来，红旗手手举校庆旗帜，环现场交错跑步，气氛非常热烈和振奋人心。

一首那英的《一眼千年》，一段《百廿杭高》视频，展现了杭高百廿的历

史。杭高培养了很多名家、学者、院士等英才，历经百廿沧桑的杭高，一步步走来，承载着家国的梦想，创造更大的辉煌。最后一环节——"钱学森班"揭幕仪式让庆典活动推向高潮。

此次活动取得圆满成功。活动开展有序，准备充分，充分显示了杭高的风采。百廿归来，仍是少年；阔步前行，再创辉煌。庆典点燃了所有杭高人的热情，为母校祝福，他们为身为杭高人而骄傲。对比杭四中的百廿校庆，我对校庆活动有更深认识。

（1）校庆要充分调动知名、成功校友的力量，增加学校知名度。通过校庆可发动校友为母校捐赠，增进情感，成立校友基金会，用于学校的建设和师生奖励。

（2）校庆要人性化，多营造温馨场面。如对知名院士和时任班主任的互动采访，薪火相传，传承学校精神，能调动校友对母校的回忆和感激之情，同时让教师感受能"培养国家栋梁之材"的幸福感。

（3）结合视频了解学校历史、文化，插入校友祝福，让所有校友有自豪感。

（4）节目要凸显学校特色，展现最具代表性的表演，如击鼓、交响乐团、啦啦操队表演等。

（5）安排要有序，发邀请函，做纪念品，提前安排比赛志愿者。

（6）主持人更重要，最好选已经毕业了的现在是知名主持人的校友，能充分调动现场气氛。

总之，为期两个月的培训即将结束，但学无止境。感恩援疆指挥部给我这次难得的学习机会，感谢阿克苏市教育和科技局和阿克苏市高级中学的大力支持，我将用所学习到的知识，与当地实际情况相结合，全身心投入到未来的工作中。用心呵护学生，用行引导学生，用智开启学生，和我的同事们一起办学生、家长满意的教育，充分调动所有教师的工作积极性，打造特色校园文化，提升师生整体素养，为教育事业贡献微薄之力。

三、培养载体之三：杭阿两地名校长高峰论坛

为帮助提升阿克苏教育的整体发展水平，引进杭派先进教育理念，每年杭州市名校长班开设杭阿两地名校长高峰论坛。

其中首届杭阿两地名书记、校长高峰论坛（高中教育段）在杭州师范大学附属阿克苏市高级中学成功举行。论坛以"智联智库智理"为主题词，旨在探讨新时期高中教育如何把握时代脉搏，增强学校发展力，以深化课程改革与高考改革。杭州高中名师名校长送教团一行17人参加了论坛，与阿克苏市近300名学校管理人员就新课改背景下的办学思路、课程方案、资源运用及学生培养等话题进行分享与探讨。

论坛包含主题发言、圆桌论坛和现场交流三个环节。杭阿两地教育管理者分别就"学校管理动力系统""新高考背景下的办学模式""特色课程与自主选修课程开发""新时期学校德育的方向与特点"及"学生生涯规划教育"等主题，展开了热烈的分享与讨论。

【媒体报道】

"智联、智库、智理"同发展　杭阿携手铸辉煌

2018年4月29日上午，杭州师范大学附属阿克苏市高级中学"五年发展教育教学成果展"开幕式结束后，来自杭州的书记、校长们，给阿克苏地区学校的书记、校长们带来一场文化盛宴——首届杭阿两地名书记、校长高峰论坛。

本次论坛由杭州师范大学附属阿克苏市高级中学援疆副校长骆琤主持，来自浙江省严州中学新安江校区的陈志红书记先给阿克苏地区的书记、校长们做了一场关于"新课程改革背景下的学校发展力探究"的讲座。讲座中陈志红书记从书记、校长自身管理讲起，由个人提升上升到学校发展，用书记、校长的

个人魅力影响学校的发展。他说道，学校书记、校长的以身作则可以带动教师的积极性，不要用强压的方式解决问题，而要用智慧协调。

随后，杭州第十四中学章楗书记、浙江省杭州市第四中学娄雨奇副校长、杭州市源清中学邱月灵校长、杭州市艮山中学朱林春校长、浙江省严州中学新安江校区的陈志红书记、杭州市富阳区场口中学孙志军校长，分别对课程改革中遇到的困难、班主任工作积极性、提升学生学科素养等问题给阿克苏地区的书记、校长们做了指导，同时阿克苏地区的领导就自己学校的发展困惑向杭州的书记、校长提问，杭州领导一行做了有针对性的解答。

通过交流，阿克苏地区的书记、校长们收获很多。面对即将到来的新高考模式，阿克苏的书记、校长们有许多需要学习的，而杭州的书记、校长们也真诚地说出自己学校关注人文、关注社会、全方面发展等的好方法。一所学校的发展离不开先进的思想引领，阿克苏地区教育事业的发展离不开杭州"智慧援疆""组团援疆"的帮助。面对改革我们有忐忑，但是来自远方的声音给我们指明了方向，相信通过本次论坛，阿克苏地区的书记、校长们都有所收获，阿克苏地区的教育教学发展会迈上一个新的台阶。

在听取杭州师范附属阿克苏市第三高级中学副书记、校长张翠红通知汇报五年学校发展教育教学情况后，阿克苏地委委员、市委书记马国强对五年来的发展情况表示满意，期望以五年发展为契机，在地区的鼎力支持、杭州市援疆指挥部的帮扶、教师们不辞辛苦的付出下，继往开来。杭州市援疆指挥部指出，在未来，继续大力支持学校的发展，杭阿人民情谊永远深厚。杭州市源清中学的校长邱月灵代表嘉宾讲话，提出两所学校共同为祖国孕育花朵，学校教师们要继续为祖国输送新鲜的血液。

在主题为"智联·智库·智理"的2018首届杭阿两地名书记、校长高峰论坛活动中，杭阿书记、校长通过座谈会的形式就学校未来发展和管理展开深入讨论。一所学校的发展离不开书记、校长的带头作用，而这些好的作用要积极推广。

第二届"探索·融合·未来——2018杭阿两地名校长团高峰论坛"在阿克苏市举行。杭州市"十三五"名校长培训班成员、阿克苏市各学校校长、援疆支教教师团队近300人齐聚白水之滨，共同探讨核心时代下的课程变革与校长执行力的改革。论坛涵盖开幕式、高峰论坛、互动沙龙等环节，旨在希望杭阿两地教育名家继续探索教育改革创新，不断增加杭阿教育界交流融合，鼓励两地教育思想的碰撞，为阿克苏教育的未来，为千千万万孩子的未来，为新疆社会稳定和长治久安共同努力。希望两地教育交流不断深入，两地携手共谋发展，多层次、多方位、多角度地体现协作发展的成果，使阿克苏市的教育发展步入快车道。同时将"杭派美好教育"带进阿克苏市"十五年"基础教育线，为杭州教育援疆的目标——打造"杭派十五年美好教育示范线"进一步夯实基础。通过杭阿两地名校长齐聚一堂交流探讨活动，阿克苏市的校长们也将杭派先进教育教学理念与本校实际相结合，开拓属于本校的特色发展之路。杭州名校长团满载智慧的种子而来，阿克苏市校长们满载智慧的果实而归，并将这些教育智慧充分吸收内化，让先进的办学理念在阿克苏市这片教育沃土上开花结果。本次论坛中，共有4所学校结为友好结对校：杭州师范大学附属阿克苏市高级中学与杭州高级中学；阿克苏市实验中学与杭州师范大学附属高级中学。

｜ 第三节　一核三层：学科人才培养援疆样式

一所学校的发展离不开团队的发展，也离不开教师队伍的建设，本着"发展教师就是发展学校"的指导思想，杭州市第九批援疆指挥部自2017年9月推行教育组团式援疆，笔者作为第二期的援疆教师，入疆以来就致力于总结提炼第八、第九批教育援疆的实践经验，以学科教师队伍培养为抓手，着力构建了"一核三层"学科人才培养援疆样式。

根据阿克苏市高级中学的实际和教师教龄及教学能力分层定向，学科教师队伍可分成三个层次：青年教师、骨干教师、专家型教师。针对教师不同发展需求，采取研训教一体化的校本培训方式，以青蓝工作室为核心同心圆式辐射覆盖学校所有层次教师和阿克苏地区教师，依托与杭州市特级教师工作室结对帮扶的资源，与疆内名师、工作室联动共赢，实施其引领效能的操作策略，促进教师的最大发展和专业成长的分层提高，致力于在区域范围内对教师的教育科研、教学研究和教师培训三者进行系统设计、全面实施和整体优化，借助三级传帮带模式、全维度活动线、"互联网+"研修型载体，大面积提高阿克苏教师的学科专业水平，加快骨干及专家型教师的培养。

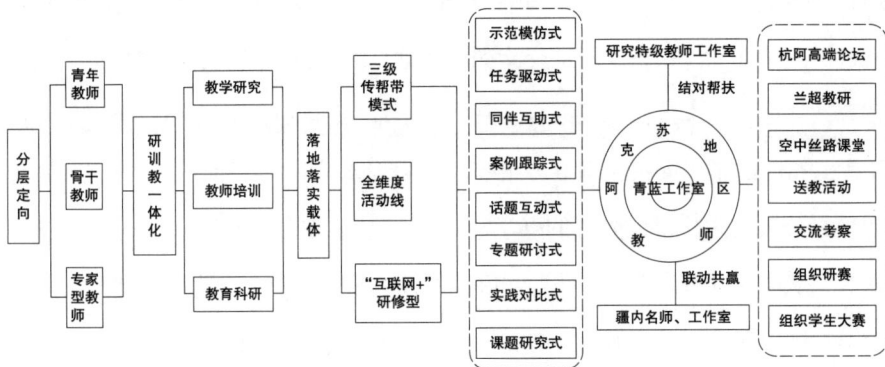

"一核三层"学科人才培养援疆样式

研训教是指教育领域中教学研究、教师培训、教育科研三者合一的简称。研训教三者之间的关系是：教学研究是核心，也是基础；教师培训是保障，用以实现教师有效研究和有效教学实践；教育科研是引导，是对教研经验的提升和提炼，形成科学的方法和规律，并应用到教学实践中，提高教育教学质量。

研训教一体化是一种将教师的教育科研、教师培训和教学研究渗透和融合的促进"全能型""综合型"教师培养和发展的有效路径。研训教一体化是以教育科研做先导，通过有专题和有系列的教研活动对区域教师进行有目的、有计划的培训，使教研活动成为教师培训的课堂，让教研活动与教师的专业提升紧密结合，通过教师参与问题解决的过程，获得专业经验，促进教师由"个体被动的专业发展"转向"个体主动的专业发展"，由"个体主动的专业发展"转向"区域群体主动的专业发展"，取得以训促研、以研带训、研训教一体的效果，从而整体提升阿克苏地区的教育教学质量。

研训教一体化的结构模型。教学研究、教师培训、教育科研三者如一架风车上的三片叶轮，在静止时，教学研究、教师培训、教育科研三者呈现孤立、静止、独立的状态；在运作时，教学研究、教师培训、教育科研三者又相互融合、互为一体，分辨不清什么是教育科研，什么是教师培训，什么是教学研究，犹如高速运转时的风车叶轮，最大限度地产生出巨大的风力，生发出无穷的能量。我们根据研训教一体化的运作和非运作状态，联想到了风车的运动和非运动形态，并将其称为研训教一体化的"风车模型"。

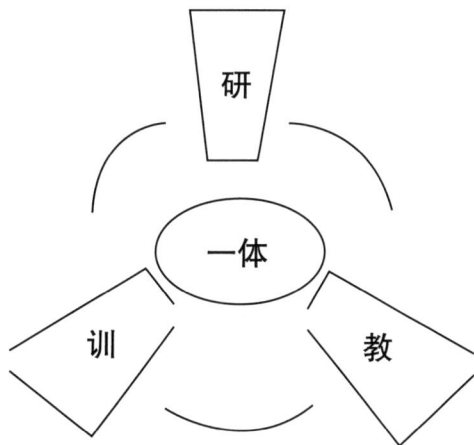

研训教一体化结构示意图

根据阿克苏市高级中学教育发展的要求，杭州市援疆指挥部依托杭州教育资源改革创新，实现教师的教育科研、教师培训和教学研究的一体化，做到三者的深度融合，更好地服务于学校乃至全阿克苏地区教师的培养工作，促进区域内教师大面积的水平和能力的提升。

以杭阿共建青蓝工作室（高中数学）为例。

一、援建简介

为了充分发挥本地高中数学骨干教师和杭州援疆教师的示范引领作用，加大青年教师的培养力度，扩大骨干教师队伍规模，逐步提高全市中小学数学教师队伍整体素质，促进阿克苏市教育可持续发展，2014年8月杭州市援疆指挥部和阿克苏市教育局经过协商，决定在阿克苏市高级中学建立杭阿共建青蓝工作室（高中数学）。杭州市援疆指挥部筹资35万元，阿克苏市高级中学提供120平方米的场地。2014年10月杭阿共建青蓝工作室正式投入使用。

工作室配备设备有容纳25人的会议室、会议桌，55寸的一体电子白板，电脑、笔记本电脑、打印一体机，接待来宾的沙发、茶几，工作室负责人的办公桌，档案柜，荣誉展示柜，指挥部每年另有10万元的活动经费支撑着工作室的正常运转。

工作室由阿克苏地区高中数学学科带头人尹海老师担任主持人，杭州援疆副校长陈利民（浙江省杭州市高级中学）为工作室导师，工作室成员由来自阿克苏市区4所高中学校（阿克苏市高级中学、第三中学、实验中学，阿克苏地区二中）的17名骨干教师组成。此工作室已经成功申报为阿克苏地区高中数学教学能手培养工作室。

（一）工作室的建设管理

（1）工作室传帮带：以"导师带成员、成员带学员"的模式开展工作。

（2）工作室管理制度建设：有工作室制度、主持人（主任）职责、副主任职责、成员职责，各项制度完善。

（3）工作室传帮带台账：为开展工作，有详细的传帮带台账支撑工作运行。

（二）工作内容

1.开展教学研究

（1）通过对高中课本教材人教A版数学教材和高中数学新课程标准的深

入研究，结合教学实际，开展教学研究、学术讨论和专题研讨。

（2）基于阿克苏高中学生数学学习现状，编制数学同步课堂导学案和练习，有效提升课堂效率和学生学习水平。

（3）发挥工作室名师的专长，集工作室集体智慧，推动各校学习教育改革的新理念和新做法，优化数学课堂教学模式，积极进行高中数学教法指导，逐步形成富有个性特色的高中数学教学风格。

2. 培养骨干教师

（1）指导学员制订个人发展规划，借助优秀团队和自我调节提高等方式，使工作室成员在优秀教师成长梯队中提升一级或成为学有所长、术业有专攻的知名教师。

（2）通过开展公开教学示范、同课异构、组织研讨、课题研究、考察交流等形式，对学员进行数学教育教学业务培训和指导。

（3）落实帮带培养人选，引领帮带对象提高师德修养，培养教育热情，坚定教育理念，提高教科研能力，提升数学教学水平，成为学校数学学科教学和教研的中坚力量。

3. 推广工作成果

（1）工作室的教育教学研究成果以论文、专著、讲座、公开课、研讨会、报告会、专题纪录片等形式在全市范围内介绍、推广。

（2）工作室成员在任教学校开展丰富的数学教研活动，介绍和推广数学教育科学研究成果，引领更多的同校数学教师参与数学教育教学研究，形成浓厚的数学教研氛围。

（3）组织工作室成员到市内乡镇学校和薄弱学校送教，开展数学学科结对帮教，为提高全市的数学教育教学质量贡献力量。

（4）加强工作室的对外宣传，通过各种媒体展示工作室的工作进程和阶段工作成果。

4.共享优质资源

（1）工作室借助杭阿两地优质教育资源，根据数学学科特点和工作室目标建立教育教学资源库，通过微博、微信等方式，实现优质教育教学资源共享。

（2）邀请疆内外数学教育教学名师来工作室进行学术讲座和指导，积极创造条件进行远程交流互动或外出交流学习。

5.服务教育决策

调查研究阿克苏市数学教育教学管理中取得的经验和存在的突出问题，结合阿克苏市的学生和学校情况，向市教育局及有关部门建言献策。

（三）工作方式方法

（1）理念引领。通过杭州市援疆指挥部牵线，邀请浙派名师等浙江名优教师、特级教师等赴阿举行杭阿两地高中数学高端论坛，促成成员与浙派名师进行一对一结对帮扶等，工作室与杭州特级教师工作室结对形成帮扶关系，更新教育教学理念，有力地推动阿克苏当地教师的快速成长，更快地让杭派教育理念落地生根。

（2）专题研究。为提升教师专业素养和教科研能力，定期开展各种形式的专题研究：援疆教师的专题讲座、备课组的备课展示活动等等。

（3）评课交流。工作室导师、成员长期听学员的课，课后点评沟通，对青年教师的教学水平提升起了重要作用。

（4）空中丝路课堂。借助杭阿网络交流平台开展新课改、新高考、备考策略复习论坛，开展基于文化背景、同课异构等的数学主题教研活动。

（5）送教活动。定期安排工作室成员中的专家及骨干教师开设主题讲座、示范课、送教下乡等活动，始终行走在教学第一线，身先垂范，实践中跟踪指导，使阿克苏数学教师队伍得到快速发展。

（6）交流考察。借助工作室这一平台，通过邀请专家来开讲座、上观摩课和派送骨干成员外出交流学习两种途径，对教师进行师资培训，有效提高了我区高中数学教师的专业素养。每学期至少安排一次赴杭州交流考察，一次疆内的交流研讨活动。

（7）组织研赛。工作室承担地区、市级等的课堂教学评比、命题比赛、说课比赛等研赛赛事。

（8）组织学生大赛。工作室承担学生各级各类的数学竞赛。

（9）资源共享。充分利用远程课堂教学互动及网络共享资源，给教师的学习工作带来便利。

（10）档案建设。工作室的档案管理规范，各项活动都有记录，大的成盒、小的成册，进行分类、分档管理，各成员都有个人成长档案袋。

（四）工作室的成果影响

1.理念引领促改进 —— 教学实践

基于教材和学情把握的导学案编制，目前已经编写120余讲，有效提升课堂效率；每月一篇教学微反思，反思感悟中提高、成长。

2.现代技术助课改 —— 翻转课堂

为培养学生的自学能力，向课堂40分钟要效率。工作室尝试翻转课堂教学，共录制微视频86节，结合导学案一起使用。有效培养了学生自学能力，从而提高了学生的学习成绩。

3.教师心得成结晶 ——《青数蓝图》

编辑出版《青数蓝图》22期，为教师展示个人成果搭建平台。

4.立足课堂做教学 —— 课题研究

研究的课题"新课改下课堂教学方法与手段的有效性研究"获得国家级立项并结题，获得一等奖；课题"基于多媒体技术下的翻转课堂的实践与探究"获得自治区级立项并结题；地区、市级课题立项并结题有3个。

（五）工作室的展望计划

1.落实常规工作"六个一"

（1）坚持每月一次的教学小专题研究。

（2）坚持每月一次的数学期刊专题学习，提升工作室成员数学理论功底。

（3）坚持每月一次的导师研究课、学员汇报课，提升课堂教学能力。

（4）坚持每季度一期的工作室教研刊物《青数蓝图》的编辑。

（5）坚持每学期一次的"请进来、走出去"活动，开阔视野，提升能力。

（6）坚持每学年一次的优质课大赛，协作中拓思维，竞争中获提高。

2.立足长远，为阿克苏地区数学教育服务，提升教学水平

工作室制定的每一项工作制度、工作规划都立足长远……以杭派教育的核心理念为引领，结合阿克苏教育教学实际，努力将工作室建设成为名师、骨干教师的孵化基地。并以点带面，促进各校学科组建设，为阿克苏教科研建设添砖加瓦，贡献一臂之力。

（六）交流活动汇总

工作本着走出去、请进来的原则，为阿克苏市、阿克苏地区高中数学教师搭建一个学习、交流的平台。

1.请进来

2014年9月邀请杭州特级教师朱豪、邸世荣来送课，开展教师自身专业素养方面的讲座。

2014年10月邀请杭州市源清中学数学教师王振国开展同课异构课堂教学展示活动。

2015年10月23日邀请乌鲁木齐特级教师徐波、曾世威开展高考研讨会。

2015年10月29日邀请杭州市源清中学徐骋老师开展同课异构教学展示活动、几何画板使用培训讲座。

2016年5月9日至15日携手杭州师范大学组织为期一周的阿克苏市高中

数学教师远程培训。

2017年6月12日邀请杭州市源清中学高三老师莅临学校对2018届高三教师进行指导与交流。

2017年6月16日邀请杭州高级中学十四名学科专家开展了"2017杭高自主招生,'三位一体'工作汇报""扎扎实实打好持久战——2017届杭高高三年级组、班主任工作"讲座。

2018年4月29日邀请杭州当地八所学校骨干教师开展同课异构教学展示活动。

2018年9月30日邀请浙江省高中数学教研员特级教师张金良开设关于核心素养的讲座。

2019年3月23日杭阿共建"智慧＋空中丝路课堂"数学学科主题研讨活动,浙江省高中数学特级教师、正高级教师曹凤山开设讲座"高考数学复习中的解题教学策略"。

2019年4月9日杭阿共建"智慧＋空中丝路课堂"数学学科主题研讨活动,邀请浙江省杭州市余杭高级中学和杭州援疆教师开设示范课,课后开展教学研讨活动。

2019年5月7日举办"交流·分享·未来"之杭州—阿克苏2019新锐教师论坛,阿克苏市高级中学分会场工作室开展同课异构课及主题论坛等活动。

2019年6月11—12日,"浙派名师高中数学培养人选班阿克苏送教交流活动"中,工作室承办"交流·分享·未来"论坛之高中数学专场主题研讨活动。浙派名师24人还进行了专场讲座、听评课、教学展示、讲座交流、主题沙龙等,同时还举行师徒结对与工作室结对仪式。

2019年6月17日在援疆指挥部和阿克苏市教科局的支持下,在学校援疆教师团队的牵头下,与杭州余杭的16位名师开展了"特级教师在现场之阿克苏送教活动"的主题交流活动。

2. 走出去

除此之外，工作室为本地教师组织的培训讲座20余次。工作室成立以来，一直为教师的外出学习培训创造机会。

2015年4月派尹海老师到山东学习观摩翻转课堂教学模式。

2015年5月安排工作室骨干成员八人到乌鲁木齐八一中学、兵团二中听课交流学习。

2015年9月派工作室成员两人到上海学习1年。

2015年10月派工作室成员3人到库车县第二中学听课交流学习。

2016年5月派工作室成员7人到乌鲁木齐第一中学、兵团二中听课交流学习。

2017年11月派工作室3名成员到杭州各学校学习1周；月底又派工作室六名成员到乌鲁木齐第一中学听课交流学习。

2018年11月派三名工作室成员到杭州参加全国数学大会并到各名校学习1周。

2019年4月派7名工作室成员到乌鲁木齐市第一中学参加高考研讨会，参会人员是乌鲁木齐全市高中数学教师以及北京专家团。

3. 交流送教

2019年3月5日研讨自治区一模试卷。

2019年3月12日举行高二数学组教研备课展示活动。

2019年3月15日工作室到五区中学开展送教示范课和专题讲座。

2019年3月22日工作室到柯坪县第一中学开展送教示范课和专题讲座。

2019年5月17日工作室承担阿克苏市"最美教育"在阿克苏市实验中学的3节数学展示课。

除此之外，工作室还常态化带领工作室成员、学员在阿克苏市城区高中学校听课交流学习。这些培训、学习使得阿克苏地区数学教师在个人自身专业素养方面有很大的提升，使他们在教学、科研上有了新的突破，同时也带动了各自学校教科研活动的展开。

（七）展示舞台

工作室为教师才能展示提供了舞台。

2014年11月26日首次成功组织阿克苏市高中生数学竞赛活动，之后每年组织一次，连续举办了4次，工作室成员指导的学生在竞赛中都有优秀的表现。工作室成员在四次竞赛中获得优秀指导教师奖30余次。

2014年12月3日组织阿克苏市高中数学同课异构活动，马永亮、鲁毅老师获得一等奖，并代表阿克苏市参加地区的同课异构活动。

2014年12月30、31日组织阿克苏地区高中数学"同课异构·活力课堂"课堂教学研赛，工作室的学员马永亮、鲁毅老师分别获得一、二等奖的好成绩。

2015年10月22日组织阿克苏市高中数学同课异构活动，成员田华、张美丽老师获得一等奖的好成绩，并代表阿克苏市参加地区的同课异构活动；在地区比赛中获得2个二等奖的好成绩。

2016年4月21日组织阿克苏地区高中数学录像课评比活动，活动中工作室成员黄新东老师获得二等奖。

2017年4月6日组织阿克苏市高中数学"同课异构·活力课堂"课堂教学研赛，工作室成员魏艳霞、黄新东老师分别获得了一、二等奖的好成绩。

2017年4月27日组织阿克苏地区高中数学"同课异构·活力课堂"课堂教学研赛，工作室成员魏艳霞老师获得了一等奖的好成绩。

2018年5月17日组织阿克苏市教师参加自治区现场课选拔赛，魏艳霞老师代表阿克苏市参加自治区现场课比赛。

2018年6月23日，工作室成员黄新东、化得梅获得市级说题比赛一等奖，李京京获得二等奖，黄新东代表阿克苏地区参加自治区说题比赛。

2018年9月14日工作室成员魏艳霞获得自治区现场课比赛一等奖，黄新东获得自治区说课比赛三等奖，援疆导师徐志莲获优秀指导教师奖。

2018年12月魏艳霞负责的工作室会刊《青数蓝图》被评为自治区一等奖。

根据工作室"六个一"的活动指导，每个月都在各成员学校开展常态化教科研活动。这些活动赛事的组织举办，使得我们教师在课堂教学、课外学生辅导上都有了质的飞跃。

工作室自成立以来开展各级大型教研活动30余次，组织大型教研赛事12次，派出教师学习交流有20余人次。在团队的共同努力下，近5年工作室成员在各级比赛中获得各类奖项百余次，研究的课题"新课改下课堂教学方法与手段的有效性研究"获得国家级立项并结题，获得一等奖，课题"基于多媒体技术下的翻转课堂的实践与探究"获得自治区级立项并结题，课题"数学史融入微积分教学提升学生的核心素养的研究"获得市级立项并结题。在团队的共同努力下，编辑导学案157节，录制翻转课堂视频48节，编辑工作室内部刊物《青数蓝图》八期。指导的学生在全国竞赛中多次获奖，教师中有10余人获得优秀指导员称号，1人获得优秀教练员称号，1人获得地区级教学能手荣誉称号及自治区教学能手荣誉称号。这些成绩的取得是工作室今后工作的动力，工作室会不断努力，把这个平台发挥出应有的作用。

二、活动案例

为落实数学课程改革与高考改革要求，认识学科核心素养在教学中的落实路径和方法，加快提升阿克苏地区中学数学教育的整体发展水平，引进先进浙派数学教育理念，浙江省教育厅浙派名师工程承办单位浙江师范大学数学和计算机学院与浙江省基础教育研究中心联合举办"交流·分享·未来"论坛之数学论坛暨浙派数学名师赴阿送教活动。通过观点报告、听说评课、教学展示、讲座交流、师徒结对、名师沙龙等多种形式，与阿克苏地区数学学科优秀教师展开共享、共生、共赢的互动学习活动。

（一）论坛活动课程表

2019 "交流·分享·未来" 论坛之数学论坛暨浙派数学名师赴阿克苏送教活动之丝路论坛（杭州）

日期	时间	内容	
6月9日下午	14：30—16：30	学术报告："成长的突围"（中学数学教学参考主编马小为）	
2019 "交流·分享·未来" 论坛之数学论坛暨浙派数学名师赴阿克苏送教活动之名师在现场（阿克苏）			
6月11日上午	10：00—10：30	开幕式领导致辞	
	10：30—10：50	结对仪式	
	11：20—11：50	观点报告："核心素养下数学思维"	
	11：50—12：50	观点报告："基于中学数学教师核心素养提升的实证研究"	
	13：00—13：30	观点报告："品味教育的美好　做幸福教师"	
6月11日下午	15：40—16：20	第一组	同课异构：导数解决函数零点问题
	16：30—17：10		
	17：10—17：50		评课：基于核心素养的课堂教学
	15：40—16：20	第二组	同课异构：导数解决含参的图像问题
	16：30—17：10		
	17：10—17：50		评课：基于核心素养的课堂教学
6月11日下午	15：40—16：20	第三组	同课异构：圆的标准方程（第一课时）
	16：30—17：10		
	17：10—17：50		评课：基于核心素养的课堂教学
	15：40—16：20	第四组	同课异构：必修五直线的对称问题
	16：30—17：10		
	17：10—17：50		评课：基于核心素养的课堂教学
	18：00—19：30	德育讲座：一间幸福的教室	
	19：30—19：40	参观青蓝工作室	

续表

日期	时间	内容
6月12日上午	9：40—11：10	专家讲座：基于数学核心素养的课堂问题链设计
	11：20—12：20	名师沙龙1：浙江高考改革最新变化
	11：20—12：20	名师沙龙2：段考命题如何既能贴近高考，又关注学生实际
	11：20—12：20	名师沙龙3：集体备课如何高效实用，又能激发教师的积极性
6月12日上午	11：20—12：20	名师沙龙4：教师专业成长问题
	11：20—12：20	名师沙龙5：做有文化有温度的德育
	12：35—13：15	随堂听课
	13：15—13：30	指导交流
6月12日下午	15：20	赴阿克苏第三中学
	15：40—16：20	随堂听课
	16：20—16：50	教学交流
	17：00—18：35	教学讲座：学科组建设、条条大路通罗马——一题多解式的公式生成教学、信息技术与课程融合的初步尝试、数学运算——解题之基
	18：40—19：30	做有文化有温度的德育："幸运至此 福源其中""德育导师制"

（二）开幕式领导发言

其中阿克苏市副市长、政府党组成员、教育工委副书记杨海凤在开幕式上的讲话如下。

同志们：

继杭州"十三五"名校长团及"交流·分享·未来"新锐教师团、浙派小学体育名师团送教活动之后，浙江教育厅又选派了浙派数学名师为我们阿克苏传经送宝。这是浙江省教育厅援疆以来又一次高规格的重大盛会，是阿克苏数学教师难得的一次学习机会。在此我谨代表阿克苏市委、市政府、市教育工委对远道而来的以浙江师范大学朱伟义主任为代表的教育专家团队，表示最热烈的欢迎和诚挚的问候；对给予本次活动大力支持的杭州市援疆指挥部、杭州市支教团队表示衷心的感谢！

本次浙派名师中学数学论坛，是为了深入学习贯彻落实习近平新时代中国特色社会主义思想，贯彻落实中央《关于全面深化新时代教师队伍建设改革的意见》和习近平总书记在全国教育大会上的重要讲话精神，扎实做好教育援疆的又一大重要举措。浙派数学名师团队此次赴阿送教旨在通过主题活动，引领两地数学学科教师共同进行经验交流，共同成长进步，共同分享成果。

此次活动主题为"交流·分享·未来"。活动期间，两地教师将在阿克苏市高级中学、第三中学等多个分会场同步进行教学展示、专题讲座、主题研讨、德育辅导等学术交流；全市中学校长及中学数学学科教师400余人将齐聚一堂分享教研经验，分享教育成果；在交流和分享中，浙阿两地的教师将更紧密地联系在一起，携手走向未来，共创美好教育。

今年是阿克苏市教育教学质量突破年，也是教育扶贫收官的关键之年，理科教学是我们的薄弱点，是我们中学全面提升教学质量的难点，提升教学质量的关键在教师，我希望通过本次的活动，在充分吸纳浙江优质教育资源的基础上，借鉴浙江省中学数学学科教学亮点特色和成功经验，我们的数学教师也能尽快成长，尽快成为能手、名师，为阿克苏市教学质量提升不断贡献自己的力量。

最后，让我们用热烈的掌声再次感谢以浙江师范大学朱伟义主任为代表的教育专家团队，感谢杭州市援疆指挥部、杭州市支教团队。预祝浙派数学名师团队在阿期间工作顺利、生活愉快！预祝本次大会取得圆满成功！

（三）媒体报道

报道一："交流·分享·未来"论坛之数学论坛
暨浙派数学名师赴阿送教活动顺利举行

6月11日上午，"交流·分享·未来"论坛之数学论坛暨浙派数学名师赴阿送教活动开幕式在阿克苏市高级中学报告厅隆重举行。

阿克苏市委副书记、杭州市援疆指挥部指挥长杨国正，阿克苏市副市长、政府党组成员、教育工委副书记杨海凤，杭州市援疆指挥部副指挥长、纪委书记万重丰，浙江师范大学数学和计算机学院社会服务中心主任朱伟义，阿克苏市委教育工委副书记、阿克苏市教科局局长阿孜古丽·阿布都克然木，杭州市援疆指挥部人才组副组长、阿克苏市教科局副局长吴栋栋，阿克苏市委教育工委委员张全金等出席开幕式。

浙派数学名师全体成员、杭州援疆教师、阿克苏市的各高中数学教师参加此次开幕式。

杨海凤指出，2019年是阿克苏市教育教学改革突破年，也是教育扶贫收官之年，希望通过本次活动，在充分吸纳浙江优质资源的基础上，借鉴浙江省中学数学学科教学亮点特色和成功经验，阿克苏市青年教师能尽快成长，成为教学能手、教学名师，为阿克苏市教育质量提升不断贡献自己的力量。

杨国正强调，教育援疆是实现新疆社会稳定和长治久安的重要举措。杭州市第九批援疆指挥部将教育援疆作为贯穿三年的民生主线，立足于阿克苏市人民学有所教、教有所优的需求，倾巨资重点打造"杭派十五年美好教育示范线"，除了援建多年的杭州师范大学附属阿克苏市高级中学，还有2018年交付的多浪幼儿园、富阳幼儿园以及2019年将要完工的阿克苏市天杭实验中学、明德幼儿园、西湖幼儿园。除此，指挥部以"工匠精神"建成"智慧＋空中丝路课堂"之桥梁，全方位链接杭阿两地教育资源，通过外引内联、引领互助、培训反思等多种方式全方面提升阿克苏市教师队伍素质。

杨国正指出："我希望阿克苏的数学教师在专家引领下，明确教学方向、获得教学经验、革新教学理念，从而获得自身的提升，我也相信各位老师在未来工作中能主动请教、多加联系，积极探索、大胆实践，为自己赢在课堂，为孩子赢得未来，为阿克苏的教育创造辉煌。"

随后浙江师范大学朱伟义教授为全体与会者带来题为"核心素养下数学思维"的精彩报告，杭州市余杭区教研室数学特级教师曹凤山分享了题为"基于中学数学教师核心素养提升的实证研究"的学术报告，杭州师范大学附属高级中学林威做了"品味教育的美好　做幸福教师"的报告。

在开幕式上，曹凤山特级教师工作室与杭阿共建青蓝工作室（高中数学）签订了对口帮扶结对协议。另有37位阿克苏地区的高中青年数学教师与22位浙派高中数学名师举行了师徒结对仪式。通过不同层面的结对，旨在激励和鞭策阿克苏青年数学教师，推动他们快速成长，为阿克苏打造一支优秀的数学教师队伍。

此次论坛为期两天，在开幕式后，将在阿克苏三中、阿克苏市高级中学2个分会场进行为期两天的教学展示、专题讲座、主题研讨、课程辅导、高考研究等学术交流活动。这些学术活动具有专业性、系统性、前沿性等诸多特点，是杭州市援疆指挥部打造"杭派十五年美好教育示范线"的一次极具针对性的举措，希望通过此次活动能对阿克苏数学教师素质、教育教学质量给予全面提升，为阿克苏的美好教育夯实根基、搭建梁柱。

报道二：名师齐聚白水畔，精耕细作促发展

——记"交流·分享·未来"论坛之高中数学专场主题研讨系列活动

为引进浙派数学先进教育理念，落实数学课程改革与高考改革要求，帮助阿克苏高中教师认识学科核心素养在教学中的落实路径和方法，2019年6月11—12日，杭州师范大学附属阿克苏市高级中学在杭州市援疆指挥部，阿克苏市委、市政府及市教科局的支持下，在浙江省教育厅浙派名师工程承办单位浙江师范大学数学和计算机学院与浙江省基础教育研究中心联合举办的"浙派名师高中数学培养人选班阿克苏送教交流活动"中，承办了"交流·分享·未来"论坛之高中数学专场主题研讨活动。浙派名师们通过专场讲座、听评课、教学展示、讲座交流、主题沙龙等多种形式，与阿克苏的高中数学老师们交流，实现了"合作交流、互助共赢"的双重目标。活动中，来自浙江省各地的名师专家和优秀数学教师为阿克苏各高中的老师传道解惑。

6月11日上午10点，在活动开幕式上，阿克苏市副市长、政府党组成员、

教育工委副书记杨海凤为活动致辞，希望杭阿教师们互帮互学，促进交流。随后，浙江师范大学数学和计算机学院社会服务中心主任、教育硕士点负责人朱伟义为活动致辞，浙江省曹凤山名师工作室与杭阿共建青蓝工作室（高中数学）签订结对协议。最后由阿克苏市委副书记、杭州市援疆指挥部党委书记、指挥长杨国正对开幕式总结发言，他强调教育援疆是实现新疆社会稳定和长治久安的重要举措，杭州市第九批援疆指挥部将教育援疆作为贯穿三年的民生主线，不仅倾巨资重点打造"杭派十五年美好教育示范线"，还以"工匠精神"建成"智慧＋空中丝路课堂"之桥梁，全方位链接杭阿两地教育资源，通过外引内联、引领互助、培训反思等多种方式全方面提升阿克苏市教师队伍素质。杨国正希望两地教师用真心和恒心共同凝聚教育的希望，用智慧和热忱共筑文化交流的桥梁，为杭阿两地教育交流共赢、为杭派美好教育在阿克苏落地生根开花结果做出新贡献。

开幕式后，系列活动正式开启。

（四）系列活动

系列活动之一：专家名师伴成长，携手互助求共赢

朱伟义教授主讲的"核心素养下数学思维"通过大量案例讲述了核心素养下的数学思维。杭州市余杭区教研室数学教研员特级教师曹凤山主讲的"基于中学数学教师核心素养提升的实证研究"通过幂函数的教学案例讲述教育要把握数学教育不变量，站稳讲台，想是问题，做才是真理，要赢在行动，早日实现自己的名师梦。

杭州市首批林威名班主任工作室负责人林威老师主讲的讲座"品味教育的美好 做幸福教师"告诉老师们作为教师是美好的，要做幸福的老师，要做一个有文化有温度的德育传播者。

三场讲座质朴又不乏生动，都是教育"干货"，为阿克苏的老师带来了一场教育盛宴。

系列活动之二：听课异构展风采，评课交流促提升

在讲座活动结束后，为进一步在课堂实践中深入交流，阿克苏市高级中学的4名数学老师与4位浙派名师分别在4个教室会场进行了4场同课异构活动。

8节精彩的课上，课堂气氛热烈，师生互动频繁，让阿克苏的师生感受了"浙派课堂"的魅力。而淳朴、自然、开朗、友善的高级中学的学生以及他们对知识的渴望，也让上课老师和听课老师们印象深刻。

浙阿教师的精彩课堂展示后，在4个会场，浙派名师们分别以课堂教学为凝结点，以"基于核心素养的课堂教学"为主题，在评价课堂的基础上，就如何解读教材、如何把握学生认知起点、如何促进学生深度学习提升学生核心素养、历练课堂智慧等方面进行了深层次的交流和碰撞。

同课异构系列活动结束后，嘉兴市第四高级中学科研师训部主任张林华为老师们带来了"一间幸福的教室"主题讲座，引导老师们如何做一个有情怀、有爱心的充满成就感的教师。

系列活动之三：师徒结对助成长，美好教育驻杭阿

38位阿克苏地区等的高中青年数学教师与22位浙派高中数学名师举行了师徒结对仪式。通过不同层面的结对，旨在激励和鞭策阿克苏青年数学教师，推动他们快速成长，为阿克苏打造一支优秀的数学教师队伍。

系列活动之四：专家讲座引理念，沙龙研修显精彩

6月12日上午，宁波市北仑中学教学管理部副主任毛浙东老师在报告厅开讲"基于数学核心素养的课堂问题链设计"，结合课堂实例阐述完整有效的课堂提问的重要性，启发了教师对知识点的挖掘。来自德清县高级中学的副校长江战明特级教师分享了关于学科建设方面的观点报告。

精彩的专家讲座结束后，名师与阿克苏老师们在5个分会场开展了5个不同教学主题的沙龙交流活动。

浙派名师班的老师们有的就浙江高考改革下学生选课问题、高校招生问题

进行了经验分享，给阿克苏即将面临的高考改革下如何指导学生选课的问题指明了方向；有的在试卷命题上给予指导，对如何命制原创题，以及命题的策略、命题的原则毫无保留地进行了分享交流；有的介绍了数学史在数学教学中的潜在作用、数学核心素养的培养以及动态背景下的可视化教学，教学中要注重数学史与数学背景，课堂教学应该回归本源、教学技术的使用会使课堂教学锦上添花……一位位专家的分享可谓拨云散雾，使老师们对于教学中的一些问题顿时豁然开朗。

沙龙活动后，浙江老师们随堂听课，在课后给高级中学的老师们直接的课堂指导。

各位浙派名师的毫无保留的指导，阿克苏老师们积极求教的态度将每一次的交流推向了一个个高潮，但美好的时间总是过得太快，伴随着交流的深入，本次活动也落入尾声。参加交流的阿克苏老师们纷纷表示受益良多，本次活动的学习交流，为阿克苏市老师们成长为具有先进教育教学理念、较高理论水平和实践能力、能够发挥示范引领作用的名教师打下了更坚实的基础。

"苍茫云海间，长风几万里。"因为对教学精益求精的共同追求，因为对教育赤子之情的崇高信仰，两地教师结下了跨越万里、亦师亦友的深厚情谊。感谢浙派名师们送教交流，这是浙江智力援疆落到实处的具体表现，正是杭阿两地的共同携手为阿克苏的教育发展提供了强大助力。相信在杭阿两地的共同努力下，阿克苏教育事业将会有更加美好的未来！

附：2019 年浙派高中数学名师与阿克苏教师结对名单

2019 年浙派高中数学名师与阿克苏教师结对名单

序号	姓名（阿克苏）	单位		姓名（浙派名师）	
1	甄树梅	阿克苏市高级中学	林威	杭州师范大学附属中学	教学处副主任
2	木也赛尔·亚森	阿克苏市第三高级中学	林威	杭州师范大学附属中学	教学处副主任
3	钱梦杰	阿克苏市高级中学	王俊	常山县紫港中学	教研组长
4	张菊霞	阿克苏市实验中学	王俊	常山县紫港中学	教研组长
5	陈晓宁	阿克苏市高级中学	沈良	萧山区第五高级中学	副校长
6	易明交	阿克苏市高级中学	谢作俊	浙江省永嘉中学	教研处主任
7	古哈尔尼萨·吐尔迪	阿克苏市第三高级中学	谢作俊	浙江省永嘉中学	教研处主任
8	姜华	阿克苏市高级中学	麻红丽	浙江省缙云中学	
9	胡玉锃	阿克苏市高级中学	王学伟	长兴县金陵高级中学	党委书记
10	巴哈尔古丽·吐尔逊	阿克苏市第三高级中学	王学伟	长兴县金陵高级中学	党委书记
11	马嘉平	阿克苏市高级中学	李美君	浙江省宁海中学	教研组长
12	唐文涛	阿克苏市高级中学	胡爱芬	浙江省磐安中学	
13	王晓琴	阿克苏市高级中学	张林华	嘉兴市第四高级中学	科研师训部主任
14	米艳虎	阿克苏市实验中学	张林华	嘉兴市第四高级中学	科研师训部主任
15	郭亮	阿克苏市高级中学	沈洪学	浙江桐乡第一中学	
16	李国庆	阿克苏市实验中学	沈洪学	浙江桐乡第一中学	
17	韩建梅	阿克苏市高级中学	屠丰庆	越州中学	教务处主任
18	魏建建	阿克苏市高级中学	屠丰庆	越州中学	教务处主任
19	李京京	阿克苏市高级中学	叶海丰	乐清市芙蓉中学	副校长
20	张美丽	阿克苏市实验中学	叶海丰	乐清市芙蓉中学	副校长
21	刘香杰	阿克苏市高级中学	金雅芳	浙江省春晖中学	副校长
22	阿依古丽·艾麦尔	阿克苏市第三高级中学	金雅芳	浙江省春晖中学	副校长
23	黄新东	阿克苏市高级中学	江战明	德清县高级中学	副校长
24	朱娅娜	阿克苏市高级中学	江战明	德清县高级中学	副校长
25	闫华	阿克苏市高级中学	庄建设	金华市孝顺高级中学	副校长
26	武凤凤	阿克苏市实验中学	庄建设	金华市孝顺高级中学	副校长
27	刘鹏	阿克苏市高级中学	毛浙东	宁波市北仑中学	教学管理部副主任
28	付文博	阿克苏市实验中学	毛浙东	宁波市北仑中学	教学管理部副主任
29	苏建斌	阿克苏市高级中学	冯海容	北京师范大学台州附属高级中学	
30	杨文远	阿克苏市高级中学	张中华	龙游凯马国际学校	副校长
31	刘洋	阿克苏地区第二中学	张中华	龙游凯马国际学校	副校长
32	刘亚宏	阿克苏市高级中学	陈碎娇	浙江省云和中学	年级组长
33	王莉	阿克苏市高级中学	骆永明	绍兴市稽山中学	

续表

序号	姓名（阿克苏）	单位	姓名（浙派名师）		
34	张丹	阿克苏市高级中学	汪明	杭州市临安昌化中学	教科室主任
35	马永亮	阿克苏市高级中学	刘美良	绍兴鲁迅中学	教科室主任
36	刘文龙	阿克苏市高级中学	刘美良	绍兴鲁迅中学	教科室主任
37	雷雪梅	塔城托里县第二中学	浙派名师高中数学2017、2018班		
38	田华	阿克苏市高级中学	江战明	德清县高级中学	副校长

（五）工作室成员成长案例三则

之一：教学能手培养工作室助我成长

尹海，南疆美丽白水城——阿克苏市一名普通教育工作者，2001年参加工作，在阿克苏市第三中学担任中学数学教学工作，2013年遴选到阿克苏市新成立的杭州师范大学附属阿克苏市高级中学任教，2016年选调到阿克苏市教研中心担任高中数学教研员工作。

参加工作以来，凭着认真踏实的态度和勤奋好学的精神，我曾取得了较好的教学成绩，但随着时代的发展和教育改革的推进，在教育教学实践和理论学习中，曾多次深深地感到自身新课程理念的缺乏，专业知识和素养的不足，教育教学能力亟待提高。如何充实完善自己，使自己完成从一个传统型教师到智慧型教师的华丽蜕变？这曾是我苦苦思索但囿于相对保守封闭的农村教学环境而不得其解的问题。

幸运的是，2014年6月，作为培养教学能手，我按照上级文件的要求开始申报教学能手培养工作室终被立为"阿克苏地区高中数学能手培养工作室"。我怀着激动忐忑的心情向学校的领导汇报了情况，得到领导的表扬与支持。因此，我开始工作室的筹备运作工作。恰在此时，浙江省杭州市援疆指挥部也有援建青蓝工作室的项目计划，在我的导师陈利民（杭州高级中学的副校长，援疆干部）校长的积极争取和援疆指挥部的大力支持下，"杭阿共建青蓝高中数学工作室"成立，我有幸被聘为工作室的主持人，援疆导师陈利民校长、舒波校长、甚爱丽主任的加入壮大充实了工作室团队。在援疆导师的指导、团队的帮扶下，我的教学、教研走上了一个新的起点。在担任主持人的三年时间里，我如饥似渴地学习着，积极主动地组织参与着各项活动，不知不觉地收获着。

1. 提高师德修养，不断加强理论学习

组建工作室后，援疆老师不但教育指导我加强师德修养，在工作中倾注激情，培养教学的幸福感，还不断鼓励我借助这个机会，为自己充电，丰富自己的学识。他们引导我广泛阅读有关教育学、心理学等方面的教育理论专著以及教育教学杂志和报刊，要求我密切关注教育教学动态，自觉撰写读书笔记或读书心得，努力提高自身的教育教学理论水平。

2. 优化教学设计，积极参与教学研究课和观摩课活动

在工作室里，援疆导师组织了很多次的教学讲座、沙龙和研讨活动。他们自己身先垂范，每月都要举办一次教学讲座并上几节观摩课。这些具备独特教育教学技巧和与众不同的教学方法的同人的教学手段和方法让我大开眼界。在不断见识和学习这些名师的教育教学高招的同时，我在导师陈利民校长的指导下，尽力完成工作室计划的各项教学研讨任务。每次活动后，我都虚心地聆听导师们的教诲，在众人的帮助之下反思自己的教育教学，找到自己教学与名师教学之间的差距，并在名师的帮助之下一步一步地改进，争取听别人的课，长自己的能；请别人听自己的课，帮自己成长。在这三年多的时间里，我结合自己所教年级的教学内容、学生特点、课堂情境和自己的教学特点，在工作室团队的帮助下不断打磨，设计了一些有特点的课。平时我也严格要求自己，坚持深钻深挖教材，把每一堂课都当成公开课来上。名师们的帮助和自身的不懈努力使我的教学上了一个新台阶。于是，我惊喜地发现我的课越来越灵动高效，我和我的学生们也越来越享受教学的乐趣了。出色的工作表现和教学成绩使我在社会、学校、家长、学生中赢得了良好的声誉。

3.培养和锻炼独立的科研能力

一组建工作室，援疆导师就热情地鼓励我加强教育教学研究，积极撰写教育教学论文。为了帮助我克服畏难情绪，他们告诉我写论文并不是什么高不可攀的事，凡是自己感兴趣，有想法的地方，只要勤于查阅相关资料，形成自己系统的见解，并及时付诸笔端就可以了。他们还主动提出愿意帮我修改论文，共同与我的团队一起开展以校为本的小课题研究工作。于是，三年来，我不断加强自己对相关知识的关注和探索，在导师们的帮助、锤炼和熏陶下，努力培养自己的科研能力，做到勤于积累与反思，坚持写教育教学后记，注意收集素材和资料，将自己对教育领域的一些浅见形成成果。每学年我都撰写了至少2篇教育教学论文、案例，并在评选中获奖；有2个小课题研究分别获得国家级、自治区级立项并结题。在导师们的鞭策下，在工作室团队的帮扶下，我成长为一个研究型的老师。

4.从意识到行动上增强团队协作能力

能手培养工作室是团队成员组成的一个工作集体。在援疆导师的英明科学指导下，我把工作室的事情当作自己的事情来做，以百分之百的热情投入相关课程改革实践探究中。为解决初高中数学过渡衔接困难问题，我们工作室团队利用假期休息时间编辑初高中过渡衔接教材，有效解决了初高中数学过渡衔接问题，此成果在阿克苏市得到推广使用，起到实效并受到好评；为培养学生的自学能力，向课堂40分钟要效率。工作室团队充分结合杭高全封闭寄宿制，尝试导学案微视频支撑下翻转课堂教学，共录制微视频86节，结合导学案一起使用。有效培养了学生自学能力，从而提高了学生的学习成绩。

我由一名普普通通的教学工作者，走上今天专职教研之路，是一个团队一直在督促着我不停地学习进步。再次感谢援疆导师们对我真诚的关心和无私的帮助，感谢杭阿共建青蓝高中数学教学能手培养工作室（阿克苏地区高中数学教学能手培养工作室）为我搭建了很好的学习、交流、工作、成长的平台。路漫漫其修远兮，吾将上下而求索！希望自己在教育征途上能成为真正的名师。企盼由我组建的高中数学能手培养工作室茁壮成长，培养出更多的优秀教育人才，为阿克苏市的高中数学教育添砖加瓦！

之二：感恩前行 砥砺奋进

带着一种情怀投入教育事业，带着一种梦想开始爱心传递，带着一种使命登上三尺讲台，让平凡的教师岗位有情有爱、有乐有趣。

我是魏艳霞，今年34岁。2018年3月我被任命为阿克苏市高级中学党支部保卫委员，2018年5月28日被任命为副校长，分管教学教研工作。2019年3月至今，任阿克苏市教育工委委员、教科局党组成员、教师进修学校副校长。

自幼怀着一腔热血，励志当一名平凡而光荣的人民教师。作为一个从农村走出来的孩子，踏实勤奋是我固有的习惯和态度，我秉承农村的质朴精神，想努力做好平凡而简单的教育教学工作。

2014年因工作突出，我被遴选调到市级重点中学 —— 阿克苏市高级中学，并担任全年级唯一小尖班班主任负责教学工作。经过3年时间的教导和陪伴，在2017年高考中，我所带仅有35人的小尖班喜报惊人。在人人都是重本的情况下，我们班的张栋考了626分，何君荷考了614分，分别被复旦大学、中央财经大学录取。这两位同学在中考时成绩刚过学校分数线，经过3年努力，在高考中取得了优异的成绩。全班平均分496分，高重点线59分。学生不仅考得好，志愿也报得好，录取的学校有浙江大学、华中科技大学、武汉大学、四川大学、中国地质大学、吉林大学等。

回想起刚开始担任班主任时，我潜意识认为学生就应该听老师的，老师有绝对的权威。第一轮的教育教学工作中，引以为豪的是每次班级都取得优秀的成绩，经常得到年级的表扬。但是事实上不少学生有强烈的逆反心理。后来在杭州援疆师傅的指导点拨下，我慢慢体悟到教育的对象是人，是有丰富情感的学生。我开始对学生倾注感情，由训斥变为交流，由命令变为感染，而班级管理也由表面严格实则问题诸多，变为表面轻松自如却颇有成效，学生性格也大多开朗乐观、积极向上，班级凝聚力也很强。

教育不是知识的灌输，不是绝对的服从，而是一种观点影响另一种观点，一种认识影响另一种认识，一种情感熏陶另一种情感。作为一个班主任，我会在开学1周内记住他们所有人的名字。这样做的目的是让他们从心里面觉得老师很关心他们，很在乎他们。我会在学习和生活的点点滴滴中关心他们，例如，早上我会比他们来得早，中午在他们午休的时候来看看，晚上等学生上晚自习了去班里看看他们。就这样我坚持了一个多月，我深深地感觉到那一双双感激的眼睛。

教育需要一种情怀，那是费尽心思的追求。教育不是关乎他人成长的事情，而是关乎自我价值实现的事业。我在担任教研室主任、副校长期间，始终坚持走"以教带研、以研促教"的路子。在做好教学常规工作督导的同时，加强学科专题和教研组长的培训工作，从思想上鼓励，方法上传授，努力形成一支想干、能干、会干的教研骨干队伍。引领教研室秉承发展理念为老师创造更多展示平台，通过校本培训、新教师培训、智慧＋丝路课堂、教研活动规范月、摇号听课等活动的开展，旨在提升教师的教学能力，提升教师自我反思、自我提升的能力。通过大家共同努力，本学年共获得国家级、自治区级、地区级、市级各类奖项500余次。

2016年担任杭阿共建青蓝暨阿克苏地区高中数学教学能手培养工作室主持人期间，我在工作室援疆导师的引领下，不断创新工作思路，竭诚打造阿克苏地区名优教师团队，依托解题大赛、数学竞赛、命题比赛、说题比赛、同课异构等研赛，致力于提升阿克苏市数学教师的教学素养，并为全体教师创造提升的平台。

2019年3月担任阿克苏市教育工委委员、教科局党组成员、教师进修学校副校长期间，我得到了上级领导的认可，同事的肯定。凭借较强的统筹协调能力，我所分管的科室各项工作有序开展，在积极落实国家资助惠民政策中，得到地区好评。针对当地教师队伍年轻化，应届本科毕业生多的特点，充分利用浙江杭州智力援疆、智育援疆的强大资源，结合实际抓教师教育，做到教师培养与培训两手抓，形成徒弟变师傅，师傅带徒弟的良好循环，通过开展大量的教学活动，把教师培养变成教学智慧。

滴水之恩当涌泉相报、感恩前行，怀教育情，做教育事，呈教育新气象。在我的两位援疆师傅沈良、徐志莲，华师大导师等的帮助和指导下，2017年我荣获阿克苏市教育系统"骨干教师"称号，先后两次被评为"阿克苏市优秀教师"，2018年先后荣获阿克苏市、阿克苏地区、新疆第九届高中数学优质课评比一等奖，负责的工作室会刊《青数蓝图》被评为自治区一等奖，这是情怀与奋斗的成果，更是不断奋斗的动力。

附：重要获奖情况

2014 年

地区名校长工作室高中段"同课异构"暨教学交流活动中荣获数学学科一等奖；

阿克苏市优秀教学设计评选活动中荣获一等奖；

11 月 "阿克苏市高中数学竞赛"获得优秀辅导员奖；

课例《幂函数》被评为自治区 2014 年度"一师一优课、一课一名师"活动自治区级"优课"；

2015 年

论文《用爱浇灌收获快乐》荣获自治区中小学第三届德育优秀论文三等奖；

自治区中小学教育教学教研成果网络展播与评选活动中，魏艳霞主持的教研活动《微同课异构 —— 对数函数的图像与性质之定义域问题》荣获高中数学教研成果三等奖；

自治区中小学教育教学教研成果网络展播与评选活动中，作品《函数的奇偶性（第一课时）》荣获高中数学组一等奖；

在新疆骨干教师赴华东师范大学学习中，被评为"优秀学员"；

在第二十六届希望杯全国数学邀请赛中被评为数学竞赛优秀辅导员；

2016 年

荣获阿克苏市"骨干教师"称号；

参与的自治区级课题"基于信息技术支持的翻转课堂教学研究"立项并结题；

获阿克苏市级"同课异构"比赛一等奖；获阿克苏地区"同课异构"比赛一等奖；

2017 — 2018 年

2017 年　9 月被评为市级"优秀教师"；

2017 年　新疆中学数学教育教学优秀论文评选活动中，论文《数学文化视角下曲线的切线的教学研究》被评为一等奖；

论文《谈数学思想在数学教学中的融入 —— 以"直线和圆的位置关系"教学为例》在《中学数学月刊》2018 年第 3 期发表；

主持的以校为本课题"数学史融入微积分教学提升学生的核心素养的研究"准予结题。课题编号 2017–akssxkt–21；

2018 年　新疆高中青年教师优秀课评比活动中获得一等奖；

2018 年　担任《高中数学备课必读》论著的编委，2018 年 5 月出版于长春出版社；

2018 年　"华渔杯"全国中小学教师信息化课件设计能手大赛中，《对数函数的图像及定义域》《函数的单调性》《指数函数的图像及性质》获得三等奖；

2018 年　工作室室刊《青数蓝图》，在自治区中小学教学质量提升一期工程优秀成果评选中，被评为一等奖；

2019 年

在自治区普通高中学生研究性学习成果评奖活动中，杨鹏、王能靠、魏艳霞指导的课题"太阳黑子短周期观测"荣获优秀指导奖。（新疆教育学会 2019 年 4 月 19 日）

我一直努力提升教学素养，努力做好传帮带工作。尤其在教科研方面做好学习与反思，先后获得以上奖励，以此鼓励自己不断前行。

之三：一抹阳光，温暖一生

1.撒下种子，孕育希望

田华，有幸于2014年9月加入阿克苏地区高中数学教学能手培养工作室，那时工作室刚刚初建，由来自高级中学、市第三中学、市第六中学、市实验中学、地区第二中学的高中数学教师组成，每个成员都怀揣着梦想与希望在工作室这一平台上大显身手，成为工作室成员以来，更加努力工作，在学校领导以及工作室领导的带领下，在各位教师的大力帮助下，不断加强学习，钻研教育理论和教学方法，提高教学水平，努力提高自身的思想素质和业务素质，敬业爱岗，勤奋扎实，这几年借助工作室平台成就了很多业绩。作为工作室成员，我们的职责是要尽可能发挥工作室的优势，在杭州市援疆指挥部和阿克苏市教育局领导的亲切关怀下，在杭州援疆专家的指导帮助下，工作室全体成员以"导师带学员、学员帮同行""城市带农村、汉校带民校"，形成多层次、广覆盖的传帮带格局；采用"导师跟踪制、项目领衔制、成果辐射制、Q群联系制"等手段以及"定期例会、专题研讨、课堂观摩、合作学习、档案管理、考核评价"方式开展工作室的常规工作。工作室多名导师成员均承担导师职责，制订学员培养方案，使工作室学员在工作周期内完成培养目标，提升高中数学学科教科研水平。继续围绕"简约与深刻"研究主题，通过推广经验、公开教学、组织研讨、现场指导、专题研究、公开课讲评、观摩考察等形式，努力提高培养骨干教师的教育教学能力和教学研究素质，发挥示范、指导、辐射作用。半年来，工作室全体成员勤奋学习，刻苦钻研，锐意进取，克难奋进，圆满完成了各项预定工作任务，个人专业成长迈出坚实步伐。

2.生根发芽，苗壮成长

借助工作室这一平台，我们历练了意志，每个人不是独立存在的，每项工作不是一个独立体，我自加入工作室以来承担的工作不仅仅是高中数学教学，还包括毕业班的数学辅导及培优课，其间担任数学教研组长、备课组长、校工会副主席、青蓝工作室成员导师。在工作岗位上，我不断加强学习，钻研教育理论和教学方法，提高教学水平，努力提高自身的思想素质和业务素质，敬业爱岗，勤奋扎实。

（1）思想品德方面。

爱岗敬业，教书育人，模范地遵守了教师职业道德和岗位规范，自觉遵守了社会公德，严于律己。在平时的工作中从不做有违教师职业道德的事。认真贯彻落实上级主管部门的有关文件精神，服从领导安排，维护学校领导的权威，遵守学校的各项规章制度，严守工作纪律，始终以一个优秀教师的标准来严格要求自己，树立良好的师德形象。

（2）强化业务素质，提高教学水平。

工作室每学期都会从杭州、乌鲁木齐等地邀请专家为我市高中数学教师开展讲座、培训、指导课，远程互动交流，同时还会选派工作室成员外出培训和学习交流，让我们和专家零距离交流学习，大大提高了教师的综合素质能力，与此同时，自身要不断地提高业务素质，提高教学水平，基于此，我深知学习的重要性。我认真学习先进的教育教学理论，努力把别人创造出来的现代的先进教育教学理论最大化地转化为自己所有，认真学习别人的先进经验，结合自己的工作实际和体会，严格按照学校的要求，课前精心准备，上课认真负责，耐心辅导学生，细心批改作业，一切为学生着想，尽量减轻学生的课业负担，提高单位时间的工作效率。

作为工作室的骨干成员兼备课组长，我积极开展必要的教学研讨活动，提高备课组教师的教学技能和教学能力，组织教研活动，统筹安排好备课组的各项工作；积极参加教研组活动和各项学习、培训活动，尤其是工作室组织的各项校内外大型小型的比赛、培训、讲座、送教下乡活动，我都认真积极参加，并努力取得好成绩；此外，我还认真参加学校组织的听课和评课活动，认真学习他人的教学方法和经验，尽一切可能提高自己的业务水平，努力把自己培养成一个优秀的教师，切实提高自身的数学修养和知识底蕴。

本人在工作岗位上勤勤恳恳，踏踏实实地教书育人，认认真真地做好本职工作，不辜负领导对我的信任，本人在教学上本着"授之以鱼，不如授之以渔"的宗旨，注重对学生能力的培养，不仅教他们学习知识，而且让他们在学习过程中学会学习，学会做人。我不惜牺牲自己的时间，经常在办公室里无偿为学生辅导，学生们知道我中午一般都在办公室里，无论是我教过的学生还是我没有教过的其他班的学生，都会到我这里来找我帮助他们解决学习、生活上的困难和问题，甚至是排着队来，我都会耐心细致地为他们解决，常常一直到孩子们下午上课或晚自习上课才结束，看着孩子们渴望知识的双眼，我怎舍得不为他们付出？正是这样一份执着的心，让我收获了很多，我所带的班级，几乎每次考试都很突出，同时我还注意培养孩子们的奉献与爱心精神，"教育无小事，处处是教育"，为人师表尤显重要。在生活中、工作中，我严格要求自己，思想积极、不断进取；在对待学生的问题上，不以成绩定优劣，公正、公平、真诚、无私与爱心赢得了学生的钦佩。

（3）强化自身素质，努力增强上课技能，提高教学质量。

本人认真钻研教材，对教材的基本思想、基本概念，每句话、每个字都弄清楚，了解教材的结构、重点与难点，掌握知识的逻辑，能运用自如，知道应补充哪些资料，怎样才能教好。除认真钻研教材、吃透教材外，我还深入了解学生，了解学生原有的知识技能，他们的兴趣、需要、方法、习惯，学习新知识可能会有哪些困难，并采取相应的预防措施。这样能使课堂教学中的辅导有针对性，避免盲目性。在了解学生的基础上考虑教法，解决如何把已掌握的传授给学生，包括如何组织教材、如何安排每节课的活动。把教材和学生实际很好地结合起来，确定课堂上要讲的主要内容。紧扣数学学科的特点，采用不同形式的教学方法，激发学生的学习兴趣。数学学科的特点：① 与日常生活、生产联系紧密；② 思维能力、空间观念强。针对这些特点，在教学过程中，我注重教授学生适应日常生活，参加生产和进一步学习所必要的基础知识与基本技能，进一步培养他们的运算能力、思维能力和空间观念，使他们能够运用所学知识解决简单的实际问题，培养学生的数学创新意识，良好个性、品质以及初步的辩证唯物主义意识。在课堂上特别注意调动学生的积极性，加强师生互动，充分体现学生的主体作用，让学生学得容易，学得轻松，学得愉快；注意精讲精练，在课堂上老师讲得尽量少，学生动口动手动脑尽量多；同时在每一堂课上都充分考虑每个层次的学生的学习需求和学习能力，让各个层次的学生都能得到提高。真正做到向课堂40分钟要质量。学生普遍反映喜欢上数学课，用学生的话说上数学课感觉很激动，就连以前讨厌数学的学生基本都乐于上课了，所带班级数学成绩位于年级前列。

及时批改作业，对于作业存在的问题及时纠正。课后作业是不可或缺的一部分，是反馈当天所学内容的最好方法，因此作业必须勤批改，并养成有错必改的好习惯。将他们在做作业过程中出现的问题做出分类总结，进行透彻的评讲，并针对有关情况及时改进教学方法，做到有的放矢。

做好课后辅导工作，注意分层教学。在课后，为不同层次的学生进行相应的辅导，以满足不同层次的学生的需求，避免一刀切的弊端，同时加大后进生的辅导力度。做好课后辅导工作，自习课无意外准时进班辅导，激励学生发现问题并提出问题。对后进生的辅导，并不限于学习知识性的辅导，更重要的是学习思想的辅导，要提高后进生的成绩，首先要解决他们的心结，让他们意识到学习的重要性和必要性，使之对学习萌发兴趣。要通过各种途径激发他们的求知欲和上进心，让他们意识到学习并不是一项任务，也不是一件痛苦的事情，而是充满乐趣的。从而让他们自觉地把身心投入学习中去。

积极推进素质教育。新课改要以提高学生素质教育为主导思想，为此，我在教学工作中并非只是传授知识，而是注重了学生能力的培养，把传授知识、技能和发展智力、能力结合起来，在知识层面上注入了思想情感教育的因素，发挥学生的创新意识和创新能力，让学生的各种素质都得到有效的发展和培养。

3. 开花结果，硕果累累

在工作室这一平台上，我学到了很多，收获了很多，无论是教学上、业务上、教科研上还是生活上无不留下了工作室的影子，每当走进工作室，看到熟悉的办公桌，看到展柜上陈列的一张张活动掠影、一排排奖状证书、一本本成果书籍，不由得感叹着工作室承载的力量多么强大，就个人而言，借助高中数学青蓝工作室这一平台参加各种不同等级的教学评比活动并撰写相关论文、教学设计、小课题等，获得了可喜的成绩，我获得各种荣誉20余次。

2014年9月市级评课比赛中获市级一等奖；

2014年9月论文《浅谈高中生数学分层作业的布置》获市级二等奖；

2014年11月在地区举办的中小学优质电子教学设计评选活动中获地区二等奖；

2014年12月传帮带比赛徒弟组获二等奖；

2015年11月论文《浅谈高中数学课前五分钟的有效性》获自治区一等奖；

2015年11月在阿克苏地区"高中数学同课异构研赛活动"获地区二等奖；

2015年10月在阿克苏市"高中数学同课异构研赛活动"获地区一等奖；

2015年1月论文《感恩教育的研究与实践》获自治区三等奖；

2015年5月论文《关于高中数学课前五分钟的有效性》获国家二等奖；

2016年1月荣获阿克苏地区教学能手称号；

2016年6月在第二十七届"希望杯"全国数学邀请赛中被评为"数学竞赛优秀教练员"；

2016年2月国家课题"新课改下课堂教学方法与手段的有效研究"（课题

批准号：CTF 120862）之子课题"基于现在教学技术下的高中数学翻转课堂的实施与研究"（子课题批准号：KYF 630）结题并获国家一等奖；

2016年9月自治区课题"基于现在教学技术下的高中数学翻转课堂的实施与研究"（批准文号：新教教科研字〔2016〕27号，课题编号：2015－xkt－013）结题；

2017年1月阿克苏市第四届教学名师、学科带头人、骨干教师、教学新秀评选中，荣获阿克苏市"学科带头人"称号；

2017年8月论文《高中数学作业考试化的有效性》获市级一等奖；

2017年6月在第二十七届"希望杯"全国数学邀请赛中被评为"数学竞赛优秀辅导员"；

2017年8月论文《高中数学作业考试化的有效性》获自治区级二等奖；

2017年12月高中数学课例《2.1.2指数函数及其性质》被评为新疆维吾尔自治区2016－2017年度"一师一优课、一课一名师"活动"优课"；

2017年"华渔杯"新疆中小学教师教学课件评比活动中，课件《指数函数及其性质》获二等奖，《椭圆的简单几何性质》获三等奖，《向量的加法运算及其几何意义》获三等奖；

2018年3月在第三届自治区中小学教学能手评选荣获"自治区中小学教学能手"称号；

2018年8月市级课题"立足课堂，基于我校数学青年教师专业技能培养途径的研究"（批注文号：阿市教字〔2018〕150号，课题编号：2017－akssxkt－20）结题；

2018年8月市级课题"数学史融入微积分教学提升学生的核心素养的研究"（批注文号：阿市教字〔2018〕150号，课题编号：2017－akssxkt－21）结题；

2018年8月论文《浅析高三数学课堂的有效性》获市级一等奖；

2018年10月课题"高三数学辅导课多元化有效性实施的研究"在阿克苏地区立项。

在这么多的成绩和荣誉面前，我不会忘记领导和同事们的支持和关怀，高级中学的领导、工作室的领导以及同事们，尤其是杭州援疆干部的支援和帮助，使我们更快速成长，我的援疆导师分别是杭州援疆干部舒波副校长、寿柱副校长、徐志莲副校长，在他们的传帮带指引下，我的成绩突飞猛进，无论是教学上还是自身业务上，包括教科研工作，由原来只要本本分分教书，完成各项工作就行的想法上升到要做就要做好做精，高质高量完成工作，更要有无私奉献的精神，不但是我本人，他们的引领辐射到学校的每一位老师，乃至市里的教育工作。这都使我更加坚定了在工作室这一平台上作为一名教师的神圣使命与信念，工作室犹如一抹阳光，照耀我前进的道路，我将在这条路上勇往直前，无私奉献我的力量！

第九章　杭州教育援疆之美好学生篇

　　党的十八大提出，"把立德树人作为教育的根本任务，培养德智体美全面发展的社会主义建设者和接班人"。党的十九大报告进一步强调"要全面贯彻党的教育方针，落实立德树人根本任务"。要实现"两个一百年"奋斗目标、实现中华民族伟大复兴的中国梦，必须通过教育立德树人，培养大量社会主义建设者和接班人。为此，习近平总书记要求"要把立德树人的成效作为检验学校一切工作的根本标准"，要完善以社会主义核心价值观为引领的中小学德育体系，着力在坚定理想信念、厚植爱国主义情怀、加强品德修养、增长知识见识、培养奋斗精神、增强综合素养等方面下功夫。把社会主义核心价值观融入教育全过程，深入开展理想信念教育、爱国主义教育、中华优秀传统文化教育和革命传统教育，引导和帮助学生把握好人生方向，扣好人生的第一粒扣子。

　　杭州市委书记周江勇提出要让"学生健康成长、教师职业幸福、人民感受公平、服务社会进步"的美好教育，在阿克苏生根、发芽、开花、结果。

　　学生的成长和发展需要"教育的支点"，有了这个支点，学生才会更好地成长，更快地成长。这个支点必须具有两个"撬动"特性：一是应该让学生学会学习，掌握科学的学习方式；二是应该让学生学会思考，掌握科学的思维方法。杭州市援疆指挥部在打造阿克苏市高级中学时，未雨绸缪，就以关注学生学习方式的改变和思维能力的提升，为学生的学习、成长乃至一生的可持续发展寻找一个支点为目标，一方面选派有丰富教育教学管理经验的援疆教师规划学校的德育体系，落地落实以德育人，掌握科学的学习方式；另一方面援建天文社和机器人创新工作室，创新劳动教育的模式，为学生提供崇尚科学、特长发挥的成长平台，打开科学的思维。

十年树木，百年树人。教育是个漫长的过程，需要教育者精雕细琢，劳心劳力。教育是用生命影响生命的过程，需要教育者对自身的职业有一颗敬畏之心，用心育人，从小事做起，从细微做起，为教育种下梦想的种子，一路陪伴呵护学生成长，使学生最终成为德智体美劳全面发展、身心健康的新时代有为青年。

教育的高度和温度从德育来体现，人的发展是学校德育的出发点，学校德育要做到"人化"，教师心中有人，目中有人，有学生有自我，师生共同发展，彼此"有得"方可立德。

2013年以来，杭州援疆教师团队和阿克苏市高级中学的领导教师团队在坚守中创造，在创造中坚守，凝聚强大的师师、师生、生生合力和张力，努力为普通学生卓越发展搭建平台。在杭派美好教育理念的辐射下，2018年杭州市第九批援疆指挥部教育援疆指导学校创新地构建了"三全三品"的育人模式：以全员、全程、全方位育人的德育品牌为基础面，在此基础上重点打造以天文社、机器人创新工作室、阅读与综合实践课三个援疆品牌项目，从国家课程到校本课程，从课堂教学到学校管理，从以文化人到以德育人，倾力打造让学生思想品德、思维能力、智慧感悟"生长"的教育空间，为学生的学习、成长和一生的发展打好底色。既要培养学生的感性认知，又要培养学生的理性思维；既要让学生仰望星空，又要让学生脚踏实地，最终在杭派教育的春光里发展成为"生命绽放得自由而浪漫，眼中有美，心中有爱，品格更高，气质更好，和谐、完整的人"。

| 第一节 "全员·全程·全方位"之援建德育品牌

阿克苏市高级中学建校以来,学校依法办学,以德治校;教师依法执教,以德促学;学生依规塑行,以德学文,学校于2015年被阿克苏地区教育局授予"地区德育示范校"称号。在杭州市援疆指挥部选派援疆教师和学校全体师生的共同努力下,学校坚持立德树人,完善德育机制,践行全员德育,创建和谐校园,培育了"全员·全程·全方位"的德育品牌。在笔者的倾心倾力指导下,成功提交德育示范校申报考核报告,并于2018年11月被授予自治区德育示范校的称号。

一、学校德育工作的理论基础

学校认真贯彻党的十九大和十九届二中、三中全会精神,高度重视学校德育工作,坚持以德为先、立德树人为根本任务。按照《中小学德育工作指南》实施意见,坚持育人为本,德育为先,大力培育和践行社会主义核心价值观,以培养学生良好思想品德和健全人格为根本,以促进学生形成良好行为习惯为重点,以落实《中小学生守则(2015年修订)》为抓手,始终坚持"科学与人文并重、规范与个性共存、基础和特长兼顾"的办学理念。

为实现上述德育工作理念,结合学校学生的生源状况、民族构成、全寄宿制等情况,在突出"理想信念教育、社会主义核心价值观教育、中华优秀传统文化教育、心理健康教育、生态文明教育"五大主题的基础上,采用课程育人、文化育人、活动育人、实践育人、管理育人和协同育人的六大途径,切实将党和国家关于中小学德育工作的要求落细落小落实。

学校以"为谁培养人,培养什么样的人,怎样培养人"为德育工作思想指南,以"规范行为,尊重个性,明德求是,和谐发展"为德育理念。教育和引导学生热爱中国共产党、热爱祖国、热爱人民，拥护中国特色社会主义道路，增强四个意识，树立四个自信。加强学生成人、成事、成才教育，努力形成全员育人、全程育人、全方位育人的德育工作格局。

二、德育工作的实践操作

学校致力于"全员育人、全程育人、全方位育人"的德育格局的深化，科学构建"三位一体"的德育体系，积极摸索德育工作的有效途径，不断增强德育工作的针对性、实效性和主动性，经过实践探索、经验总结，完善工作机制，明确德育思路、规范工作细节、丰富教育内容，将课程教育、文化教育、活动教育、实践教育紧密结合起来，协同家长、社会共同参与学校德育工作，取得良好的教育效果。

（一）立足校情强化管理，保障德育有效实施

1．完善各项制度建设，保障德育工作实施

为规范学校治理行为，学校不断完善各项规章管理制度。首先，明确岗位职责。学校每一个教职员工都有相应的岗位职责，在德育工作中扮演着不可或缺的角色。每一位校领导、中层、年级组长、班主任、科任教师、心理健康教师、宿舍管理人员、保健教师、门卫都有相应的德育工作职责。同时，为实现学生的自我管理，学生会、值周班的同学也有相应的职责。其次，健全制度体系。学校制度文化建设，对于规范学校管理、建设和谐校园、提升学校办学水平意义重大。因此，学校在发展的过程中不断完善各项规章制度。目前学校共有159项制度，涵盖纲领性制度，如《阿克苏市高级中学校规校纪》等；活动制度，如《升国旗制度》《社团活动制度》等；评价制度，如《师德师风考核制度》《班主任考核制度》《学生综合素质评价制度》等；协同育人制度，如《家长学校工作制度》《家访制度和家长接待制度》等。最后，学校做好各类应急预案。"凡事预则立，不预则废"，为防患于未然，学校还建立各类应急预

案，如《校园欺凌事件预防与处理应急预案》《"课堂教学突发事件"应急预案》等。

2.加强德育队伍建设，明确德育工作责任

德育队伍是德育建设的基础，在立德树人的根本任务下，学校树立"全员育人"理念，加大对五支德育队伍的建设与创新，即党支部、党办、德育处、宿管科、年级组长、班主任管理育人队伍，教务、教研、任课教师课程育人队伍，总务处、后勤、财务室服务育人队伍，团委、团支部、团干部、学生会活动育人队伍，德育处、值周教师、值周学生责任育人队伍，形成了科学有效、分工合作、优势互补、全员参与"五支五育"的德育工作体系。班主任是我校德育工作的骨干力量，学校通过"走出去、请进来、内化互动"的方式和校本培训，使班主任迅速转变观念，扎实有力地开展德育工作。

3.健全德育管理机制，树立全员育人意识

学校管理靠大家，重在人人参与。学校成立德育领导小组。形成党支部领导下的三级管理模式，即书记、校长、德育副校长一中层科室（党行办、德育处、教务处、团委）一年级组。形成四条管理主线，第一条：德育处一年级组一班主任一学生。第二条：教务一教研一教师一学生。第三条：团委一学生会一学生。第四条：家长委员会、法治副校长一德育处一学生。确保"以人为本，全员、全程、全方位育人"的育人要求贯穿整个德育工作。

（二）挖掘资源守住阵地，发挥课程育人作用

1.结合学科优势，挖掘课程内容丰实德育资源

学校利用课堂扎实推进民族团结教育、爱国主义教育、感恩教育、法治安全教育、传统文化教育、生态环境教育等内容进教材、进课堂、进学生头脑。教师抓住课前三分钟，深挖各学科教学中的德育内容对学生进行教育，如利用语文课程，加强对学生的传统文化教育，培养热爱祖国、热爱家乡、热爱生命、热爱生活的情怀；利用历史课，对学生进行国防、爱国、民族团结等教

育，在课堂上，和同学们一起了解新疆的发展、巨大变化，对学生进行系统正确的"五观""五爱"和"五个认同"教育；通过思想政治课、计算机课等课程让学生了解和知道网络的"两面性"，学会安全上网；利用思想政治课，宣传国家法律法规、十九大精神、习近平总书记系列讲话，提高学生的思想觉悟，更好地践行社会主义核心价值观；利用生物、综合实践活动等课程中关于远离毒品、悦纳自我，科任教师结合教材内容，对学生进行认识生命、珍爱生命、尊重生命、热爱生命，提高生存技能和生命质量的教育活动。在高一、高二年级开设了心理健康教育课，针对高三年级专门开设心理讲座，进行心理疏导。课程与讲座内容涉及方法指导、情感教育、健全人格培养和学生自我心理修养等。通过常规课堂教学，使学生学会正确地理解人生，客观地面对现实，合理地对待和评价自我，正确处理成长过程中出现的种种挫折、冲突和矛盾。

2．丰富德育载体，促进德育教育融入实践活动

首先，升旗仪式是学校德育教育的重要阵地。每学期初，学校团委制订计划报党支部审核后实施，升旗仪式的主持和国旗下讲话由学生负责。每一次升旗，参与学生都精心准备，从主持人的仪态仪表到每一篇国旗下讲话稿的反复推敲，以及学校领导的主题教育引导和师生宣誓，每一个教育环节都在影响和教育着全体学生。其次，团班会课是对学生进行思想教育的主阵地。校德育处、团委针对学校学生思想实际，每学期根据教育月主题确定团班会主题，由班主任和各班班干部组织设计形式新颖、有思想教育意义的班级活动。再次，以校园广播站、宣传橱窗等为阵地，大力宣传学校的新人新事、时事政策，搭建相互交流平台，突出校园文化氛围，围绕校园生活的方方面面，面向全校学生征集广播稿，每天利用中午、下午各半个小时的时间进行广播，对校园里的好人好事、拾金不昧、优秀学生进行及时报道，既锻炼了学生能力，又为校园文明建设做出了较大贡献。

（三）涵养文化凸显特色，强化文化育人功能

1.校园环境美丽和谐显人文

学校坚持环境育人理念，用优美的校园景观激发学生的爱校热情，陶冶学生关爱自然、关爱社会、关爱他人的美好情操。加强环境教育，不断提高环保意识，牢固树立"学校要发展，环境走在前"的理念。校园环境干净整洁，绿树成荫，窗明几净。厚重大气的建筑风格，更能熏陶学生养成稳重的品格。曲径通幽、亭台楼阁、花开满地的精致设计，绿树下安设的凳椅，不仅为学生提供更好的学习休闲环境，更能培养学生做事注重细节、追求精致卓越的品质。

2.室馆建设精致大气容内涵

在杭州市第九批援疆指挥部的支持下，学校邀请专业团队并发动全校师生参与对学校校史馆、图书馆、图科楼大厅、体育馆和心理咨询室进行了整体性设计。开放式的校史馆展现了学校的发展历程，包括学校办学特色、管理机构、师资

学校图书馆一隅

力量、师生活动、领导关怀、荣誉展示等内容。校史馆的建立，让师生更好地了解学校发展，增强了爱校情怀、自豪感和自信心，饮水思源，更懂感恩，也更加珍惜所拥有的一切，更好地树立人生目标。高端大气的图书馆，让人忍不住驻足停留，捧一册书，氤氲着午后的阳光，沉浸在知识的海洋。同时，每栋楼一楼设置读书角，为学生营造了良好的读书环境，为学校打造书香校园奠定了基础。温馨舒适的心理咨询室，可以让前来寻求帮助的学生安心放松，纾解压力。体育馆内设施齐备，墙面文化洋溢着体育精神。学校的室馆建设处处彰显学校的文化品位和内涵，使得人文环境整体提升。

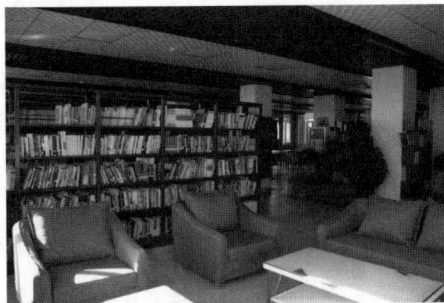

3.班级文化自主布置展特色

为了培养同学们自主创新、有效汲取精神食粮及动手操作能力，学校加强了班级文化建设。各班教室正前方都有国旗标识和八字警示格言，并在显要位置张贴24字社会主义核心价值观和《中小学生守则》。各班门口有自己的班级展示牌，上面有学生自主设计的班级口号、班级风采、班徽、班训等。楼道文化有固定的文化布局，还有班级个性和创造性的展示。教学楼一楼以"弘扬传统文化"为主题，二楼以"红色文化"为主题，三楼以"现代科技"为主题，四楼以"廉政文化"为主题，学校统一规定每个楼层的色调和文化展示框架，各班可根据自身实际情况，在楼道设立班级文化墙，展示本班精神风貌，显现本班管理特色，明确本班奋斗目标，锻炼提高大家的动手操作能力，培养自主创新能力，陶冶学生情操。与此同时，学校给各班还配有"书吧"，加强了文化建设。学生将自己家的书籍带来放在"书吧"里，做到资源共享，另按照学校要求，还可将学校图书室的书籍借来放在"书吧"，方便学生借阅。

4.宿舍文化整洁舒适感温馨

学校是一所全封闭式寄宿制的高中，全校3400多名学生每天有1/3的时间在宿舍度过。为了营造干净、整洁、舒适、温馨的宿舍环境，学校德育处、宿管科在规范宿舍环境卫生要求外，鼓励学生自主营造温馨的宿舍文化氛围，同学们充分发挥创造力和动手能力，按照"习惯养成、民族团结、同窗情谊、励志奋斗"的设计思路，通过书法、美术、诗文等个性作品展示的方式，营造出浓郁的团结情、同窗谊，体现了学生热爱生活的态度，彰显了温馨雅致的宿舍文化。

5.内涵文化融入艺术能致远

自2013年建校以来，学校一切精神内涵文化均从零开始，在学校第一批杭州援疆副校长汤晓风同志的组织下，广泛征集师生意见，共同确立了能够体现学校特点和办学理念的校徽、校旗、校训、校风、教风和学风。2018年3

月，充分发挥学校语文教师的集体智慧，融入音乐组教师的才华，谱写了学校的校歌《不忘初心去远航》，全体师生广为传唱，并通过校歌比赛，大型活动中的师生合唱，形成了学校师生人人会唱校歌爱唱校歌的氛围，从而使得校歌中的内涵文化得到传扬。随着时间的推移，这些凝练的内涵文化慢慢地形成了一股引导全校师生共同进步的精神力量。

（四）紧扣目标开展活动，凸显活动育人优势

1. 德育活动主题鲜明显层次

为加强德育工作的针对性，结合学生在不同年龄阶段心理差异，把如何开展好各年级德育工作作为学校研究的重点，形成高一"成人"，高二"成事"，高三"成才"的教育主线。高一年级为适应阶段，以"培养习惯"为主题，德育活动致力于养成良好的个人学习习惯、生活习惯，为以后的成长奠基，确定"成人"教育；高二为成长过渡阶段，以"自律合作""理想信念"为主题，德育活动致力于学习和理解基本的法律要求、公德要求，树立包容合作理念，培养学生的自律意识，树立能够与他人良好合作的意识，学会担当，学会做事；高三为超越提升阶段，以"自信自强"为主题，德育活动致力于社会主义核心价值观教育、理想前途教育，树立中学生自信自强精神与感恩理念，培养学生成才，立志为伟大复兴中国梦而努力奋斗。各类活动突出德育的层次性和阶段性，有力促进了学生的健康成长。

2. 德育活动形式丰富赋新颖

学校除了利用常规的升国旗仪式、团班会主题教育、每周三学生社团活动之外，还有一些延续性的活动形式，以进一步丰富德育内容。如每年举办一届校园科技文化艺术节（目前已举办4届），每年举办一届成人礼（目前已举办3届），每年举办一届运动会（目前已举办6届），每年开展一届"校园开放日"活动（目前已举办5届），等等。同时，一些学科性的活动也为德育活动的开展提供了条件，如语文学科的汉字听写大赛、诗词朗诵比赛，英语学科的"至

善杯"单词大赛，历史学科的"12·9"爱国演讲比赛等。另外，利用军训、道德讲堂、法治讲座等大型教育活动使得德育活动进一步落实。这些活动形式新颖、内容活泼，学生喜闻乐见、积极参与，为学校进一步构建全方位的德育工作新体系，进一步尝试德育创新开辟了新的途径。

3. 德育活动内容多样重时效

为增强德育活动的时效性，学校结合相关主题教育月及重大节日，开展丰富多样的主题教育活动，融入感恩教育、爱国主义教育、民族团结教育、中华传统文化教育等德育内容。

2018 年度阿克苏市高级中学德育主题月活动安排

月份	主题	活动设计
1 月	新年励志教育	开展庆元旦文艺会演
2 月	社会实践	组织社团学生去福利院义演
3 月	公民道德建设	组织学生走入社区参加义务劳动
4 月	法治宣传教育	邀请法治副校长开展普法教育
5 月	民族团结教育	开展融情教育，民族团结手抄报评比，民族团结之星评比
6 月	追梦圆梦	开展高三毕业典礼
7 月	爱党廉政教育月	开展系列"感党恩跟党走"活动
8 月	国防教育月	新生军训、国防教育
9 月	尊师敬老月	教师节感恩教育，重阳节养老院送温暖
10 月	爱国教育月	开展红歌会、爱国知识竞赛等活动
11 月	安全教育月	消防知识培训及应急演练
12 月	生态文明教育月	三节教育宣传，手抄报评比

此外，重大传统节假日、主要纪念日开展相关教育活动，例如，"清明节""母亲节""端午节""中秋节""国庆节""春节"等对学生进行感恩、传统文化教育；"9·18"纪念日、"12·9"运动等对学生进行国情国史、革命传统等教育；在世界无烟日、艾滋病日、全国法制宣传日、交通安全日、减灾日、"3·15"消费者权益日等主题教育日，开展珍爱生命、关爱健康、养成良好生活习惯的系列教育，在校园全方位营造丰富多彩的育人氛围，培养学生健全人格，锻造学生良好品质。

（五）结合实践强化责任，体现实践育人效果

学校德育工作还与综合实践活动课紧密结合。学校广泛开展社会实践，每学年安排不少于一周的时间，开展有益于学生身心发展的实践活动：一是利用新生军训、参观部队、慰问退伍军人、烈士陵园祭扫等开展国防和革命传统教育。二是利用端午诵读经典活动、书画展活动等丰富德育内容，开展优秀传统文化教育。三是开展法治教育，我校有四名法治副校长，定期邀请他们到学校开展法治讲座。四是通过参观校史馆、地区博物馆开展历史、人文教育；五是利用值周班劳动和组织学生到社区义务劳动等实践活动对学生进行劳动实践教育，培养学生"热爱劳动、懂得回报"的情感。六是利用假期到儿童福利院、养老院慰问开展关爱孤儿、老人的教育。学校发挥团组织、学生会、学生社团的作用，抓好学生志愿服务的具体组织、实施、考核评估等工作，践行"活动中育德，体验中育人"，突出"活动"与"渗透"，强调"实践"与"体验"，构建学生在实践活动中的主体性，从而提高学校德育的针对性和实效性，不断增强学生的社会责任感、创新精神和实践能力。

（六）健全机制实现共育，营造协同育人氛围

1. 加强家庭教育指导

学校自成立家长学校以来，定期召开家长会，设立家长开放日，切实履行家长学校的职责，发挥学校家长委员会的作用。德育处牵头对家长进行了培训及经验交流，加强家庭教育指导。内容包括家庭教育、学生的心理健康、青春期教育、亲子关系、人际交往、计划生育等。有的是与家长探讨，有的是给家长予以指导等，采用的方式有座谈式、报告式、聆听式等。组织学生撰写"我的家风故事""我的家训"等，通过展示交流，让家长互相学习教育子女的方式方法，提高家长教育孩子的水平。这些家风故事、家训集锦也被编辑成《我的家风故事集》《家训佳话》。学校还一直倡导教师利用假日到学生家中进行家访，进一步关心了解学生的学习、生活。通过家校密切联系，家长的教育水

平有所提高，对孩子的教育也有一定成效。

2.构建社会共育机制

学校聘请新疆制衡律师事务所律师袁世东为我校法律顾问及法治副校长，聘请阿克苏地区检察分院党组成员、副检察长、政治部主任李欣茹，新疆制衡律师事务所律师胡淑瑜，西城派出所副所长东万福为我校法治副校长。定期邀请他们到学校开展法治讲座，为学校治理提供法律意见，为学校、学生、教职工提供法律帮助。学校还积极和派出所、交警队、社区、卫健委等相关部门加强联系，沟通信息，取得支持。通过各项工作的开展，学校做到依法办学，为全校师生构建了安全、稳定、和谐的工作学习环境。邀请多领域专家、名人、学者走进学校开展讲座，如邀请中科院国家天文台资深研究员、首席科学家胡景耀来学校为全体师生开展"天文知识科普讲座"，并与学生面对面交流探讨，给学生传播广博的知识；邀请当代著名教育改革家魏书生到学校开展讲座，给大家分享自己的教育经验。2018年在杭州市第九批援疆指挥部的牵线下，杭州四十多位名校长、书记到学校来进行教学交流与德育工作交流，学校充分利用社会资源，搭建社会育人平台，实现社会共育。

三、学校德育特色与亮点

（一）规范色彩文化，塑造品牌丰富内涵

建校初，学校将环境文化建设整体色调定为褐色、蓝色和白色，褐色是大地的颜色，蓝色是天空的颜色，白色是浪花的颜色。大地褐象征着坚毅，旨在引导学生拥有坚强的品质，遇到困难不退缩的奋斗精神与脚踏实地的处事态度。天空蓝象征着广博，旨在引导学生拥有广阔的视野，有胸怀天下的伟大志向和海纳百川的包容之心。浪花白象征着交融，浪花指多浪河的浪花和杭州西湖的浪花，寓示着通过两地思想文化的交流、碰撞，激起智慧的浪花。

校园环境文化，整体围绕三色文化设计。学校整体建筑是大地褐色，凸显

厚重感，学校校徽由褐、蓝、白三色构成。在教育实践中，三色文化的内涵也处处得以体现。一年一度的学校运动会，通过竞技场上的你追我赶，顽强拼搏，培养坚毅的品质和敢于挑战、不断超越的奋斗精神。学校广播社每日播报时事新闻，德育三分钟时事评论让学生拥有国际视野，关心天下事。学校拥有天文设备最齐全、仪器最先进的中学远程控制天文台，让爱好天文的学生的眼界拓宽至星系、宇宙。杭阿共建成就了阿克苏市高级中学的今天，学校一年至少举行一次大型的教学开放日，邀请杭州优秀的教育专家、教学名师来校进行教学交流，让师生在课堂上领略名师风采，在讲座中吸纳先进的教育理念。由杭州市援疆指挥部、杭州师范大学联合主办，杭州师范大学外国语学院和阿克苏市高级中学联合承办的杭阿共建"智慧＋空中丝路课堂"，让两地师生远程交流互动，思维碰撞，让智慧闪耀绚烂的光芒，每一次的智慧共享都让师生有很多收获。

（二）强化感恩教育，饮水思源方显明德

感恩是一种生活态度，更是一种美德。学校通过各种途径将感恩教育融入系列教育活动中，以引导学生懂得感恩，感恩父母，感恩教师，感恩社会，感恩成长路上的鲜花与掌声，也感恩人生路上的坎坷与荆棘。

其一，校园环境融入感恩教育。图科楼东侧刻有"饮水思源"的石头，教室楼道里、楼梯上关于感恩的名言诗句，让学生将感恩教育先入眼，再入心。其二，开展活动融入感恩教育。每一个进入阿克苏市高级中学学习的学生，在新生军训期间都要学会《感恩的心》手语操。每年教师节，《感恩的心》手语操和"献给老师一枝花"都是传统保留节目；在学校各类大型活动中，全体师生同做《感恩的心》手语操。每学期学校还举办感恩主题的团班会，评比学生制作的感恩主题手抄报，等等。

这些感恩教育起到了很好的效果。2016年5月，学生在家长开放日时为自己的父母做《感恩的心》手语操，孩子很用心，很用情，感动全场，现场温

情一片。有的学生会将自家的月季花带来种植在校园的花坛里，毕业时为学校种棵树，修建读书亭，美化、绿化了校园，也是感恩回馈学校的表现。学生懂得感恩，愿意将自己的感恩之心传递下去，回馈于社会，为农村孩子捐文具捐衣物，到社区开展劳动，到福利院看望孤儿，到养老院看望孤寡老人，等等。通过感恩教育，引导学生懂感恩，能回报，这就是德育工作的意义所在。

（三）打造精品社团，尊重个性发展特长

学生社团是校园文化的重要载体，是第二课堂的重要组成部分，自建校以来，学校秉承"科学与人文并重、规范与个性共存、基础和特长兼顾"的办学理念，以"和谐＋个性＋优秀"为学生培养目标，将学校社团建设作为学校教育的一项重点工作来抓。杭州援疆教师团队和全校师生共同努力，用两年时间，打造出了在阿克苏地区具有影响力的社团文化。如今，学校社团文化更是朝着精品化发展。

1.多元化与品质化相结合

从2013年11月，学校开始创建学生社团。从最初只有13个社团，100多人参与，发展到2018年的34个社团，参与人数达到1200余人。社团的类型从最初的文艺活动型、体育竞技型发展到现在的传统文化型、现代文化型、科技创新型、社会实践型、体育竞技型等多个类别。社团展示也从一开始的活动助演，发展到现在每年元旦期间的社团展示文艺晚会和每年4月底的科技文化艺术节专场演出，2015年，学校舞蹈社团受新疆电视台春晚的邀请，表演了舞蹈《走在山水间》和《啦啦操》，获得自治区春晚表演类金奖，2017年，学校极限手指社团受邀参加了地区春晚的演出。

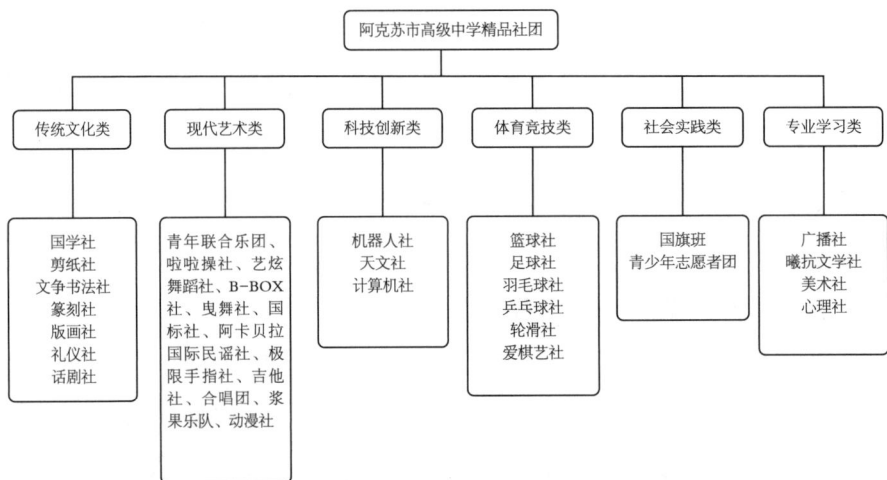

阿克苏市高级中学精品社团

2.规范性与自主性相结合

学校注重把社团的规范管理和尊重社团的自主性有机结合，遵循严格管理与放手搞活相结合的原则，不能把社团管得太死，要保护学生的积极性，更多地采取引导、激励等方式，成立专门的社团管理体系，促使社团实现自我管理、自我服务和自我发展，强化自身建设，提升活动层次，增强社团的凝聚力和吸引力。

学校对学生社团活动实行"学生自主，教师指导，团委负责"的管理制度。学生自主：自选项目，自觉参与，自主管理。教师指导：方向引导，技术指导，活动策划，创新提示。团委负责：组织协调，过程监督，活动策划，等级评定，成果展示，资料积累。

3.创新性与特色化相结合

学生社团在发展过程中，首先，能够不断总结提炼以前活动中的经验和教训，吸收学校乃至全国成功学生社团的优秀经验成果，结合实际情况，形成富有本校特色的社团文化。其次，尊重学校的文化传统，并充分考虑社团成员的年龄差异、风俗习惯差异和个体差异，最大限度地调动发挥他们的积极性、主动性和创造性，引导和鼓励他们创造性地开展活动。最后，在活动中，团委严把质量关，避免为活动办活动的形式主义，开展社团论坛，促进社团内涵式发展，注重活动的质量和特色，提供舞台展示成果，完善社团评价机制，推出精品社团。

自2014年以来，各精品社团在每年的元旦联欢晚会、科技文化艺术节上为全校师生呈现了一个个精彩的节目，其中具有代表性的有：舞蹈社团《走在山水间》《红枫叶》，B-Box社团说唱《少年说，我们不一样》，青年联合乐团《夜空中最亮的星》，极限手指社团表演，话剧社的话剧表演，国学社的书法舞蹈展示，啦啦操社团 *The dancing party*，等等。同时，很多社团在各类大赛中获得许多奖项，如机器人社团自成立以来获得国家级青少年科技创新大赛二等奖4人，三等奖10人，获得自治区级青少年科技创新大赛一等奖16人，二等奖23人，三等奖29人。天文社2014年获得自治区综合实践一等奖，2015年获得自治区天文奥赛一等奖1人，二等奖4人，并代表自治区参加全国天文奥赛获得优胜奖，2016年获得自治区天文奥赛一等奖1人，三等奖2人，2017年获得自治区青少年科技创新大赛一等奖，获得自治区天文奥赛二等奖2人，三等奖3人。话剧社编排的历史短剧获得自治区一等奖、二等奖各1人，美术社团的画作获得"兰亭奖"国际少儿书画大赛特别金奖2人，自治区级科幻画一等奖4人，二等奖9人。版画社获得自治区级科幻画一等奖5人，二等奖1人。舞蹈社获得自治区青少年春晚表演类金奖等。

（四）引入杭派理念，彰显精致大气校训

1. 硬件支持，打造精致校园文化

完善的硬件设施是打造一流学校的基础。杭州市援疆指挥部按照将阿高建设成全市高中教学科研实训基地的思路，进一步援建硬件设施，先后援建了高清录播教室、青蓝工作室、通用技术教室3间、微机室两间，创新工作室，各

教室均安装了教学一体机，以进一步提升学校现代化、信息化办学水平。发动杭州市文广新局、教育局、团委等单位捐赠图书2.5万多册，今年又资助援疆资金200万元用于学校图书馆建设和校园文化提升工程，打造精致校园文化。

2. 杭派引领，提升德育管理理念

学校充分发挥杭派专家教师的引领作用。杭师大教授、中国教育学会教育学分会德育专业委员会副主任委员赵志毅来学校为全体教师开展了一堂题为"让学校德育成为道德的事业"的讲座，使教师对德育工作的意义有了深刻的认识。学校的援疆干部利用他们先进的学术优势，为教师们开展教育讲座，第九批第一期援疆干部俞伟副校长的德育讲座"携手家长助推学校德育教育效能"，将理论与实践结合，从目前教育现状、中国式家长的特征、教师的职业特征、教师与家长矛盾的原因几个方面分析，认为化解教师与家长的主动权在教师。另外，由杭州市援疆指挥部、杭州师范大学联合主办，杭州师范大学外国语学院和阿克苏市高级中学联合承办的杭阿共建"智慧＋空中丝路课堂"也充分发挥了示范引领作用，基于教师发展的讲座已开设了10期，其中包括邀请杭州优秀德育专家开展德育管理讲座，帮助学校德育队伍建设。基于学生成长的讲座已开设7期，借助这一平台，把先进的德育理念辐射至阿克苏地区多所学校，同时，也让学生在其中获得丰富的体验，拓宽眼界和思维。

3. 智力援建，推动学科德育建设

针对阿克苏市学生普遍在英语和数学学科上底子薄、基础差的情况，援疆教师向这两个学科倾斜，并在建校初期建立数学青蓝工作室，尝试翻转课堂这一新的课堂教学模式，引导学生学会用科学思维自信地表达。杭州师范大学外国语学院分批派来英语系教授指导学校英语教学的开展和各类教育交流。今年暑期杭州师范大学外国语学院派了10名大学生志愿者来校与学生面对面交流，通过空中丝路课堂与杭州学生同上一堂课，让学生通过交流，更自信地表达自己。学生用英语给大学生们介绍了新疆阿克苏的风土人情，对于自己的家乡，

有满满的自豪感。

素质教育任重而道远，德育工作永无止境。面向未来，学校决心在杭州市援疆指挥部，各级党委、政府和教育主管部门领导下，一如既往地突出德育这个学校教育永恒的主题，认真贯彻党的十九大和十九届二中、三中全会精神，坚持立德树人这一根本任务，全面增强贯彻党的教育方针政策的自觉性，全面实施素质教育，大力推进教育改革和发展，真抓实干、常抓不懈、不断创新、争先创优、珍惜荣誉，全面推动我校德育和依法治校工作在和谐创新上再上新台阶，为培养全面发展的社会主义事业建设者和接班人而努力奋斗。

｜ 第二节　援疆育人品牌之天文社

在国家援疆政策的引领下，在浙江省政府、杭州市政府的关心支持下，阿克苏市高级中学天文台建设项目被列为杭州市援疆建设项目。2013年4月由阿克苏市教育局投资建成阿克苏市高级中学天文台（独立二层天文楼）；2013年10月由浙江省杭州市教育局提供资金采购、安装天文仪器设备，具体设备采购及安装调试工作由杭州高级中学林岚老师和储王伟老师承担。项目建设期间得到中国科学院国家天文台武向平院士及胡景耀首席科学家的大力支持。当时，阿克苏市高级中学天文台是我国最西端中学天文台，也是我国中学天文界设备最齐全、仪器最先进的远程控制天文台（远程控制部分设备主要由4m全天域昊天天文圆顶、500mm口径的PlaneWave主镜、Paramount ME‖赤道仪构成）。

一、天文社运作简介

天文台建成以来，在杭州市援疆指挥部和杭州高级中学的大力支持下，阿克苏市高级中学组织开展了丰富多彩的科技实践活动。一是组织天文社成员每周三下午进行各种理论培训和天文望远镜操作培训，观看天文相关视频的知识，加强理论学习。二是组织观测水星凌日、月偏食、月全食、超级月亮等重要天象，邀请阿克苏兄弟学校、阿克苏地区的记者和社会人士前来参加观测活动。三是开展科普教育进校园活动，将市科协活动和天文科普活动相结合，让"科普进校园"，利用"科技周""科普日"组织天文科普活动。四是组织其他学校学生来校天文台参观，了解天文知识，扩大天文知识的宣传。五是制订天文社备赛方案，积极参加各级各类大赛。

二、阿克苏市高级中学天文社备赛方案

流程一：纳新（9月初）

每年9月初，面向新生以及其他年级对天文方面感兴趣的学生进行纳新。

流程二：基础知识学习（9月中旬）

招新结束，社团第一步需要教授一些基础的天文知识，天文社团辅导老师和2017届天文社成员进行模块化讲课，帮助新社员学习天文知识。

流程三：望远镜操作培训（9月下旬）

（1）活动目的：利用社团活动期间培训，教授他们关于天文望远镜的知识以及操作，给他们一个接触天文器材的机会。

（2）活动流程：

① 进行望远镜原理、种类、使用、保养等的相关介绍（发放相关纸质资料，以备讲解时用）；

② 利用天文社自己的望远镜进行实物教学；

③ 望远镜手柄操作培训；

④ 将望远镜搬到室外（中区操场）进行实地观测。

附：留下部分人收拾社团教室；提前有人在操场布置好场地。

流程四：天文奥赛培训内容（10月初）

天球和天球坐标，绘制天球及天球坐标系。天文望远镜。星空区划和四季星空，

抄写四季星空著名星座。月相、日月食。绘制月相成因示意图。论述日月食类型和成因。自治区赛前总复习。太阳系。地月系。地球及其运动。恒星及论述恒星演化过程。星系。

流程五：操场观星（11月中旬）

挑选一个晴朗的晚上，仪器部和天文信息部一起组织社员在操场进行观测。

流程六：天文摄影比赛（11月）

（1）11月2日到11月16日，开展天文摄影比赛。

（2）作品将由老师以及学生共同评定，于11月23日发放社团内部奖品。

流程七：其他活动

除以上活动外，社团还将组织天文知识小组学习和路边天文等常规活动，组织一起观察特殊的天像等富有特色的活动。这些活动大大地丰富了学生的业余生活，让每个同学都在天文社学到了知识、增加了兴趣，同时也体会到了家的感觉。

学校天文社的活动资源坚持边实践、边研究、边开发，不断充实校本天文课程的内容，完善天文课程教材，使学校的天文课程得到了更大程度的认可。将来，学校的天文课程不仅要面向本校学生，还要面向南疆更多的学校，发挥其辐射带动作用。学校"远程控制"天文台也可以为其他学校及社会各界天文爱好者提供平台，实现资源共享共生。而且，天文社常规活动，不仅能提高学生的文化素质，通过学习合理利用天文科学设备、吸收科学知识、感悟科学道理，还能培养学生的科学素养，让学生形成学习天文、学习科技的良好氛围，借此活动在同学之中营造一种尊重科学、崇尚科技的氛围，从而一步步地消除青少年不科学的极端思想，为新疆去极端化做贡献。

三、天文社活动案例

阿克苏市高级中学"太阳黑子短周期观测"活动方案（2018年）

（一）活动主办方

阿克苏市高级中学天文台

（二）活动主题

太阳黑子短周期观测

（三）活动背景

1.社会背景

随着2016年9月15日22时4分"天宫二号"空间试验站的顺利发射，我国在航空航天事业上取得了进一步的发展，人类已经将目光聚焦在更加广阔的宇宙空间，越来越多的青少年成为天文爱好者。为了更加广泛地宣传普及天文知识，进一步提升阿克苏市高级中学校园天文文化的品位，特开展了本次"太阳黑子短周期观测"，并借此机会来让同学接触天文，感受天文的奥妙与神奇，体验宇宙的广阔、星空的美丽、太阳的炽热、月亮的皎洁，拓宽同学们的视野，打开同学们的天文视窗，培养同学们对天文与科技的兴趣，满足他们学习天文科技知识的热切愿望和要求，同时让更多的人了解天文、喜欢天文，在学生当中推广天文、普及天文。同时，该活动有利于学生的全面发展，提高学生的文化素质，也有利于学生形成学习天文、学习科技的良好氛围。

2.学校背景

学校拥有全国前列的中学生远程控制天文台，这也是我国中学天文设备最齐全、仪器最先进的远程控制天文台。还具有一流光学性能的 Omni XLT 127 施密特–卡赛格林折反射望远镜、Omni XLT 80 折射望远镜、Omni XLT 150 牛顿式反射望远镜及适合连接数码单反相机进行天文摄影的天文望远镜等专业观测设备，为了将天文科普活动扎实有效地开展，学校开发了天文校本课程，开展了有计划、有目的的天文教育活动，并多次邀请国家天文台胡景耀教授及武向平教授来学校开展天文科普讲座。2015年3月初国家天文台张博士来我校指导观测活动，进行了为期一周多的技术指导与交流。

3.科普背景

学校天文台2015年被评为新疆维吾尔自治区"优秀科普基地"，天文负责教师石钰智老师被评为优秀科普工作者，同时学校天文综合实践活动"揭开木星神秘面纱"获得自治区一等奖并参加了全国决赛；在全国中学生天文奥林匹克竞赛中，学校有两名学生进入全国决赛。在此背景下，天文社计划开展本次活动。

（四）活动目标

（1）知识目标：了解太阳黑子的周期变化，学会太阳黑子的投影观测方法；运用太阳球面坐标和黑子分型的相关知识，学会太阳黑子相应观测资料的处理方法。

（2）能力目标：培养学生用多种手段、多种途径来获取、整理、分析、处理信息的能力；鼓励学生大胆提出自己的新观点、新方法、新思路，激发他们探究和创新的欲望。

（3）情感态度和价值观：了解天文、喜欢天文，在学生当中推广天文、普及天文。同时，该活动有利于学生的全面发展，提高学生的文化素质，也有利于学生形成学习天文、学习科技的良好氛围。此活动可在同学之中营造一种尊重科学、崇尚科技的氛围。

（五）活动流程

（1）活动准备阶段：组织天文台成员进行互动前期准备；组织学生进行调查问卷，摸清学情；拟订活动方案，准备相关设备材料。

（2）活动实施阶段：太阳黑子资料的收集；太阳黑子科普讲座；太阳黑子展板宣传；PM科普展览、讲座；动手观测、认识太阳黑子周期；对比分析，再次观测；多个地点观测PM；分析观测图片、数据。

（3）活动汇报展示阶段：总结、交流与探讨；"太阳黑子"照片集；活动宣传、成果传播。

（六）活动所涉及对象、人数

学生为高一、高二年级的学生，具有探索新知识的能力和热情。本次实践活动主要督促学生动手观测，学习收集资料，汇总照片，培养他们的动手能力。

（七）活动主体部分

1. 前期

（1）材料准备。

① 根据组员的实际情况和特点，让细心耐心的刘少华同学参与记录汇总，让操作能力稍微强一点的赵晓龙同学参与观测与拍摄，并且担任素描工作。

② 小组成员初步了解望远镜的各个组件，进行 EQ 1 的拆卸工作，让成员更能直接地了解望远镜的内部组件，随后又拿出了 EQ 6 电动望远镜与日珥镜等先进的器材设施供成员们了解，进行理论的研究。并且我们还配备了一架佳能 600 D 的照相机，供拍摄使用。

③ 组员已经了解了天文望远镜的内部主要结构，并且能快速地完成拆卸与组装过程，为后续的观测提供了强有力的保证。

④ 天文科技知识调查问卷。

2. 现场流程

此次周期性观测共分为 8 小次，组员每次都有不同的收获与感受，更能深刻地认识到自己的不足，也能激发我们的学习兴趣与动手能力，使得学校更能充分地了解我们的业余爱好，抓住并培养起来，也能让教师有所反思，如何带动课堂氛围，提高学生学习兴趣、作业效率。

（1）调节望远镜，使日面像进入视场，并按要求把记录纸固定在投影屏上，启动转仪钟。

（2）调节望远镜的焦距，使日像最清楚。

（3）调整投影屏的前后位置，使日像大小与观测纪录纸上的圆重合。

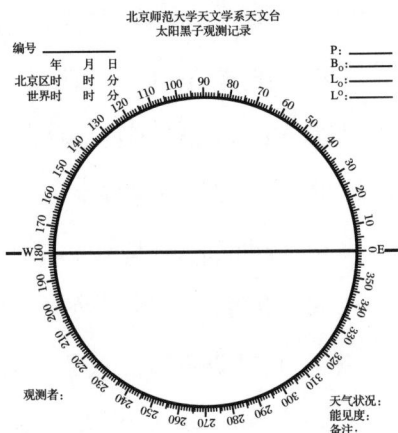

（4）确定投影屏上图纸的东西方向：调节望远镜，使其沿着赤经方向来回微动（利用电钮控制或手动操作杆来实现），移动图纸，使黑子严格地沿图纸上的东西方向运动（即图纸上的东西线与黑子移动方向一致）。

（5）描绘黑子时要求大小、形状尽可能一致，位置要准确。下笔时先轻描，当位置准确后再重描。先描本影，后描半影，全部描完后，再检查一遍，看是否有遗漏的小黑子。

（6）最后记录观测完毕的时刻及观测当日世界时为0h的P（日轴方位角）、B0（日面中心纬度）、L0（日面中心经度）和天气状况等。

3.后期

（1）黑子的分群、编号、分型。

一般相距极近的几个黑子属于同一群，但也有仅一个单独黑子而相当于一群的。分群后，按黑子出现的先后，自西向东给黑子群编一个顺序编号。依据黑子的分型标准，给各群黑子标出所属类型。

黑子群有多种分类方法，在此只介绍苏黎世天文台的分类法：按照黑子群

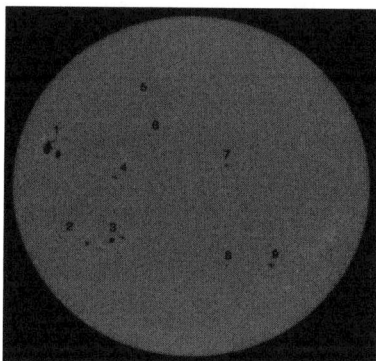

黑子群编号图

演变的发展阶段分为 A，B，C，D，E，F，G，H，J 共9种类型。演变到最强是 E 型和 F 型，演变到最末是 J 型。

A 类：没有半影的黑子或者单极小黑子群。

B 类：没有半影的双极黑子群。

C 类：同 B 类相似，但其中一个主要黑子有半影。

D 类：双极群，两个主要黑子都有半影，其中一个黑子是简单结构；东西方向延伸不小于10°。

E 类：大的双极群，结构复杂，两个主要黑子都有半影，在两个主要黑子之间有些小黑子；东西方向延伸不小于10°。

F 类：很大的双极群或者很复杂的黑子群；东西方向延伸不小于15°。

G 类：大的双极群，只有几个较大的黑子；东西延伸不小于10°。

H 类：有半影的单极黑子或者黑子群，有时也具有复杂的结构；直径大于2.5°。

J 类：有半影的单极黑子或者黑子群。

（2）将计算结果填入表格。

20　年　月　日　　世界时：　　　　P：　　　B。：　　　　L：

编号	坐标			r／R	方格数		Sd		Sp		r	分型
	纬度	经度	中经距		全群	最大黑子	全群	最大黑子	全群	最大黑子		

相对数：S：＿＿　总：＿＿　　　面积 S：＿＿　总：＿＿
　　　　N：＿＿　　　　　　　　　　　N：＿＿

（3）可能出现的问题及解决预案。

可能出现的问题	解决预案
学生在收集有关资料时有困难	教师给予指导，提供该领域内通俗易懂的刊物、文章、网站等资源。可以全社互相推荐、共同分享
安全问题。外出调研时存在一定的危险性，特别是有道路、河流的区域	室外活动中一定要分组进行，强调纪律性和组织性，一定要有学校有关人员的统一带队和指挥。教师事先做好考察工作
天气问题。春夏季易发生雷雨，秋冬季易出现大风天	教师提前了解天气预报，及时调整活动时间
兴趣问题。活动周期长，对学生要求较高，部分学生可能兴趣减弱、毅力不够	充分了解每位同学的兴趣和特点，采用小组分工协作的方法。争取调动全部参与活动学生的热情。同时进行阶段汇报，及时鼓励

（4）活动效果与呈现方式。

① 特色资料展览：在校园展览活动过程和结果的材料，如方案、问卷、照片、报告、论文、倡议、总结及其他材料。

②"太阳黑子照片集"。

（5）效果评价标准与方式。

① 过程评价：每一次活动学生都要有完整、规范、真实的活动记录，教师对每次活动都给予鼓励评价。

② 成果评价：开设多种形式的成果展示，如研究报告、摄影作品、调研日记等。

③ 教师评价。教师根据每次参与活动的学生人数、记录、结果等进行评价并开展经验交流。

④ 学生评价。评价原则为操作简单、激励性强、客观反映学生参与活动的积极性和获得的成果，重视学生各方面能力的提高。

太阳黑子短周期观测计划

（一）指导思想

在当下新课改的理念下，开展丰富多彩的科技创新活动，研究设计太阳黑子实验，有利于激发学生参与综合实践活动的浓厚兴趣和研究创新热情，展示他们的实践能力，培养他们的创新精神和科学素养，锻炼学生的科技实验设计能力及动手实践能力，培养大家的创新能力和团队协作能力，在广大学生中普遍形成爱科学、学科学、讲科学、用科学的良好风气，丰富校园文化，培养一批天文爱好者，促进中学生科技教育的深入开展，整体提升素质教育的实施水平，为今后开展天文实践活动打好坚实的基础。

（二）活动目的

（1）天文观测是一门实践性很强的活动，可以让学生在天文观测活动中获得知识、锻炼能力、体验成功。同时也使大家了解了天文知识，亲身体验了一番探索宇宙、太阳奥秘的历程。

（2）天文综合实践活动可以有效激发学生的科学兴趣，培养学生的动手能力和思考问题的能力，帮助学生树立正确的人生观、价值观。

（3）认识太阳黑子的变化规律，了解太阳黑子对气候的影响，以及对地球的影响。

（三）活动主题

观测太阳黑子短周期变化规律

（四）活动负责人

指导教师：牟伟伟　徐茂　杨鹏　　　　社长：刘少华　赵晓龙

（五）活动地点

阿克苏市高级中学天文台

（六）活动安排

1. 第一阶段：准备阶段（2018年7月1日—7月17日）

（1）活动启动（2018年7月1日—8月10日）

认真宣传发动，积极动员学生主动参与科技创新活动。结合学校实际，确定本次活动主题，明确活动目的。确定活动参与人员，合理分工，制订具体的活动实施计划。

（2）活动准备（2018年7月11日—7月17日）

小组成员对活动进行需求分析，明确活动所需要的仪器，小组分工着手开始准备仪器及活动过程中所需要的其他辅助工具及记录工具。

2. 第二阶段：组织实施阶段（2018年7月18日—8月12日）

按计划制订本次活动实施方案和措施（2018年7月18日—8月12日）

第一次观测：（2018年8月5日）确定时间观测，并做好观测记录。

第二次观测：（2018年8月6日）确定时间观测，并做好观测记录。

第三次观测：（2018年8月7日）确定时间观测，并做好观测记录。

第四次观测：（2018年8月8日）确定时间观测，并做好观测记录。

第五次观测：（2018年8月9日）确定时间观测，并做好观测记录。

第六次观测：（2018年8月10日）确定时间观测，并做好观测记录。

第七次观测：（2018年8月11日）确定时间观测，并做好观测记录。

第八次观测：（2018年8月12日）确定时间观测，并做好观测记录。

3. 第三阶段：成果展示阶段（2018年8月13日—8月18日）

（1）整理过程性材料（2018年8月13日—8月15日）

（2）撰写活动报告（2018年8月16日—8月20日）

（七）活动要求

1. 活动成员要高度重视、积极参与、按时到位，认真完成自己的分工任务。

2. 按计划制订活动方案，措施到位。

3. 精心组织，注重实效。增强科普活动形式的互动性，提高学生的参与热情。

4. 认真总结，积累经验。注重总结科技实践活动过程中的成功做法和典型经验。

（八）活动经费

打印材料费：200元。购买材料及其他费用：300元。

太阳黑子短周期观测报告

（一）观测记录

1. 第一次观测

由于是第一次观测，我们准备的观测仪器略显不足，天气也不是很好，有许多的云，所以我们拍摄用了很多时间，不过当我们拍到太阳时，内心还是很开心的，但在对焦后一个螺丝卡死了，导致时间浪费了许多。等我们对焦完成后，太阳的全貌出来了，不过望远镜中太阳还是有些模糊，在经过许多时间后，才勉强拍摄到一些图片。

第一次观测有许多地方不是很到位，我们也手忙脚乱的，不过通过这次拍摄对仪器的熟练度大大提升，我们相信明早可以拍出更好的图片。

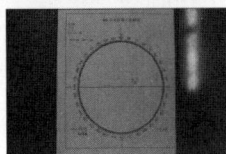

2. 第二次观测

经过昨天的观测，对太阳黑子已经有了一些初步的了解，堆一起也有一些认识，但校准后，我们在上目镜看到了黑子，取下来上照相机，黑子却不见了，无奈之下只能周而复始。等小的拍完后，上五倍增倍镜，但尴尬地发现，镜子中呈现的是白茫茫的一片。最终在烈日下奋斗了一个小时左右，我们终于拍摄到了黑子，也算是完成了一上午的拍摄。

此次上午的观测可谓漏洞百出，在每个环节都有或多或少的偏差，最大的原因可能就在于对理论知识了解得不够详细，就急急忙忙地投入到了实战操作中，导致拍摄陷入一个又一个的僵局中，所以要加上理论的认识，提高实战的操作。

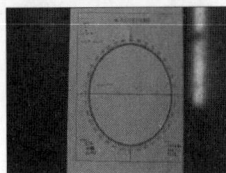

3. 第三次观测

　　下午的观测明显比上午要顺利许多，这说明每一次拍摄都有或多或少的进步，并且我们还从中了解了一个小知识，就是放弃对目镜的使用，全身心地投入到照相机的使用中，运用照相机代替目镜，可以大幅度地节约时间，从而给其他的步骤提供有力的保障。但在辛苦的拍摄完成后，却面临着更困难的一项，就是对仪器的拆卸，既要抓稳仪器，又要扭动螺丝，不能存在丝毫的偏差，因为失之毫厘，差之千里。拍摄没有放大的黑子可谓渐入佳境，但对五倍增倍镜下的大黑子的情况却束手无策，不断出现问题。

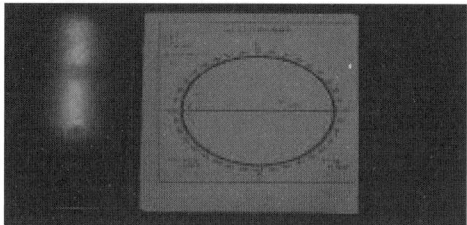

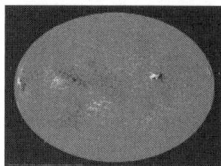

4. 第四次观测

　　经过昨天的观测，我们也大概了解了对黑子观测的步骤和太阳黑子的原理，最开始的一部分虽然说不上得心应手，但也不会像最初一样张皇无措，却还是在一个小步骤上总是出现僵局，这就是对五倍增倍镜的组装上，不过不能将其省略掉，因为这不仅仅是观测的难点，同样也是观测的重点，所以一定要克服。我们想不出任何的办法，导致最后的计算沃尔夫黑子相对数和黑子的类型与分类中总是与时间赛跑，并且使用微调螺母的时候也有诸多不便。

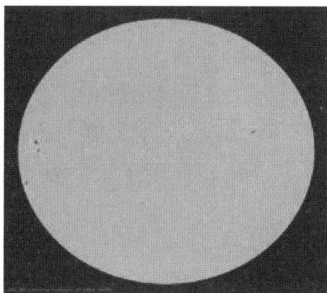

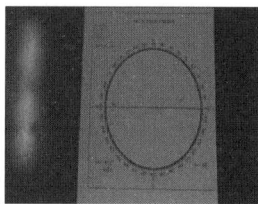

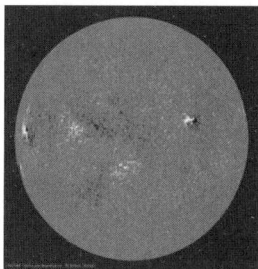

5.第五次观测

　　经过昨天一晚的思考，对于五倍增倍镜的处理似乎有些眉目，因为在昨晚研究照相机的时候，发现上面有一个按钮是增大倍数的，这样便可以在照相机增大倍数的情况下换上五倍增倍镜，节约大量的时间来处理其他的事，但是理想和现实总是相冲的，照相机刚调好倍数换上五倍增倍镜还是白茫茫的一片，什么都没有，原来在五倍增倍镜的情况下，黑子的移动是非常快速的，所以换取五倍增倍镜时必须要快，而且要学会抓拍，这样才能对黑子的拍摄达到可以看清米粒组织的地步上。

　　此次的拍摄总体来说还行，但也伴随着些许瑕疵，有一部分原因是EQ1的微调螺母使用起来很不方便，浪费了大量时间。

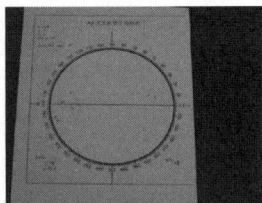

6.第六次观测

　　吸取上次拍摄的教训，这次我们没有使用EQ1，而换上了EQ6，因为前者是纯手动，而后者是全自动，但因为EQ6操作起来过于麻烦，所以一直没有拿出来，昨天的EQ1的微调螺母使用起来诸多不当，EQ6也是拿遥控校准，所以调起来比EQ1要方便许多，但今天的拍摄却不怎么好，因为天气的缘故，过厚云层将部分黑子遮挡起来，导致拍摄时间比以往都要长，并且使用EQ6也处于磨合期，使用起来也有些别扭，遥控器上按键都是纯英文，有些单词不明白是什么意思，使得仪器多次出现卡机现象，对本来拍摄厚云层的我们无疑是雪上加霜。

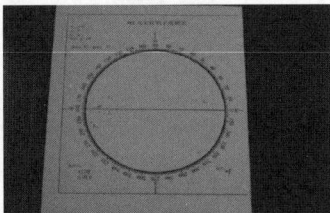

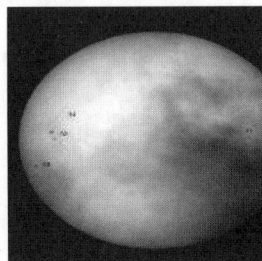

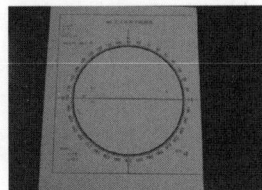

7. 第七次观测

人们常说"人生不如意事十之八九"，昨天上午的拍摄结束后，本想着下午再磨合一下，可无奈的是下午是个阴天，一点太阳都看不见，只能放弃当天下午的拍摄了，到了第二天，太阳却一贯延续着昨天下午的风格，继续阴沉着脸，使得拍摄困难重重，但也不是一点收获都没有，因为我利用这差不多一天的时间，对太阳进行了更加彻底的了解，也对仪器进行了进一步的磨合，使得下午的拍摄勉强可以用上"得心应手"这四个字来形容了。但是对遥控的使用还是没有恰到好处，出现了许多不应该的问题。虽然一次比一次的观测情况要好，可是对于遥控的认知还是略显不足，因为遥控虽然比微调螺母要好，难度却也上了一个档次，所以要更加下功夫。

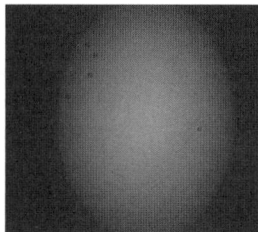

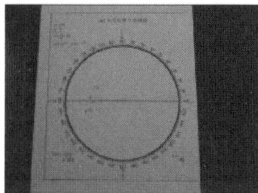

8. 第八次观测

这次观测是最好的一次，但也是最后一次。回想起前几天观测的时光，我也轻松地笑了起来，虽然遇到了重重的困难，也有许多次坚持不下去，但也都咬咬牙挺了过来，正是这一次次的观测激发了我对天文的兴趣，也是这一次次的观测教会了我一句话——坚持加努力就是成功。本来观测还有一次的，提前结束也有许多的迫不得已，最大的原因就是天公不作美吧，整整一个下午太阳都没出来，但也给我们下午统计数据带来了充足的时间。

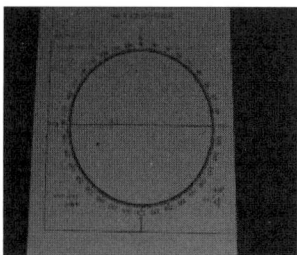

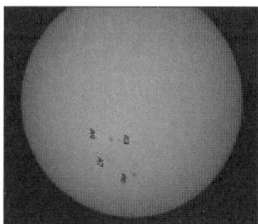

此次观测有许多的不足，也有许多的不舍，但正是这一次次的努力，带给了我对成功的信念，这些记忆绝对是我们一生的财富。

（二）天文科技知识调查问卷

向学生发放天文科技知识相关调查问卷，并组织学生认真填写，确保调查问卷的有效性，安排学生负责回收有效的调查问卷。

（三）总结评价

（1）这次的研究性学习给了我们很多的收获，让我们受益匪浅，在我们齐心协力的合作下，我们的观测活动正常有序地进行。

（2）拍摄出我们自己的太阳黑子的照片，得到观测数据，制作表格。

（3）与此同时，在一次次的观测活动中，我们发现问题并有效地解决问题，在每一次观测活动中我们都收获经验去完善观测过程。

（4）我们领略到真正的科学精神，能够用一个科学的心去看待观测数据，从而得出结论，知道了科学的严谨性。

（5）在观测活动中，我们分工明确、各司其职，使得整个观测活动秩序井然，确保整个观测活动顺利进行，观测活动所取得的成果都比较理想，整个观测活动开展得很成功。

（四）成果与收获

1.学生方面

太阳黑子的观测活动，极大地激发了学生们对天文的兴趣，很大程度上提高了学生对星空奥妙探索的欲望。太阳黑子的观测过程中，提升了学生的动手能力，使学生能更深入地了解科学的魅力，为以后的天文观测创造更好的条件。学生在对黑子的观测中，能够磨炼自己的心智、增加自己的知识，真正地爱上天文这一方面。

2.教师方面

一是教学理念的转变。通过这次太阳黑子的观测，教师们可以明显地感觉到与课堂上生硬的教学理念不一样，只有学生们自己动手、自己参与，才能最大程度上激发学生们的兴趣，让学生们从"要我学"转变为"我要学"，从而提高教育教学能力。

二是专业素质拓展。在观测的过程中运用了物理学科的知识，太阳物理和空间科学相结合，拓展了我们对物理学知识的了解，激发了学生对物理学的兴趣。

3.学校方面

丰富了校园业余文化，让学生在实践中成长，增加学生动手观测能力，让学生们能找到学习中的乐趣，提高学习质量、增强学习效率，让教师能够更加深刻地了解如何才能带动课堂的氛围，让学生更能专注地投入课堂中去，让教师有反思，让学生快乐地学习。

4.成果展示

通过曲线图可以看出，在这一个小周期内沃尔夫相对黑子数与黑子数变化图呈现的上升趋势。

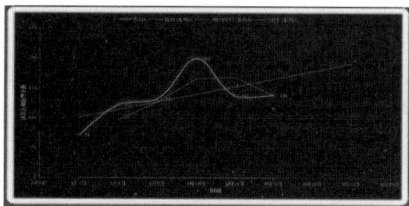

沃尔夫相对黑子数与黑子数变化图

通过此次学习，成员们已经可以熟练地掌握 EQ 1 与 EQ 6 的拆卸与组装，明白一些仪器的详细使用过程，可以快速地找到黑子并完成抓拍。太阳黑子的观测，是对学生们动手操作能力的一个考验，更是对性格毅力的一种养成，并且这一系列的变化，可以锻炼学生们的应变能力，这些都是以后步入社会良好的借鉴。通过此次太阳黑子观测活动，让学生们更加深刻地了解天文对人们的重要性，了解天文基础，激发学生对天文的兴趣。

5.反思与展望

学生对仪器没有过深的了解，导致仪器使用时有诸多不便；对于黑子不能快速地寻找与抓拍，导致大量时间耗费在此处；天气原因，导致缺少两到三次的拍摄。

"一个仰望星空的民族才是大有希望的民族。"如果我们都能站在这个角度去定位天文科技活动，那么我们就为祖国的天文事业播下了希望的种子。学校的天文科技创新活动，会一步步地从小做起，不断为学生提供条件，让他们开始动手实践，在实践中锻炼能力、激发潜能。天文社会持续以天文科技活动为主题，唤醒孩子们对科技创新的激情，激发孩子们对天文的热爱，培养学生爱科学、学科学的兴趣，带动新疆天文活动的再发展。

四、天文社活动论文

太阳黑子观测探索宇宙奥秘

阿克苏市高级中学天文社　刘政江、张彬芝　指导教师：杨鹏

摘要：太阳黑子与太阳活动的强弱有着重要联系，观测太阳黑子从而了解太阳黑子的变化规律以及其对地球的影响，能够进一步加深我们对太阳的认识，同时基于对太阳黑子的观测能够让我们更好地去了解宇宙，在不断的宇宙探索中提高我们保护地球的能力。

关键词：太阳黑子短周期变化；观测实践；天文兴趣

（一）引言

1.概述

说起太阳黑子这个词，大家一定不会陌生，在人教版高中《地理必修1》第一章"太阳对地球的影响"这一节中就有所介绍。而且随着科学技术的发展，人们对宇宙的探索也在慢慢深入，太阳黑子这一神秘现象也越来越引起人

们的注意。各大媒体对太阳黑子的活动也越加感兴趣，一时间，太阳黑子被人们当作议论的焦点，然而太阳黑子真有这么神秘，如此神乎其神吗？让我们来揭开它神秘的面纱。

何谓太阳黑子？太阳黑子是太阳表面上的气体旋涡，温度比邻近的区域稍低，看上去就像一些深暗色的斑点。据观测，形成太阳黑子的气体旋涡中心深达1000千米，内部物质的运动达每秒两千米。黑子是太阳表面可以看到的最突出的现象，一个中等大小的黑子大概和地球的大小差不多。黑子的形成和消失要经历几天到几个星期不等。当强磁场浮现到太阳表面，该区域的背景温度缓慢地从6000摄氏度降至4000摄氏度，这时该区域会以暗点形式出现在太阳表面。在黑子中心最黑的部分被称作本影，本影是磁场最强的区域。本影周围不太黑、呈条纹状的区域被称为半影。黑子随太阳表面一起旋转，大约经过27天完成一次自转。

太阳黑子具有明显的11年盛衰周期，而这种周期性活动常使地球上发生一些神奇的反常现象。在我国史书上也有着丰富的黑子目视记录，仅正史上就有100多次。现在公认的世界上第一次明确的黑子记录是公元前28年我国汉朝人所观测到的。在《汉书·五行志》里是这样记载的："成帝河平元年三月乙未，日出黄，有黑气，大如钱，居日中央。"在西方，太阳黑子长期被忽视。亚里士多德认为太阳是完美无缺的，因而"太阳上不会有黑点"的观点一直持续到17世纪。1610年，意大利天文学家伽利略首次用望远镜看到了太阳黑子，发现黑子是太阳表面非常普遍的现象。不过，这一观测结果与当时的宗教教义相抵触。直到1818年开始才有比较常规的每日黑子观测，从而有比较可靠的黑子资料。1610—1818年间的黑子记录资料是不连贯和不均匀的，存在各种系统误差，尤其是1750年以前的观测记录存在很大的不确定性。

2. 目的和意义

太阳黑子的复杂性和对地球的强烈影响致使我们不得不对它进行研究与观

测，科学家们对其真正的特性和规律已经有所了解。而处于高中阶段的我们由于受自身知识和测量工具的限制，主要是对太阳短周期内的变化进行观测和分析，目的是加深我们对太阳黑子的了解，丰富自身的天文知识，能够熟练操作天文基本观测设备，掌握分析天文现象和处理天文测量数据的一些基本方法和技巧，提高自身的动手实践能力和科技创新能力，能够在高中阶段体验科学研究的乐趣。

对太阳黑子的观测时间是一周，主要是为了了解太阳黑子在短时间内其有何变化和特征，黑子观测主要分为三个阶段：黑子观测前期准备、观测期间数据收集和注意细节、后期数据分析处理。

（二）太阳黑子观测

1. 太阳黑子观测前期准备

在前期准备工作中对太阳黑子相关文献资料的收集和查阅是首先要做的工作。相关资料收集和查阅的主要渠道是网络知识百科和学校图书室，所涉及的内容主要有关于太阳黑子的知识介绍和人类对黑子的观测历史以及太阳黑子活动对地球影响的相关研究文献资料。

通过查阅文献资料发现，在古代，人类对黑子的了解主要通过肉眼观测和口头描述，人们对其了解不是很多，而且与神话和迷信思想联系在一起。在近现代，随着科技的进步，折射和反射以及射电望远镜被广泛用来观测黑子，人们对黑子的了解也越来越多，但在文献资料中发现，人们对太阳黑子短周期内活动和细小变化的观测不是很多，相关的描述和分析资料比较欠缺，这也是我们选题的原因之一。

其次就是观测设备的准备。本次观测中准备的主要设备有折返式天文望远镜信达 EQ6-R，该望远镜具有自动寻星系统的能力，极轴、赤纬轴都装有同步电机，能够实现双轴自动跟踪，安装在天文望远镜目镜端用以观察太阳日珥及太阳表面活跃度的光学配件日珥镜、巴德膜太阳滤光片，能够增大摄录机的光学变焦倍数的增倍镜，用来观察前方光学系统所成图像的目视光学器件目镜以及600D佳能单反相机和一台联想笔记本电脑，所运用到的软件是一款专业观测黑子的软件Sunspots。

2.观测期间数据收集和要注意的问题

对太阳黑子的短周期观测周期是七天，在这七天中对太阳黑子的变化总共观测了八次，每次观测后都对太阳黑子相关数据和图片进行了分析对比，且对特征相似的黑子进行了分类。

在观测中通常遇到的问题主要有以下几个方面：

（1）天气问题。我们都知道在天文观测中天气状况会对观测带来很大的影响，万里无云的天是最佳观测天气，多云天气会影响到观测太阳的清晰度。

（2）对观测仪器的操作熟练程度不够会导致错过最佳观测时机和观测时间过长的问题。

（3）地理位置要选择在较高的位置，周围没有物体遮挡太阳光影响观测。

每次观测前要对设备进行检查，确保能够正常运行。

3.后期的数据处理和分析

对太阳黑子观测数据进行处理和分析的主要软件是Sunspots软件，对这8次观测数据进行分析对比结果见下表：

黑子类型数据库

类型	A型	B型	C型	D型	E型	F型	G型	H型	J型
8月7日上午	0	0	0	0	0	1	1	0	0
8月8日上午	0	0	0	0	0	1	1	0	0
8月8日下午	0	0	0	1	0	1	2	0	0
8月9日上午	0	0	1	2	0	1	1	0	0
8月9日下午	0	0	1	2	0	1	1	0	0
8月10日上午	0	0	1	0	0	0	2	0	1
8月11日下午	0	0	0	0	0	0	2	1	1
8月12日上午	0	0	0	0	0	0	2	1	1

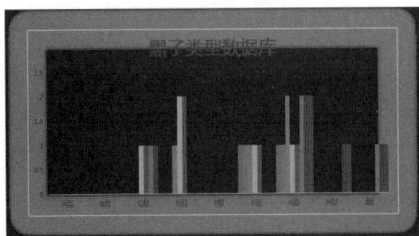

黑子类型数据库

相对数与黑子数关系

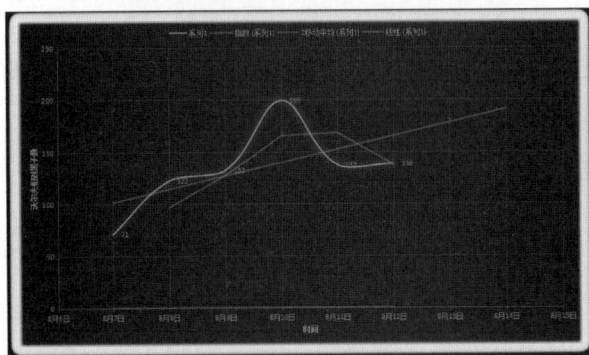

沃尔夫相对黑子数变化

通过上述图表的数据对比分析发现，在8月7日至8月12日这个小周期内，沃尔夫相对黑子数在整体呈现上升趋势，说明太阳活动在逐步增强，在8月9日至8月11日期间出了一个沃尔夫黑子数增幅比较大的阶段，说明该阶段太阳活动比较强，白光耀斑和太阳风也处于一个活跃期。

此外，我们还对观测到的太阳黑子根据其性质和特征进行了分类比较。

（三）总结

太阳黑子短周期的观测和分析实践活动，取得的主要成果有以下几个方面：

一是丰富了本人天文知识，对太阳黑子以及太阳本身有了一个更加清楚的了解，知道了黑子数的多少呈现出太阳活动的强和弱，向探索宇宙的方向又迈进了一步。

二是通过本次实践活动熟悉了对基本天文观测设备的操控，掌握了分析处理天文观测数据的方法和技巧。

三是对科学精神和科技创新有了一次深刻的体验，学会了发现问题并能够独自解决问题的方法和思路，挖掘自身潜能，对科学探究充满了兴趣。

四是本次观测活动是在团队合作下完成的，组员之间的相互配合十分重要，通过本次活动，组员都意识到了团队合作的重要性，团队协作意识得到了加强。

五、活动心得

太阳黑子小周期观测与计算活动心得

我很高兴也很荣幸地参加了这次观测活动。在活动前我查找了很多有关太阳黑子的资料，让我知道了很多我以前不知道的知识，也让我重新认识了我们的母亲——太阳。黑子数的多少呈现出了太阳活动水平的高低，黑子像一个使者，他告诉我们太阳的状况，太阳的活动深深地影响着我们。

参加科学实践活动使我收获了很多知识，以前对太阳的了解不是很多，主要是通过视频了解。活动中我查阅了天文台的图书从而了解了关于太阳的知识，也加深了对太阳的认识。我们从何而来，我们人类的未来由谁决定，这些问题的答案就是我们的太阳。了解太阳的活动就是在了解我们的过去和未来，太阳为我们提供了我们所需要的一切，包括我们的身体。了解太阳的活动可以帮助我们从事各种工作。

活动中我们慢慢体现出团队合作的默契，观测时有条有理，我们和老师相互沟通学习。在观测时也出现了很多的问题，我们努力地去思考如何解决问题，活动中我们需要处理大量的数据，在老师的指导下我们使用电脑软件去分析，老师告诉我们要自己想办法解决，问题一个一个地出现，我们从无法解决问题变为想办法解决，这个过程是很宝贵的。每天早上起来我们都希望是一个晴空万里的天气，每天都对观测充满了热情，在每次的观测中我们都能收获一些经验。

活动中我们对望远镜的使用变得越来越娴熟，拍摄太阳黑子需要熟练地操作望远镜，拍摄时需要望远镜的精准对焦和跟踪。活动第一天我们准备望远镜就用了一个小时，如何寻找目标，我们慢慢地学习。在后来的拍摄中我们变得有条不紊，什么时候该干什么就干什么。在活动中，因为我们的研究对象是太阳，所以我们常常在太阳底下工作数小时，炎热的天气一直陪伴我们，观测中的我们没有怨言，都是坚持着自己的工作。虽然观测活动艰苦，但我们也乐在其中。

科学实践活动，我认为是很好的，它提高了我们的科学素养，使我们拥有了一颗热爱科学的心，让我们对什么是科学有了一定的了解。科学活动是严谨的，科学活动是以实际数据为基础的。

这次科学实践活动给我留下了深刻的印象，我为我是天文社的一员而感到骄傲，是天文社给了我们一个平台；是天文社给了我们展示自己的机会；是天文社给了我们不一样的人生经历。我爱天文，我爱天文社。

六、天文科普知识调查

天文科普知识调查问卷

同学们：

您曾否想象过宇宙的浩渺？您曾否向往过无际的星空？您曾否试图了解过天文？这份问卷是为了调查天文科普情况，请您选择您认为最符合您的选项，非常感谢您的配合。

（1）您所在学校是＿＿＿＿＿＿＿，您所在年级是＿＿＿＿＿＿＿。

（2）您对天文知识的态度（　　）

A.比较喜欢　　　　　B.浪费时间

C.可以作为业余兴趣来培养

（3）您对天文知识有多少了解（　　）

A.有专门学习　　　　B.看过一些天文科普书籍或杂志

C.毫无研究

（4）现在你们有没有老师在为你们讲述天文知识，或者在上自然常识课等类似课上说到过一点？（　　）

A.有，而且蛮多老师都会

B.不太多，但是偶尔还是会说到一点

C.几乎没有，他们都不懂

（5）你们曾经有没有要求过学校的老师多讲述一点天文知识？（　　）

A.曾经有过，但是效果不明显

B.没有，觉得和老师不太好交流

C.有过，而且老师也同意并且说过

（6）您知道宇宙有多少个星座吗？（　　）

A.12　　　　　　　B.66　　　　　　　C.88　　　　　　　D.不知道

（7）您的学校（或您曾经上过的学校）有天文社团吗？（　）

A. 有　　　　　　　B. 没有　　　　　　　C. 不知道

（8）您有没有使用天文望远镜进行观测过？（　）

A. 有　　　　　　　B. 没有

（9）如果我们要在晚上举行一次天文观测活动，您会来参加吗？（　）

A. 会　　　　　　　B. 可能会　　　　　　C. 基本不会

（10）有调查称，现在很多人找不到北斗七星。请问您可以找到北斗七星吗？（　）

A. 可以　　　　　　B. 不可以　　　　　　C. 不确定，没找过

（11）您希望我们来举办天文讲座吗？（　）

A. 希望　　　　　　B. 一般　　　　　　　C. 不想

（12）您觉得您的家长对此的态度（　）

A. 他们也比较喜欢这方面的东西，会很赞成

B. 浪费时间，不好好学习，将来没出息

C. 可以作为业余兴趣来培养，但不会作为职业目标

（13）您希望我们用什么形式来普及天文知识（　）

A. 成立兴趣小组——学习、宣传、活动

B. 系列知识讲座——纯理论学习

C. 只在有重大天文现象时组织观测——凑热闹学习

（14）如果我们要在晚上在学校里观测星星，您的家长会同意吗？（　）

A. 应该会同意　　　B. 可能会有麻烦　　　C. 基本不会同意

（15）请勾选下列你最想听的知识，方便我们来授课

□走进流星雨

□望远镜的构造与介绍

□月球知识与嫦娥探月计划简介

　□探索太阳系

　□四季星空与星座知识

　□月球观测

　□太阳黑子观测

　□介绍什么是天文，天文的概念

　□其他＿＿＿＿＿＿＿＿＿＿＿＿＿＿＿＿＿＿＿＿＿＿。

天文科普知识调查问卷分析报告

摘要：您曾否想象过宇宙的浩渺？您曾否向往过无际的星空？您曾否试图了解过天文？随着中国教育课程改革的不断深入，国家越来越重视对学生科学素养的培养和提高。中国的教育改革已向着提高学生的综合素质方面发展，天文科普活动是培养学生综合素质、培养创造型人才的重要途径。天文科普教育正日益渗透到中学里，学生可以在科技实践活动中探索、蜕变。因此我们要大力推广天文科普，开展天文科普活动，培养新时代的全面创新型人才。这篇调查主要体现出，我市学生在天文科普知识方面究竟欠不欠缺，又欠缺多少，有待进一步探究其欠缺的原因。

关键词：青少年　综合性学科　现状　调查　天文　科普

（一）提出问题

天文学是一门包罗万象的综合性学科，与历史、地理、物理、数学等学科有着千丝万缕的联系。虽然我们常说，天文是多么有意义，星空是多么绚烂，科普知识对学生的身心发展是多么有帮助，但是在中学生中，尤其是非重点学校中，天文知识的普及率还是非常低的，可能在一个年级中喜爱天文，并且掌握一定常识的同学不会超过10个。随着科学技术日益快速地发展，天文学也在迅猛发展，引起了世界各国的关注，发达国家更是积极投入与推广天文学普及，并从小学教育就开始抓起。天文教育能吸引青少年探索科学，坚持在青少年中以普及天文科普知识为切入点，开展这次"天文科普进校园活动"，有利于让同学接触天文，感受天文的奥妙与神奇，体验宇宙的广阔、星空的美丽、太阳的炽热、月亮的皎洁，拓宽学生的视野，打开同学们的天文视窗，培养学生对天文与科技的兴趣，满足他们学习天文科技知识的热切愿望和要求，同时让更多的人了解天文、喜欢天文，在学生当中推广天文、普及天文。

因此我在此做一个调查，了解我校学生对天文常识的了解程度、哪方面擅长、哪方面不足。以此来探究其中的原因，使我们更好地进步，同时为天文科普活动做好准备工作。

（二）研究方法和过程

1.研究方法

（1）文献学习法：学习与课本相关的理论，借鉴他人成功经验。

（2）调查法：通过问卷的形式，了解现在我市中小学生对天文知识的了解程度，从部分题目中得出学生对具体知识的了解程度。对比调查了解不同学校、不同年级的差异。本课题将以调查法为主。

2.研究过程

（1）收集资料并设计调查表。

① 明确目标：通过调查来得知学生对天文的了解情况，并得出导致这种情况的原因和找出解决其办法。

② 调查问卷：问卷有十五道小题（调查表的具体内容请见附件）。

（2）访谈。对4—5名同学进行访谈，内容主要以天文对自身、社会的帮助。

（3）发放问卷。

（4）问卷回收、统计。

（5）对调查结果进行整理、分析，从而得出结论。

（三）调查统计和初步分析

阿克苏市高级中学关于天文知识了解状况调查					
调查对象：	高一年级学生和高二年级学生				
调查方式：	抽样调查				
调查问卷：	实发放 200 份，收回 200 份				
了解状况	知道	较为了解	不太清楚	完全不知道	总计
人数（人）	80	50	20	50	200
百分比（％）	40	25	10	25	100

（四）分析和结论

调查结果分析：从表格中我们看出，中学生对于天文知识有一些了解，我们从200名学生中随机抽选了几名同学进行采访，同学们主要是从《地理必修1》上有了解，有一些同学通过电视、手机、电脑了解过。我们与同学亲切沟通，了解到同学们对天文都很喜欢，希望能多多举办活动。我们很高兴与同学们完成了交流沟通，我们也对天文社的未来充满了希望。

从图表可以看到：

（1）同学们对最基础的天文常识还是有一定的了解。

（2）同学们存在着听信谣言的现象，对科学的观点不甚了解。

（3）同学们对天文的基本知识还不甚了解。

（五）总结评价

从我们的调查中体现出的比较深层次的问题就是：中国现在的教育制度导致了同学们对天文知识知之甚少。

天文属于六大自然科学（数学、天文学、物理、化学、生物、地理），而且地位仅次于数学，但是纵观我们中国的教育史，似乎从来就没有重视过天文。我想其中的原因有五点。

（1）天文知识日新月异，我们现在的很多设备跟不上理论的进步，所以在某些层面上来说，很多高精尖的理论是很难验证的。

（2）天文方面的人才少，从而导致从事天文教育（中小学）的教师较少。在中国只有5所大学有天文系，分别是南京大学、北京师范大学、北京大学、清华大学和中国科技大学，这几所大学可以说都是中国顶尖级的大学，北京地区的高考分数线都在650分以上，更有甚者达700分以上（以2013年高考为例）。对于北京是如此，那么对于外省区市来说录取分数就更高了。高分数从另一个方面也体现出其学生的高能力，这么有能力的学生，一定是有远大的抱负、志向的，我不认为他们本科、硕士、博士毕业后会去山村支教。这样一来，天文课程就无法推广，从而导致我们的学生天文知识比较匮乏。

（3）天文所需的一些设备（如天文望远镜等）可能对一些学校来说还是一笔负担。同样，部分重点学校建有天文台，但是天文科学活动却开展不起来，原因就是天文台的日常维护非常不便，价格也不菲，一些天文台往往出点小故障就关停了。所以经济制约着天文知识的普及。

（4）我们的社会引导不够，社会的大环境不大好。新闻出版业就可以体现出，有一篇调查指出，大部分报纸，对于科技科普方面的报道都很少，就更别说是自然科学中的"冷门"天文了。

七、天文社发展成果

天文社从2013年建成至今，得到了社会各界和学生的认可，主要获得了以下荣誉。2014年11月新疆第一届天文奥林匹克竞赛优秀组织奖；2014年青少年科技创新大赛科技活动自治区一等奖、地区一等奖、市一等奖；2015年5月阿克苏市科普先进集体；2016—2017学年市级教育教学工作先进集体；2015年青少年科技创新大赛一等奖、地区一等奖、自治区一等奖；2015年指导学生参加全国天文奥林匹克竞赛决赛，获得优胜奖；2016年获得阿克苏市青少年科技创新大赛一等奖、阿克苏地区一等奖、自治区一等奖；2016年指导学生获得"星特朗杯"第二届天文奥林匹克竞赛一等奖1名、二等奖4名；

2017年青少年科技创新大赛市一等奖、阿克苏地区一等奖、自治区一等奖；2017年在自治区天文奥赛决赛中获得二等奖2名，三等奖3名；2017年获得自治区优秀组织单位、天文教育优秀单位。

阿克苏市高级中学天文台荣誉集

级别	序号	竞赛名称	各等级获奖数		
			一等奖	二等奖	三等奖
国家级	1	全国中学生天文奥林匹克竞赛参赛证书			
自治区	2	自治区第29届青少年科技创新大赛	一等奖		
	3	自治区第30届青少年科技创新大赛	一等奖		
	4	自治区第30届青少年科技创新大赛			三等奖
	5	自治区第31届青少年科技创新大赛	一等奖		
	6	新疆第一届天文奥林匹克竞赛	优秀组织奖		
	7	"星特朗杯"第二届新疆中学生天文奥林匹克竞赛	一等奖		
	8	"星特朗杯"第二届新疆中学生天文奥林匹克竞赛		二等奖	
	9	"星特朗杯"第二届新疆中学生天文奥林匹克竞赛		二等奖	
	10	"星特朗杯"第二届新疆中学生天文奥林匹克竞赛		二等奖	
	11	"星特朗杯"第二届新疆中学生天文奥林匹克竞赛		二等奖	
	12	"星特朗杯"第二届新疆中学生天文奥林匹克竞赛	优秀团体奖		
	13	"星特朗杯"第三届新疆中学生天文奥林匹克竞赛	一等奖		
	14	"星特朗杯"第三届新疆中学生天文奥林匹克竞赛			三等奖
	15	"星特朗杯"第三届新疆中学生天文奥林匹克竞赛			三等奖
	16	"星特朗杯"第三届新疆中学生天文奥林匹克竞赛			三等奖
	17	"星特朗杯"第三届新疆中学生天文奥林匹克竞赛	优秀组织奖		

续表

级别	序号	竞赛名称	各等级获奖数		
			一等奖	二等奖	三等奖
自治区	18	"星特朗杯"第四届新疆中学生天文奥林匹克竞赛		二等奖	
	19	"星特朗杯"第四届新疆中学生天文奥林匹克竞赛		二等奖	
	20	"星特朗杯"第四届新疆中学生天文奥林匹克竞赛			三等奖
	21	"星特朗杯"第四届新疆中学生天文奥林匹克竞赛			三等奖
	22	"星特朗杯"第四届新疆中学生天文奥林匹克竞赛			三等奖
	23	"星特朗杯"第四届新疆中学生天文奥林匹克竞赛	优秀天文教育		
	24	新疆第五届天文奥林匹克竞赛		二等奖	
	25	新疆第五届天文奥林匹克竞赛			三等奖
	26	新疆第五届天文奥林匹克竞赛			三等奖
	27	新疆第五届天文奥林匹克竞赛			三等奖
	28	新疆第五届天文奥林匹克竞赛	优秀团体奖		
	29	新疆第五届天文奥林匹克竞赛	优秀天文教育		
地区级	30	阿克苏地区第28届青少年科技创新大赛	一等奖		
	31	阿克苏地区第28届青少年科技创新大赛	一等奖		
	32	阿克苏地区第28届青少年科技创新大赛		二等奖	
	33	阿克苏地区第28届青少年科技创新大赛			三等奖
	34	阿克苏地区第29届青少年科技创新大赛	一等奖		
	35	阿克苏地区第29届青少年科技创新大赛		二等奖	
	36	阿克苏地区第29届青少年科技创新大赛		二等奖	
	37	阿克苏地区第30届青少年科技创新大赛	一等奖		
	38	阿克苏地区第30届青少年科技创新大赛	优秀组织单位		
	39	阿克苏地区第31届青少年科技创新大赛			三等奖
市级	40	阿克苏市优秀社团			
	41	阿克苏地区第28届青少年科技创新大赛（论文）	一等奖		
	42	阿克苏地区第28届青少年科技创新大赛（科技发明）	一等奖		
	43	阿克苏地区第28届青少年科技创新大赛（实践活动）	一等奖		
	44	阿克苏地区第29届青少年科技创新大赛（实践活动）	一等奖		

级别	序号	竞赛名称	各等级获奖数		
			一等奖	二等奖	三等奖
市级	45	阿克苏地区第29届青少年科技创新大赛（科技发明）	一等奖		
	46	阿克苏地区第29届青少年科技创新大赛（活动方案）	一等奖		
	47	阿克苏地区第30届青少年科技创新大赛	一等奖		
	48	阿克苏地区第30届青少年科技创新大赛	优秀组织单位		
	49	阿克苏地区第31届青少年科技创新大赛	一等奖		
	50	阿克苏地区第31届青少年科技创新大赛	优秀组织单位		

"一个仰望星空的民族才是大有希望的民族"，杭州市援疆指挥部正是站在这个角度全方位支持阿克苏市高级中学天文社的天文科技活动的开展。无论是设备投入，还是技术支撑；无论是天文社导师的培养，还是活动开展的经费保障，都给予必需的支持，为祖国的天文事业播下了希望的种子。通过以天文科技活动为主题的学校天文科普教育一方面能唤醒学生对天空的向往，激发对天文的热爱，培养爱科学、学科学的兴趣，带动新疆天文活动的再发展；另一方面也培养了一批热爱天文的天文指导教师，在与学生共同成长的过程中，成全了学生，也成全了自己的未来发展。

| 第三节　援疆育人品牌之机器人创新工作室

阿克苏市高级中学机器人创新工作室前身为学校机器人社团，机器人社团成立于2013年9月，创建于建校初期。杭州有着科技创新的优势，杭州市援疆指挥部就是本着发挥杭州科技资源优势，以科技育人为导向，于2016年9月出资购置工作室设备，致力改建并正式更名为机器人创新工作室，每年出资10万元用于工作室正常运转及设备的更新换代。旨在以机器人创新工作室为载体，搭建阿克苏市机器人优秀辅导教师及学生创新平台，向全校乃至阿克苏市、阿克苏地区宣传普及科技知识，培养学生综合运用机械、电子、计算机、程序控制等多学科知识，开创科技文化引领学生德育教育先河，带动更多的教师为阿克苏学校科技素养建设献计献策、为学生创新意识的培养贡献力量，推动阿克苏学校创新工作又好又快发展。

一、工作室的指导思想与创设意义

在杭州市援疆指挥部，阿克苏市地区、市委组织部等上级部门领导的大力支持下，阿克苏市高级中学机器人创新工作室紧密围绕学校"和谐＋优秀＋个性"的学生培养目标，组织开展各项活动，一方面打开学校第二课堂之门，丰富学生的课余生活；另一方面通过组织参加每年举行的市级、地区、自治区乃至国家级青少年科技创新大赛和科学影像节活动，提升创新能力和开拓创新视界。借助机器人创新工作室这一平台，学生能充分展现自我的想象力与才华，通过参加相应比赛，使机器人创新工作室迅速成为学校、阿克苏市、阿克苏地区乃至自治区科技活动类的一大亮点。

工作室以"让思维活跃起来、让智慧沸腾起来"为口号，培养学生综合运用机械、电子、计算机、程序控制等多学科知识，完成机器人设计、制作及调试的能力，培养学生对科技知识的兴趣，提高发现问题、分析问题、解决问题的能力，造就一批批爱创新、会动手、能协作、肯拼搏的科技创新型学生。

二、工作室开展活动的保障措施

为了保障工作室开展活动，杭州市援疆指挥部、阿克苏市高级中学联合制定了如下保障措施。

（1）教师智力保障。机器人创新工作室每年组织辅导教师去自治区参加青少年科技创新辅导员技能培训，扎实自己的专业知识和技能，以每年的新理念辅导学生。

（2）逐级培训学生。机器人创新工作室每年8月底经过初步选拔，确定50名对计算机知识感兴趣、对科技创新敏感度高的学生进行为时1个月的计算机基础知识、机械组装拆卸等动手技能培训；从中最终确定25—30名学生进行3个月的升级培训，教授程序设计、机器人组装、性能调试等专业知识；第二年2—3月根据学生掌握知识特点进行VEX机器人工程挑战项目、机器人综合技能项目、WER挑战赛项目、足球机器人项目选拔分组培训。3—4月中旬分组培训，以学生为主体自主完成机器人控制程序、设计等创新工作，以最完美的状态参加自治区青少年科技创新大赛。

（3）场地、器材及平台保障。固定机器人创新工作室活动场所并逐步进行专业化升级改造，为机器人创新工作室活动提供场地保障。机器人创新工作室工作所需器材由机器人创新工作室统一协调解决，此外，机器人创新工作室还应积极向杭州市援疆指挥部申请必要的活动硬件设施，向学校申请其他科室、学科组的支持配合，为机器人创新工作室活动开展提供保障。

（4）制定管理机制。

一是制定完善的管理体制。校领导高度重视，机器人创新工作室督促跟进、统筹协调落实各项工作，与学校其他科室紧密配合，辅导教师及学生负责人扎实有效开展活动，学生主体积极参与。

二是统一活动时间。机器人创新工作室活动时间定为每周三下午2节课后，并在校课程表中明确列出。

三是规范学生申报流程。首先学生自主申报，经班级推荐、年级初选、机器人创新工作室把关后才能参加机器人创新工作室培训活动，并且每次活动不得无故缺席。

四是严格工作例会制度。每学期开学召开机器人创新工作室工作启动会议，明确本学期工作要点和任务目标。每学期末召开机器人创新工作室工作总结会议，总结一学期的工作得失，明确下学期工作重点，表彰先进，激励后进。

五是严格管理制度。制定了高级中学机器人创新工作室管理制度、高级中学机器人创新工作室辅导教师管理制度、高级中学机器人创新工作室学生社长管理制度、高级中学机器人创新工作室学生管理制度，用制度管理团队，约束个人。

六是勇于担当的责任意识。每学期与机器人创新工作室负责教师签订责任书，明确工作职责，督促机器人创新工作室认真完成学生培养进度，实行机器人创新工作室活动规范化管理。每学期与机器人创新工作室负责学生签订责任书，明确开展活动的主要内容和社团活动进度，规范开展各项社团活动。每学期与机器人创新工作室学生签订责任书，明确在机器人创新工作室活动中应发挥的积极作用和相关管理规定。

（5）制订发展规划。

依据学校科普教育建设目标，在承接前几年工作的基础上，制订今后几年的工作室发展规划，主要从下列几个方面开展。

一是在现有的基础上，重点在两个方面继续进行探索、尝试：一是杭州－阿克苏天文台观测活动的互动及普及；二是青少年电脑机器人活动的普及，首先把这两方面打造成学校科普特色。

二是把科普教育思想渗透到教育教学工作的全过程，进一步引领师生主动地开展科普工作。学校加强对教师绩效工资的考评制度的完善、教师评优评先细则、科普工作的制度和科普成果奖励制度的建设，以制度规范科普行为，以制度激励和促进科普工作的开展。

三是争取社会各界力量给予多方面的支持，运用地区资源开设科技特色项目和实验基地，发挥其作用。学校与社区单位结对，建立学生学习实践基地，形成科普教育的立体网络。为更多的孩子提供"讲科学""学科学""用科学"

的活动平台。

四是充分利用学校天文台。邀请天文专家到学校进行专题讲座，拓展学校师生的天文知识；与杭州友好学校交流，及时探讨交流天文知识和观测活动；在校园宣传版面，宣传天文普及知识。

五是在现有条件的基础上，积极动员教师和学生参加科技创新大赛，在科技实践和科技论文项目的基础上，争取在小发明方面有所突破。

背靠各项保障措施，我们寄望阿克苏市高级中学机器人创新工作室工作不断朝着精品化的方向发展，更加全面地培养学生提高发现问题、分析问题、解决问题的能力，致力于将学生培养成爱创新、会动手、能协作、肯拼搏的新时代科技创新型学生。

三、走在机器人创新路上的酸甜苦辣

人物：现任机器人工作室主持人高帆帆。

故事：万事开头难，最开始没有专业的机器人教练，学校就从信息技术教师中选出我和另一位对机器人比较感兴趣的老师来承担教练员工作。一切都是从零开始，没有机器人辅导基础，两人就每天课余时间自己摸索，为了备赛，最开始的3个多月两人每天晚上都是加班到12点之后。因为距离比赛时间紧张，所以我选择住在学校，以机器人社团教室为家，记得当时我的爱人经常对我抱怨，说我为了机器人连家都不顾了，但是抱怨归抱怨，对于我的工作不管是在精神上还是在物质上她都是比较支持的。

当时学校经费比较紧张，只够购买一套机器人设备，所以我们下载了一套模拟机器人训练的系统，平时的训练就让学生在电脑上模拟，等熟练了再用机器操作。记得当时搭建第一台 VEX 工程挑战赛机器人，有一个要求抓起模型块的构件怎么搭建都感觉有问题，我们两个老师带着六名学生反复设计拆装不下3000余次，那段时间满脑子都是各种机械爪模型，我们查阅各种资料，还请了1位物理老师来帮忙指导。功夫不负有心人，我们最终设计搭建的机械爪在2014年新疆维吾尔自治区青少年机器人大赛中大放异彩，虽然那届比赛我们没有拿到冠军，但是我们的机器人赢得了最佳设计奖。

2016年，工作室缺少比赛经验，需要找别的学校比赛对练，可是当时阿克苏市只有第二小学有机器人社团，我提出和阿克苏市第二小学比赛对练，我们的学生觉得高中生和小学生比没啥挑战性，结果综合技能项目一场比赛打完，我们的学生脸色变了，没有打赢小学生，这对我们的队员打击不小，从此知耻而后勇。比赛选手王金峰同学每天中午、下午一有时间就自己坐在电脑跟前训练，甚至暑假每天都去学校训练，饿了啃几口馕，渴了就喝矿泉水，最终在自治区的比赛中我们一举夺冠，代表自治区参加了中国青少年机器人大赛，并取得了国家二等奖的成绩。

2017年9月至2018年4月期间，我辅导4位学生参加2018年4月23—26日举行的自治区青少年机器人大赛。在准备过程中，我提前给学生看了很多素材，让学生找灵感，然后学生看完以后就开始画草图。马玉席同学画了一个我认为很怪的图纸出来，结构复杂、搭建周期长，我后来就否定了他的想法，他还是比较执着的，说"老师可以，我这个我觉得可以"，最后我也把其他3个学生叫来，一起讨论，试验的结果还是不行，我让他放弃。他就说，反正离比赛日期还远，暂时按自己的设计先搭建，最后实在不行，底座还是能用的，只需再改装下上面的结构就可以。在他的再三坚持下，我最终同意了他的要求。其间问题不断，但是他也没有放弃，遇到不懂的地方，问我我就给他讲解一下，其他动手都是他完成的，经过一个月的搭建，机器成型，但结果还是没有达到预期效果。我还是劝他拆掉重新搭，时间来得及。他口头答应得很好，结果自己背地里还在改进，就这样自己改进了两个星期后，达到了他的预期，他就拿给我看，当时学生很激动，我看完以后觉得非常棒。这个学生动手能力极强，很有主意，真令我感慨，学生的创造能力，真的不能小觑。这位学生最终在2018年4月获得自治区大赛二等奖。

科技辅导员这个工作,给我最大的体会就是,不能用一个教师的身份去指挥学生、去教学生做什么,而是为学生搭建一个平台,和学生探讨,只有这样才能激发学生的积极性,更好地挖掘学生的创新能力,不能小看学生的创新能力,更不能扼杀学生的创新性思维。我们教师因为定式思维,创造性往往不如学生,要尊重学生的意见,多让学生想让学生做,这样可能会让学生多走弯路,但是学生成长得更快,学到得更多。

收获:自2013年以来,在青少年科技创新大赛中我校获得全国奖二等奖1项,三等奖2项。在自治区青少年科技创新大赛中获得一等奖4项,二等奖10项,三等奖12项。

每学年接待上级领导参观约100人次以上,外校师生参观1500人次以上。

总之,学校通过落实工作室发展规划,达成丰富机器人创新工作室内涵,打造阿克苏地区精品工作室,推进能力培养工程,走机器人工作室专业化多样化发展道路的目标。在杭州市援疆指挥部和学校的支持下,最大限度地发展机器人创新工作室,与学校其他科室间紧密协调配合,进一步发挥学校硬件设备优势和师资力量优势。吸引更多的教师以百倍热情引导和扶植机器人创新工作室的创建,帮助指导机器人创新工作室质量提升,激发学生参加机器人创新工作室活动的积极性并逐步培养学生主动发挥主体作用。

附:学校所获证书照片及学生合影。

获奖证书

学生合影

｜ 第四节　援疆育人品牌之阅读与综合实践课

人世间的美好梦想，只有通过诚实劳动才能实现；发展中的各种难题，只有通过诚实劳动才能破解；生命里的一切辉煌，只有通过诚实劳动才能铸就。

——习近平

一、援建品牌的背景

（一）基于新时代背景下立德树人的劳动教育使命的诉求

劳动教育是立德树人的基本内容。习近平总书记在全国教育大会上强调指出，要努力构建德智体美劳全面培养的教育体系，形成更高水平的人才培养体系。在实现中华民族伟大复兴的中国梦、满足新时代人民对美好生活的向往、做强实体经济的今天，高度重视劳动教育，具有更加迫切的现实意义和历史意义。目前在五育体系中，劳动教育仍是短板，构建适应新时代的更高水平的劳动教育体系刻不容缓。

新时代背景下，以人工智能、大数据、云计算、物联网等为标志的科技因素，劳动的形式超出了基于体力消耗的物质生产劳动范畴。既包括物质生产劳动，又包括数字形式等各种非物质生产劳动，还包括义务、责任、自立意义上的非生产劳动等，更关键的是，新时代教育的功能属性早已发生了根本改变。我国新时代教育为人民服务、为中国共产党治国理政服务、为巩固和发展中国特色社会主义制度服务、为改革开放和社会主义现代化建设服务，已经成为新时代教育的新功能、新属性。因此，我们必须突破传统认识，达到教育与生产劳动相结合的新境界，即新时代新教育与新劳动、新创造进行新的结合。

劳动教育具有育人导向价值。实施劳动教育，就是要形成正确的育人导向，使学生懂得不仅实现国家富强根本要靠劳动，实现人生幸福也要靠劳动。

劳动教育具有德育创新价值。习近平总书记要求，要教育孩子们从小热爱劳动、热爱创造，通过劳动和创造播种希望、收获果实，也通过劳动和创造磨炼意志、提高自己。这既是新时代劳动教育的价值追求，也为新时代德育突破传统模式描绘了新境界、提出了新追求。

劳动教育具有课程创新价值。劳动教育必须落实到课程中才能实现其目的。劳动教育相关课程的形态不同于通常学科，其实施方式也必然不同于常规学科。

劳动教育具有综合素质价值。在劳动教育的过程中，不仅可以实现劳动价值和劳动技能教育，还可以实现学生学会做事、学会合作、积累科技运用体验、激励创造精神、整合并活化物化知识、热爱和尊重劳动、敬畏科学等教育价值。

新时代劳动教育应该是学生发现生命才华、品尝劳动幸福、懂得奉献付出的人生观教育、价值观教育，是育人成人教育。

（二）基于信息化时代学会甄选信息的阅读能力提升需求

语文课程标准指出，阅读是收集处理信息、认识世界、发展思维、获得审美体验的重要途径。随着社会经济的高速发展，科学技术的日新月异，人类进入网络信息社会，阅读成为人人必备的生活技能，谁的阅读能力强，谁就能掌握最新信息。但是，大多数学生依靠手机、电脑等信息工具进行碎片化阅读，没有系统地阅读、有效地阅读，养成良好的阅读习惯。据阿克苏市高级中学对学生"阅读调查报告"显示：38％的学生不喜欢阅读，44％的学生较喜欢阅读，28％的学生表示阅读兴趣一般。对较喜欢阅读的学生进行调查显示：37％的学生没时间阅读，55％的学生有阅读兴趣不知道怎样阅读，只有8％的学生有阅读习惯和方法。而且大多数因没有时间阅读，或是浅阅读，很少进行深阅读。

但作为新疆边远地区，交通不便利、信息不够畅通、文化底蕴不够浓厚。学生长期生活在边疆地区，竞争意识薄弱、知识面狭窄、视野不够开阔、思维不够活跃，学习上缺乏兴趣和动力。大多数学生不重视课外知识的拓展延伸，没有养成良好的阅读习惯，即使有阅读兴趣，也不知道读什么书，怎样读课外书，从而增长知识面，学生长期陷入迷茫困惑。加之，学校是全日制寄宿制学校，地处郊区，交通不便，学生大多是来自农民和工人家庭，家长知识水平较低，不重视课外阅读，阅读书籍也很匮乏。

阅读在本质上是一种智力活动。著名教育家苏霍姆林斯基说："积累三十年的经验，使我确信学生的智力取决于良好的阅读习惯。"阅读教学不能靠灌输和机械训练来实现，学生必须成为真正的阅读主体，自主地阅读，这样才能把阅读的过程提升为创新性的过程，学生能创造性地甄选信息。

（三）基于阅读训练与劳动教育优化整合的共同培育追求

杭州市第九批援疆教师团队基于阿克苏市高级中学是一所全日制寄宿制高中，建议学校每周安排一个班开设"劳动实践课"，以维护学校教与学的环境秩序及校园环境的卫生清洁，为了不让学生感觉一周劳动的单调，同时在值周班开设一周的"阅读课"，保证阅读时间，弥补平时没有专门时间阅读的空白。增设阅读课与劳动课相互补充，劳动之余到图书馆、阅览室阅读教师推荐的书目，要求学生每周至少读完3本书，每周进行阅读交流，分享读书心得，对值周班有步骤有计划，分阶段地开展阅读课，引导学生养成良好的阅读习惯。通过两课的优化整合，将阅读渗透劳动中，提高值周班阅读量、阅读鉴赏水平。学生劳逸结合，达成扩大学生的知识面，帮助学生树立正确的劳动观，培养吃苦耐劳、坚忍不拔、团结协作的思想品质。改变学生"重教轻劳"的思想观念，树立尊重劳动、热爱劳动的观念，达成共同培育的目标。

二、开设"阅读与综合实践课"的主要途径和方法

（一）组织领导

学校确定了以党支部书记为领导的组织保障机构。负责"阅读与综合实践"课教育活动的管理和阅读与劳动实践基地建设；学校配备阅读与劳动技术

教育实践专干，全面负责阅读与劳动实践课的管理和指导，并协助学校德育处做好学校卫生、纪律、三操、行为规范、仪容仪表的检查和评比。学校配备阅读与劳动实践课专用教室；建设足够的学生劳动实践教育活动基地；置办必要的劳动技术教育工具和设施。学校加大投入，充实了阅读与劳动实践课的资源。确保阅读与综合实践课的有效开展。

（二）日课程表

阿克苏市高级中学值周班阅读与社会实践课程表

值周班级：　　　　值周班主任：　　　　值周班长：

时间	任务	人员	要求	备注
早操	检查早操			
早餐	检查学生用餐排队及收餐盘			
早读开始前二十分钟	检查卫生，捡垃圾			
第一节课	打扫宿舍卫生＋校园垃圾			
第二节课	打扫宿舍卫生＋校园垃圾			
上午大课间	检查跑操			
第三节课	图科楼卫生			
第四节课	阅读课			
第五节课	阅读课提前十分钟吃饭			
午餐	检查学生用餐排队及收餐盘			
午休	检查午休及带零食			
眼保健操	检查做操情况			
第六节课	打扫校园			
第七节课	总务处实践课（机动课）			
第八节课	打扫全校室外长凳和宣传版面			
第九节课	阅读课提前十分钟吃饭			
下午跑操	检查跑操			
晚餐	检查学生用餐排队及收餐盘			
晚自习	前十五分钟检查卫生，然后回班上晚自习			

（三）阿克苏市高级中学纪律、卫生值周检查方案及评比细则

1.指导思想

学校为了加强对学生的管理，端正学风，营造文明、进取、和谐的校园氛围，创设整洁、高雅、宁静的校园环境，提升学校品位，提高学生"自我管理、自我服务、自我教育"的能力，使学校纪律、清洁卫生检查工作规范化、内容透明化，特制订本"细则"，并在今后的检查工作中执行。

2.领导小组

组长：李江南（德育处主任）

副组长：蒲强林（德育处副主任）、李伟艳（德育处副主任）

组员：德育处科员、苏建斌（值周专干）、值周班主任、值周班成员

3.实施措施及细则

（1）纪律管理要求。

检查方式：对各班级纪律进行每天三次定期检查和不定期抽查，采取扣分制。

具体扣分细则：

① 按时到校，不迟到，不早退。凡迟到或无故早退的学生一人一次扣班级纪律分数1分。

② 学生到校后及时进入教室认真学习。凡学生到校没有进教室学习或在教室大声喧哗疯闹的，一人一次扣纪律分数1分。

③ 进、出教室和上下楼梯及在走廊行走，按要求自然成行，遇到老师时退后避让。走廊内不喧哗、不打闹、不跑跳。凡不按要求做的一人一次扣纪律分数1分。

④ 尊敬师长，遇见老师主动问好，校内见到客人有礼貌。团结友爱，不说脏话，校内外不骂人、不打架。凡学生在校内讲粗话、骂人，顶撞老师的一人一次扣班级纪律分数3分；学生打架，一人一次扣该班级纪律分数10分。

⑤ 课间操、集会班级不留人（特殊情况例外），生病及其他特殊情况学生滞留室内，事先向班主任请假。上操做到"稳、静、齐"，下操按要求排队到指定位置。集会按要求认真听，不随便说话、走动。跑操动作规范、到位、整齐，跑操期间不说话、不打闹、不乱走动。凡学生无故不参加做操、集会，下操不排队或排队不整齐、无秩序，每次扣1分。集会没做到"稳、齐、静"，每次扣两分，被校领导或教师点名批评的，每次扣1分。

⑥ 遵守社会公德，爱护校内外公物，不攀折花草、树木和其他设施，随身物品按要求摆放。不蹬、跨围墙、大门。学生凡在校园内乱涂乱画、摘花、跨越花带、摇树、折树枝的，发现一次扣该班纪律分数2分。

⑦ 眼保健操。做操期间不说话、不打闹，不做与眼保健操无关的事情，做操不认真一人一次扣1分。班级整体眼操情况不好扣5分，不做眼操扣10分。

⑧ 每天必须佩带校卡、穿校服，未戴一人一次扣该班级纪律分数1分。

⑨ 课间活动有秩序，做有意义的活动或游戏，不在走廊内乱跑或在教室内大声喧闹，不在操场追逐打闹。发现课间在走廊上或教室内追跑、打闹的一人一次扣该班纪律分数2分。

⑩ 上课时间外出逗留、玩耍的每人次扣2分。

（2）卫生管理要求。

检查方式：

① 各班室内外卫生区进行每天三次定期检查和不定期抽查，采取扣分制。

② 各班由班主任选派值日生负责各区域卫生包括打扫和保持。

检查标准：

① 教室卫生。

a.室内空气清新，桌椅排列整齐，桌面清洁，书籍、文具等摆放整齐。

b.讲台桌面洁净，无灰尘、无污迹，教具摆放有序，黑板不乱画乱涂。

c.室内灯具干净，墙壁无灰尘，公物管理得当，无破损。

d.门窗玻璃明亮洁净，门框、窗台干净。

e.天花板、墙角洁净，无蜘蛛网、灰尘、污迹、污印，不随意乱贴乱画。

f.地面清洁，无灰尘、杂物、痰迹、污迹。

g.卫生工具摆放整齐，垃圾、废水及时清倒。

② 环境卫生（包括厕所）。

a.地面整洁，无垃圾、果皮纸屑，无卫生死角。

b.花坛、树坑内无杂草杂物。

c.所辖区域墙裙、栏杆及时擦拭，保持洁净。

具体扣分细则：

① 室内外检查细则。

检查内容有：桌椅、地面、门窗、黑板、物品摆放、门前、走廊楼梯连廊、厕所等，每天总分15分。

要求：坚持每天三扫、随时捡，每周一大扫，教室内座位周边的地面环境应随时随地保持干净整洁。各项要求及扣分标准如下：

a.地面要求干净无灰尘、无纸屑和杂物，墙壁无脚印。有一处不干净扣0.5分、大面积不干净扣2分、严重者扣5分。

b.教室前后门、窗、窗槽、开关干净。有一处不干净扣1分。

c.桌椅摆放及教室内物品摆放。要求：合理整齐、桌洞无杂物，有一处不干净扣0.5分。

d.教室走廊、扶手栏等教室外区域要保持干净。要坚持擦洗、拖净。一处不干净扣1分。

e.黑板外边框无灰尘，黑板槽内无大量粉笔末。一处不干净扣1分。

f.室内垃圾箱没有及时清倒垃圾的每次扣1分。

g.拖把要洗净、绞干，拖把的悬挂、摆放要整齐。一处不干净扣1分。

h.负责教学楼各楼层楼梯、走道，连廊的班级要派专人负责打扫、拖地，保持地面、扶手栏干净。要无纸屑、灰尘和污渍，有一处扣2分。

i. 走廊、门前三包：包扫、包洁、包捡，要求坚持每天清扫、拖地，随时捡拾，重在保持。有一处不干净扣1分、不拖地扣1分、大面积不干净扣2分、保持不好扣1至2分。

j. 书架无灰尘，书看完后必须摆放整齐。如发现有随手乱放图书者，一个扣1分。

h. 走廊、教室发现蜘蛛网。一处扣1分。

② 室外卫生区检查细则。

检查内容有：卫生区是否认真按时、打扫程度、保持程度三项内容总计15分。

要求：保持每天早上扫下午捡，每周六放学前大扫，场地内无纸屑、树叶、垃圾，做到地面无脏物。

a. 按时认真：卫生区每天按时认真清扫，清扫时无拖沓、玩闹现象。

b. 清扫程度：未打扫干净一处扣1分（扫后落叶情况除外），垃圾未及时清理一处扣2分（包括垃圾桶）。

c. 保持程度：课间是否专人负责卫生保持的督导工作，是否保持良好。向其他班级卫生区扔、丢废纸、杂物，查实后，本人知错就改的，每人次扣1分；本人拒不承认错误的，每人次扣5分。

③ 清扫和检查时间。

a. 清扫时间：早上早读前、中午午读前，下午上晚自习前10分钟内扫完。

b. 检查时间：早读、午读、晚自习前10分钟。

2019年2月24日

阿克苏市高级中学德育处

附件：

阿克苏市高级中学卫生纪律检查评比表

年　月　日　周　　星期　　值周班级：　　　值周教师：　　　值周学生：

班级	卫生（30分）						跑操（20分）			纪律（50分）									奖励	合计成绩总分100分	名次	备注
	教室卫生15			责任区卫生15			上午课间操6	下午课间操6	眼保健操2	仪容仪表5	文明用餐5	追逐打闹5	迟到早退5	带零食进班5	升国旗唱红歌5	不服从管理5	爱护公物5	违纪行为10	好人好事			
	早5	中5	晚5	早5	中5	晚5																
1班																						
2班																						
3班																						
4班																						
5班																						
6班																						
7班																						
8班																						
9班																						
10班																						
11班																						
12班																						
13班																						
14班																						
15班																						
16班																						
17班																						
18班																						
19班																						
20班																						
21班																						
22班																						

备注：1. 每天早中晚检查三次，和不定期突击检查。一天一公示，一周一汇总，每周一升国旗宣布本周评比结果。学期纳入班级考核！每天检查结果下晚自习前值周班汇总完，交到德育处苏建斌老师处，审核完毕贴到公示栏！

阿克苏市高级中学卫生纪律检查评比表

| | | 年 月 日 周 星期 | 值周班级: | 值周教师: | 值周学生: |

日期	班级	卫生（30分）						跑操（20分）			纪律（50分）									奖励	合计成绩总分100分
		教室卫生15			责任区卫生15			早操6	上午课间操6	下午课间操6	眼保健操2	仪容仪表5	文明用餐5	追逐打闹5	迟到早退5	带零食进班5	升国旗唱红歌5	不服从管理5	爱护公物5	违纪行为10	好人好事	
		早5	中5	晚5	早5	中5	晚5															

日期	班级	卫生（30分）						跑操（20分）			纪律（50分）									奖励	合计成绩总分100分
		教室卫生15			责任区卫生15			早操6	上午课间操6	下午课间操6	眼保健操2	仪容仪表5	文明用餐5	追逐打闹5	迟到早退5	带零食进班5	升国旗唱红歌5	不服从管理5	爱护公物5	违纪行为10	好人好事	
		早5	中5	晚5	早5	中5	晚5															

日期	班级	卫生（30分）						跑操（20分）			纪律（50分）									奖励	合计成绩总分100分
		教室卫生15			责任区卫生15			早操6	上午课间操6	下午课间操6	眼保健操2	仪容仪表5	文明用餐5	追逐打闹5	迟到早退5	带零食进班5	升国旗唱红歌5	不服从管理5	爱护公物5	违纪行为10	好人好事	
		早5	中5	晚5	早5	中5	晚5															

日期	班级	卫生（30分）						跑操（20分）			纪律（50分）									奖励	合计成绩总分100分
		教室卫生15			责任区卫生15			早操6	上午课间操6	下午课间操6	眼保健操2	仪容仪表5	文明用餐5	追逐打闹5	迟到早退5	带零食进班5	升国旗唱红歌5	不服从管理5	爱护公物5	违纪行为10	好人好事	
		早5	中5	晚5	早5	中5	晚5															

（四）值周班人员安排表

阿克苏市高级中学值周班人员安排表

班级　　　　　　班主任　　　联系电话

项目		人员	组长	人员	要求	时间
宣传组2人	监控室看监控两人，成绩统计两人				在大门口值班室，观看各个楼层监控，监督各楼层，防止乱扔垃圾和其他不文明现象	每天课间和三操时间成绩统计每天上晚自习前交到德育处苏建斌老师处
宿舍20人，其他人员在校园捡垃圾和打扫垃圾房垃圾	一号宿舍5人			一楼：　　二楼： 三楼：　　四楼： 五楼：	每人负责一层楼的卫生打扫，包括扫地拖地，倒垃圾，搞好厕所卫生。其他学生拣校园垃圾和打扫大垃圾房	打扫宿舍时间：9：40—11：10
	二号宿舍5人			一楼：　　二楼： 三楼：　　四楼： 五楼：		
	三号宿舍5人			一楼：　　二楼： 三楼：　　四楼： 五楼：		
	四号宿舍5人			一楼：　　二楼： 三楼：　　四楼： 五楼：		
三操15人	高一跑操5人				在三操时间负责督促和检查各班级跑操情况。包括对集合班级到位人数，队伍是否整齐，口号是否洪亮，整体跑操效果进行打分	早上：8：00—8：10 上午：11：10—11：40 晚上：7：00—7：10
	高二跑操5人					
	高三跑操5人					
校园卫生	校园卫生10人每人负责两个班			1班2班（　） 7班8班（　） 5班15班（　） 9班10班（　） 3班4班（　） 14班16班（　） 19班17班（　） 18班6班（　） 11班12班（　） 13班（　）	主要负责校园卫生检查打分和捡垃圾	早上：8：55—9：30 下午：3：05—3：30 晚上：7：55—8：10
教学楼卫生20人（每人负责一个楼层）	图科楼			一楼：　　二楼： 三楼：　　四楼：	主要负责各个楼层卫生检查和对打扫不彻底的进行整改，主要检查项目为各班走廊楼道、楼梯、连廊、洗手间、教室卫生	早上：8：55—9：30 下午：3：05—3：30 晚上：7：55—8：10
	一教			一楼：　　二楼： 三楼：　　四楼：		
	二教			一楼：　　二楼： 三楼：　　四楼：		
	三教			一楼：　　二楼： 三楼：　　四楼：		
	实验楼			一楼：　　二楼： 三楼：　　四楼：		
检查食堂24人	食堂一楼8人				早中晚，学生用餐时间检查和督促学生用餐排队和用完餐将餐桌打扫干净	早上：8：25—8：55 下午：2：00—2：30 晚上：7：20—7：55
	食堂二楼8人					
	食堂三楼8人					
超市路口24人	早上8人				早中晚在超市路口检查学生是否带零食进教学区的情况	早上：8：30—8：50 下午：2：00—2：30 晚上：7：20—7：55
	中午8人					
	晚上8人					

备注：1.按要求填写，责任到人，认真履行职责。宿舍卫生人员和教学楼卫生三天一对换。2.每天三次常规检查时做到公平公正，认真参考扣分细则，每天检查结果当日上交德育处经审核无误次日上午公示。3.本周值周结束学生上交值周体会和注意细节，并推选一名代表在升国旗时分享值周体会和感想。

259

（五）值周班要求

（1）值周工作整体要求。

① 佩戴好袖标，按时上岗，不能无故迟到旷到。

② 检查各项工作认真、负责、大胆、心细。

③ 值周班工作人员上岗期间要求精神饱满、举止文明、讲究礼貌、注意秩序，起到表率作用。

④ 坚持公正原则，做到铁面无私，坚持服务原则，为维护好校园的学习环境做贡献。

⑤ 工作积极主动，富有创造性，不懂的地方多问。

⑥ 注意工作方式方法，不得与被检查班级或学生发生冲突，遇到问题，及时与老师联系，不能蛮闯蛮干。

⑦ 发现自己辖区的学生有违规违纪行为，应诚恳地提出改进或改正要求，并严格规范地进行登记。

⑧ 每天值周工作结束后，应主动按时向负责老师汇报检查结果和工作中发现的各种现象和问题。

⑨ 每周五班会课之前，必须将本周值周结果汇总好，并签名交到政教处。

（2）值周具体要求。

① 早晨8：30到8：50开始检查卫生以及督促学生做好卫生。

室内卫生：重点检查楼梯卫生和楼道卫生，特别是卫生死角，楼梯两侧T脚线没有杂物纸屑，地面没有口香糖，楼道和连廊的暖气包下面没有果皮纸屑，门后和窗台上无垃圾。

室内卫生要求：工具摆放整齐，垃圾桶要洗干净并套垃圾袋，8：40之前要倒垃圾。

不符合要求的扣去相应的班级考核分，并通知负责班级学生整改，经政教处老师检查后仍不合格，上午第一节课停课打扫所对应的卫生区，经过政教处老师检查合格后，方能离开。

②跑操期间，负责相应班级的跑操检查，对不符合跑操要求的扣去相应班级考核分。

③下午3：20到3：40，检查仪容仪表校风校纪，值周学生在教学楼的各个入口，检查进入教学楼的学生的仪容仪表，主要检查学生的校卡佩戴情况、校服穿戴情况、是否带零食饮料矿泉水等进入教学区，不符合要求的扣去相应的班级考核分。

3：40到4：00，开始检查教学楼卫生，重点检查楼梯卫生和楼道卫生，特别是卫生死角，楼梯两侧T脚线有没有杂物纸屑，地面有没有口香糖，楼道和连廊的暖气包下面有没有果皮纸屑，门后和窗台上有无垃圾。

室内卫生要求：工具摆放整齐，垃圾桶要洗干净并套垃圾袋，3：40之前要倒垃圾。

不符合要求的扣去相应的班级考核分，并通知相应班级整改，经政教处老师检查后仍不合格的，下午第一节课停课打扫实验楼，经过老师检查合格后，方能离开。

④眼保健操期间，负责相应班级的检查，不符合要求的班级扣去相应的班级考核分。

⑤晚上8：10到8：30，负责检查各个教学楼的校风校纪仪容仪表，值周学生在教学楼的各个入口，检查进入教学楼的学生的仪容仪表，主要检查学生的校卡佩戴情况、校服穿戴情况、是否带零食饮料矿泉水等进入教学区，不符合要求的扣去相应的班级考核分。

8：30到8：40检查卫生情况，重点检查楼梯卫生和楼道卫生，特别是卫生死角，楼梯两侧T脚线有没有杂物纸屑，地面有没有口香糖，楼道和连廊的暖气包下面有没有果皮纸屑，门后和窗台上有无垃圾。

室内卫生要求：工具摆放整齐，垃圾桶要套垃圾袋，8：40之前要倒垃圾。

不符合要求的扣去相应的班级考核分，并通知相关班级整改。

（3）具体扣分规则。

① 仪容仪表与善行举止。

私改校服校裤每人扣5分，校服拉链不拉每人扣1分，不穿校服每人扣2分，不带校卡及不规范佩戴校卡扣1分，佩戴首饰每人扣1分，头发不合格每人1分。言行举止：三人并行扣1分，乱扔垃圾每人扣5分，餐厅打饭插队每人扣1分，边走边吃或边喝每人扣1分，各种饮料及矿泉水带到生活区以外每人扣1分，讲粗话、脏话每人扣2分。不服从值周班管理、态度恶劣、报虚假信息的扣5—20分不等。

② 课间操。

出勤：旷到每人扣1分，整班迟到扣5分，并全校广播通报。

进退场：进退场须在规定时间内进入指定位置，不能到达指定位置的扣5分，具体如下。

进场：各年级一至四层班级在3、4、5、6分钟内在教学楼下集合完毕，同时跑步进入操场。退场：各年级跑步至入场站队位置后步行进班。

做操情况：做操开始前班长和纪律委员站在队伍前后，看齐前后左右成一条线，队伍不整齐扣2分；做操过程中应和着音乐和节奏，动作规范，展现青春活力。做操未按要求的班级酌情扣2—5分。

③ 眼保健操。

a.眼保健操开始前本班纪律委员在讲台组织，无人组织全班未做操的班级扣3分。

b.做操过程中睁眼说话、随便出入教室，每人次扣1分。

c.下节上体育和信息技术课的班级不参加考核。

④ 跑操。

a. 旷到扣1分，整班迟到扣5分，并全校广播通报。

b. 跑操过程中队伍不整齐，有说话、打闹行为的班级酌情扣2—5分。备注：跑操课间操班主任不到场者每次扣2分。

⑤ 卫生检查要求。

a. 教室卫生：室内、楼道、楼梯无人打扫（扣3分）；

打扫不干净：地面脏，有果皮、纸屑，桌椅摆放不整齐、讲桌不干净、卫生工具摆放不整齐、垃圾没有清理干净（扣2分）。

b. 责任区卫生：楼道、楼梯无人打扫（扣3分）；

打扫不干净：地面脏，有果皮、纸屑、烟蒂等垃圾，窗台、门框有垃圾（扣2分）。

c. 室外卫生区：草坪及马路有垃圾、垃圾桶脏、休闲条凳没有擦干净（扣2分）。　检查时间：每天检查三次，早读、午读、晚自习前15分钟。

三、一路辛苦，一路芬芳

（一）课程开设侧记一则

当劳动课遇上阅读课，会产生怎样的化学反应

"当劳动遇上阅读，让人更懂得生活的真谛。"

"把劳动当作生活的一部分，让阅读成为一种习惯。"

"热爱劳动、热爱学习、热爱生活，人生更完美。"

阿克苏市高级中学在值周班开设的"阅读与综合实践课"，使学生们兴趣高涨，正在开展"当劳动遇上阅读"的大讨论。

"每学期一周的劳动课，刚开始我的内心很抵触。在卫生间里清扫蹲位、清理垃圾，被臭气包围，我无所适从。体验过后，才知道劳动人民的生活不易，劳动成果要倍加珍惜，劳动需要智慧。以前我没在意，会随手扔垃圾，现在看到乱扔垃圾的现象心里就会很不舒服。我为能和我班同学做好学校的环境

卫生保障，站好文明示范岗，感到无比骄傲和自豪。"高二（16）班何巧，在劳动课总结会上激动不已地说。

原来，在阿克苏市高级中学的校园里，一直有这样一群可爱的孩子，他们身穿蓝色、黄色或红色的值周班服，头戴志愿者帽，穿梭在校园的各个角落，打扫卫生间、清扫宿舍楼道、擦洗栏杆、捡垃圾、拔草、整理图书，忙得不亦乐乎。他们正在上"阅读与综合实践课"呢。

据了解，"阅读与综合实践课"每个班持续一周，学校制订了明确、科学的课程表，由学校德育处专人负责，班主任和任课老师、后勤人员协助管理，给学生量身定制劳育课程。每天九节课，其中五节特色劳动课，内容涵盖清洁体验、劳动工具制造、种树护林、劳动艺术鉴赏、志愿者服务等，劳动之余，穿插四节阅读课。

每周阅读三本书，一本快速阅读、一本深阅读、一本研读。语文教研组提前根据学生情况推荐相应书目，分层次、分组阅读，学生按时完成读书任务单，一周结束以读书交流会的形式展现和分享阅读效果。学生在一周课程中，逐渐养成了每天一个小时的阅读习惯。受到值周班的示范引领，"每天阅读"成为学校的一种时尚，慢慢流行起来。

高二（13）班贺创宇的妈妈说："开始很不理解，怕劳动会耽误孩子的学习，后来我发现我的担心是多余的。孩子通过一周劳动和阅读，变化很大。以前周末回家疯狂玩手机、打游戏，现在会帮我收拾房间、做饭，还养成了每天阅读一小时的好习惯，我感觉他懂事、长大了，这是书本上教不了的。"这门课程得到了家长和社会的广泛关注和赞扬。

学校党支部书记王能靠说："劳动托起中国梦，劳动对提高学生的综合素质、促进人的全面成长至关重要，劳动教育是立德树人的基本内容。劳动教育也是我校的短板，我校开展'阅读与综合实践课'就是想增强学生劳动体验，培养学生吃苦耐劳品质，教学生学会合作，养成阅读习惯，为学生全面发展奠定基础。"

阿克苏市高级中学以劳树德、以劳增智、以劳健体、以劳益美、以劳促创新等多方面提升学生的综合素养，营造形成"人人爱劳动""人人爱阅读"的良好氛围，使"热爱劳动、热爱学习"的思想意识扎根学生心里，促进全方面发展。

（二）阅读与综合实践课行走在思想政治课堂

2019年春季开学，在笔者的倡议下，学校举办了"青年教师优质课研赛"，思政学科的研赛课安排在第一时间段，高二年级的马志伟老师按着教学进度确定了思想政治必修四《生活与哲学》第六课第一框题"人的认识从何而来"为研赛课题，在来自浙江省杭州市淳安县汾口中学的指导教师唐升红的指导下，把阅读与综合实践课有机地融合，最终获得阿克苏市高级中学青年教师大研赛一等奖，唐升红老师被评为优秀指导教师。

课例：

哲学对于高中生来说是很神秘的，看不见也摸不着，怎样把深奥的哲学课上得可以贴近生活、贴近学生，这是马老师首先要解决的问题。恰好他带的班级里有一个班正在开展学校的特色课程"阅读与综合实践课"的汇报展板和心得体会，这给了他灵感。所以，他打算以这个为主线完成这节课，收集了学生上课时的照片、心得体会及其他一些资料进行了制作、整理和排版。将课本知识与"阅读与综合实践课"有机融合，让学生知道生活处处有哲学，同时让学生体会到劳动的辛苦。最后马老师通过一个"发明构想策划案"让学生在生活中发现问题，运用所学知识去解决问题。这样的构思促成了研赛课的教学设计，见下表：

课　题	6.1 人的认识从何而来	
课　型	新授课	
教学目标	知识与能力目标：识记实践的含义和特点，理解并掌握实践是认识的基础，提高运用马克思主义认识论原理分析和解决问题的能力。 　　过程与方法目标：借助多媒体幻灯片，运用合作探究、材料分析的方法完成本课教学任务。 　　情感态度与价值观目标：帮助学生初步确立科学的实践观，用实践的观点指导学习和生活，让知识服务于实践。	
教学重点	实践是认识的基础	
教学难点	实践的含义及特点	
教学方法	情景教学法、合作探究式教学、讲授法	
教学手段	多媒体教学	
教学过程	教师教学活动设计	学生学习活动
	一、引入新课 　　陆游说："纸上得来终觉浅，绝知此事要躬行。"这告诉我们一个人对一件事要有深刻的认识，一个很好的办法就是亲自去实践。今天，就让我们带着实践的观点一起来学习第六课第一框题"人的认识从何而来"（引出课题） 　　【多媒体】展示学习目标： 　　（1）什么是实践？基本形式有哪些？ 　　（2）实践有哪些基本特征？ 　　（3）为什么说实践是认识的基础？ 　　学生根据学习目标2分钟内完成预习任务。	（1）学生根据学习目标完成预习任务。 　　（2）学生观看视频，并思考问题。

课　题	6.1 人的认识从何而来

二、讲授新课

为了提高同学们的实践能力，学校响应习近平总书记的号召在学校为大家开设了一门为期一周的"阅读与综合实践课"。下面，就让我们通过一个视频来回顾那些精彩的瞬间。请同学们在观看的过程中思考，什么是实践？

教师提问：什么是实践？（根据课件上的图片进行提示性作答）

教师小结：实践就是人们改造客观世界的物质性活动。

【多媒体】展示练习题：下列活动中哪些是实践活动？

（1）蚂蚁搬家。

（2）学生讨论数学题的解题方法。

（3）农民种庄稼。

（4）中国人民构建社会主义和谐社会。

（5）中国科学家研究出嫦娥四号。

思考：实践活动有哪些基本特征？

活动（一）交流分享

在"阅读与综合实践课"中，你都参与了哪些活动？体现了实践什么样的特点？

【多媒体】展示课堂练习

（1）根据马克思主义的观点，实践是指（　　　）

A. 人类的一切活动

B. 人们认识世界的活动

C. 人们改造世界的活动

D. 人们改造客观世界的活动

（2）调研实践是为了深入基层，更多地了解农村的真实情况，更多地了解人民群众的疾苦和心声，建立和人民群众的血肉联系。这说明实践具有（　　　）

A. 社会性　　　　　B. 能动性

C. 客观物质性　　　D. 历史性

（3）学生完成判断练习。

（4）学生思考，随机抽取学生作答。

（5）学生相互交流，找学生代表进行分享交流。

（6）随机抽取学生进行采访。

（7）学生四人一小组讨论完成探究活动。

课　题	6.1 人的认识从何而来

活动（二）课堂采访
（1）你喜欢学校为大家开设的这门课吗？
（2）在这个过程中你发现了什么？
（3）你有遇到困难吗？有没有找到解决的办法？
（完成过渡：实践是认识的基础）
活动（三）合作探究
　　你在参与"阅读与综合实践课"过程中，肯定遇到了困难。请为自己遇到的困难设计一个发明构想，并围绕构想依次探究以下四个问题：
（1）你们这个构想，灵感来自哪里？
实践是认识的来源。
（2）你们的构想在实践中会遇到什么新的问题？
实践是认识发展的动力。
（3）如何判断你们的构想是否正确？
实践是检验认识发展的动力。
（4）如果正确，你希望成果最终会运用到什么地方？
实践是检验认识真理性的唯一标准。
（5）如何理解实践是认识发展的动力？
　　经过一周的"劳动与综合实践课"，同学们虽然觉得很累，但是很幸福，有位同学在心得体会中这样写道："看着我们干净的校园、宽敞明亮的教室，我为自己是一名高级中学的学生而自豪。可是，总有一些卫生区域无论自己如何努力，都不能达到自己理想的效果，这让有些小洁癖的自己很是伤心。如果能有一种超级卫生清扫机器人，会飞檐走壁无所不能，所到之处一尘不染，那该多好。哈哈，想想都觉得美！唉……但是目前还需要我们每一位高级中学的学生共同努力，维护校园的干净整齐。今后，我要从自身做起，不乱扔垃圾，做文明阿高人！"
三、课堂小结

续表

课 题	6.1 人的认识从何而来
四、分享提升 （略） 五、课后作业 　请同学们行动起来！以"实践"为主题为阿克苏市创建全国文明城市写一篇倡议书。	

发明构想策划案

项目名称	发明团队
你们这个构想，灵感来自哪里？	
你们的构想在实践中会遇到什么新的问题？	
如何判断你们的构想是否正确？	
如果正确，你希望成果最终会运用到什么地方？	

（三）体会与收获

2018年和2019年是思想政治工作的关键之年，这两年里召开了全国教育大会和全国思想政治教师工作座谈会，在这两次会议中，习总书记都强调了思想政治工作的重要性。

在2018年的全国教育大会上习总书记强调，要在学生中弘扬劳动精神，教育引导学生崇尚劳动、尊重劳动、热爱劳动，懂得劳动最光荣、劳动最伟大。在2019年的全国思想政治教师工作座谈会上习总书记强调，思想政治理论课是落实立德树人根本任务的关键课程。青少年阶段是人生的"拔节孕穗期"，最需要引导和栽培。我们中国特色社会主义教育，就是要理直气壮开好思想课，用新时代中国特色社会主义思想铸魂育人。建设社会主义文化强国，实现中华民族伟大复兴，思政课作用不可替代，思政课教师队伍责任重大。

基于这样的背景，地区教育系统组织了一次中小学思想政治课研赛，在每节课中都贯穿了习近平总书记强调的"六要八统一"，我承担的是高中思想政治的示范课，地区教育系统的领导观摩了这次示范课。在这节课中，我以学校开设的"阅读与综合实践课"为主线，让人们发现身边的问题，以自己所学习的科学知识来解决问题。素材来源于学生，问题来源于学生，解决办法也来源于学生，充分发挥了学生学习的主体性、能动性和创造性。课后地区领导和同行教师都给予了较高的评价。通过这次研赛，我也收获了很多，学到了很多新的教学理念和教学方法。

高中是"壮苗孕穗"期，我们坚持在细节中、点点滴滴中贯彻党的领导，听党话，跟党走，帮助学生扣好人生第一粒扣子，在学生心中厚植爱国情怀，从而散发出对伟大祖国的认同、对中华民族的认同、对中华文化的认同、对中国共产党的认同、对中国特色社会主义道路的认同。高级中学全体教职工会在杭派教育理念的引领下不断努力，通过细水长流的教育，为我们伟大祖国培养更多更好更优秀的建设者。

第十章　杭州教育援疆之美好课堂篇

有这样一条路

它横跨了祖国东西 5000 多千米

以知识火光点燃美好教育的热情

它就是杭阿共建"智慧 + 空中丝路课堂"

| 第一节　基于信息与网络技术的教育援疆新模式探索

一、引言

　　教育援疆是国家对口支援新疆工作的重要组成部分，是"实现新疆社会稳定和长治久安"总目标的重要抓手，是"打赢脱贫攻坚战""补齐中西部教育发展短板"的有效途径，也是"弘扬中华文化，构建新时代中国特色社会主义民族关系"的有力支撑。

　　当前我国教育援疆主要采取支教帮扶模式，即从内地学校选派一定数量的优秀教师（包含专任教师和教育管理人员），赴新疆学校开展教育教学工作，辐射带动受援学校教育教学水平和师资水平提高。自 2010 年中央启动新一轮对口支援新疆工作后，援疆教师积极利用优势教育资源，发挥主动性与创造性，采用"传帮带""教师工作室""资源库建设"等形式全面开展帮扶工作，教育援疆呈现出多方面特色发展、总体成效良好的局面。但由于资源与模式的特点与局限，现行的帮扶模式也出现了"支援力量单一、社会参与不够、资源配置不合理、对口支援精准度不够""教育方面的针对性和有效性不强，教学方面不能够做到因材施教"等现实问题。

党和国家做出的重要决策与指示为教育援疆的理念和模式更新提供了重要方向。习近平总书记在第二次中央新疆工作座谈会上指出，"要加强民族交往交流交融，部署和开展多种形式的共建工作"。各援疆省份在随后召开的援疆工作会议上，均对援疆工作提出了既要做好"规定动作"，又要做好"自选动作"的要求，鼓励援疆工作在内容与形式上有所创新。近年来，以"大数据""云计算""互联网+"为代表的教育信息化手段已经成为教育精准扶贫的利器。2015年，习近平总书记提出要"努力以信息化为手段扩大优质教育资源覆盖面……通过教育信息化，逐步缩小区域、城乡数字差距，大力促进教育公平"。2019年3月，中共中央、国务院印发《加快推进教育现代化实施方案（2018—2022年）》，指出"要着力构建基于信息技术的新型教育教学模式、教育服务供给方式，……促进信息技术与教育教学深度融合"。

理念的更新、技术的革命，为教育援疆事业带来了挑战与机遇。教育援疆是否可以开发和运用新的模式来拓展教育援疆的参与群体、改进内容与形式，使边疆地区的教育扶贫工作更趋精准化？是否可以借助"互联网+"和"智能+"等先进理念，运用网络信息技术和现代通信技术，跨越地域和时空阻隔，实现对口帮扶工作的转型升级？对这些问题进行思考并开展实践尝试，对教育援疆事业的推进和发展无疑具有重要意义。

二、教育援疆的新内涵——技术与模式更新

当前教育信息化已进入5G时代，以"互联网+教育"为代表的新型信

息技术，由于其极强的联通性、协同性、交互性，在"扩大优质教育资源覆盖面、增强教育供给能力上展现了独特优势，成为填补片区教育扶贫短板的利器。基于互联网技术开发"空中教室"平台实现远程联动，是依托当代网络技术产生的新鲜教育形态，也是"互联网＋"理念在教育援疆及教育扶贫领域的新尝试。

（一）"空中教室"技术

"空中教室"技术是一种通过网络将在线教学互动、课堂音视频互动、笔迹书写互动相结合，融合语音合成、语音评测技术的在线教学系统。在网络保障的条件下，可实现高清视频和零延时的互动效果，将传统网络教育的"录播—观看"转变为"直播—互动"，做到对教学现场的"不改变""不打断"和"不干扰"，让使用者真正享受"零距离"的课堂教学。该技术可突破传统网络在线课堂基于流媒体直播技术的单向教学路径，采用成熟的分布式架构以确保强大的并发性，支持全高清视频和高保真音质，实现不同学校、不同地域的教师和学生仿佛在一个教室一样进行教学、培训和互动的效果。此外，所有课堂的视频、音频、数据互动过程均可录制成标准课件，发布到学习网站供师生点播学习。

在使用过程中，主讲课堂可以将高清晰的教师授课图像发送给远端听课教室，同时把教学课件通过桌面共享客户端以网络共享桌面的方式同步发送给远端教室，并可以将教师图像和课件图像一键切换位置。主讲教师可灵活控制其他听课教室的发言，同时允许多个远端听课教室发言；在教学互动中，通过主讲课堂摄像机的自动跟踪功能，迅速定位教师画面，高品质的音视频支持条件使得课堂交流清晰流畅。系统平台同时支持超过一百个实时在线课堂开启，充分满足学校间的教学互动需求。

（二）模式更新：构建两地教育"协同模式"

教育援疆的资源供给主要包括要素供给（教师、学生、课程和环境）和产品供给（教育产品、教育服务）。在传统援疆模式中，支教群体主要为东部地区的在职教师，以赴疆顶岗支教的形式开展帮扶工作，主要实现的是教师的供给，而其他教育资源的配置往往由当地政府进行统一计划、组织与实施，适用于大规模、大面积教育扶贫工作，比如幼儿园"应入尽入"政策的实施。

新的技术构建新的模式，两地教育"协同模式"指在内地学校与边疆地区学校间建立联结，实现优质教育资源向边疆教育领域的输出，从而"深入实施东西部协作"，共享优质教育创新成果。其作为政府资源配置的有机补充手段，则能大大加强教育资源供给的精准性。该模式能对受援学校的学生需求做个性化分析，诊断教学水平、定位教学目标，并将精准识别后的信息传送至供给侧寻找能提供解决方案的学校，针对当地教育发展水平与学生需求，打造个性化教育援疆模式。形成"受援地提需求—支援地寻求解决方案—空中丝路沟通解决"的精准支教新模式。

三、构建援疆品牌"智慧+空中丝路课堂"

教育资源匮乏、教学条件差、教学理念陈旧、教学方法老套……这都是过去阿克苏市教育留给人的印象。新一轮对口援疆开展以来，在自治区和援疆省（市）的大力帮助下，随着一座座崭新的教学楼拔地而起，阿克苏市的教学环境和教学设施得到极大改善，但优质教学人才资源依然缺乏。在浙江省新一轮援疆工作中，对口支援阿克苏市的杭州市不仅舍得投入先进的教学设备，而且更加注重教育人才的"传、帮、带"，使教育援疆工作处处闪现出杭州"智慧"。

杭阿远程互动教室是2014年杭州市智力援疆重点项目之一，总投资86万元。该项目通过在杭州市源清中学和阿克苏市高级中学之间建设一套远程视频互动教学系统，提供两地远程互动、直播收视、录制点播等功能，通过远程教学辅导、远程师资培训、课堂教学诊断、精品课程分享，实现了杭州市优质教育资源向阿克苏市的辐射。

在阿克苏市高级中学"微格教室"——杭阿远程互动教室，一名教师通过操作一部投影机，用电脑鼠标点击操作界面，教室黑板前的屏幕上便出现了杭州市源清中学一位数学教师上的一节公开课。

"只要杭州市源清中学那边上传教学视频，我们随时都可以点开来看。此外，还可以进行两地同步教学。也就是说，阿克苏市的学生通过远程视频系统在本地就可以观看源清中学老师讲的课，源清中学的老师也可以通过远程视频，对阿克苏市老师讲课进行点评。"阿克苏市高级中学有关负责人介绍。

2015年，杭州市援疆指挥部帮助阿克苏市第四中学、第二小学与杭州知名学校进行对接，实现杭阿两地远程互动教室小学、初中、高中全覆盖，支持阿克苏市城市学校与乡镇农村学校对接，全力打造智慧教育援疆新模式。

2017年3月，杭州市第九批援疆指挥部开始筹划构建打造援疆品牌"智慧＋空中丝路课堂"项目。项目采用两地协同模式，以"互联网＋"的新常态技术，跨越时间与空间的约束限制，以学生、教师两大发展系列为目标，围绕涵盖中小学教育管理、各科教学、德育社团等方面的教师培训、同构课堂、合作活动等三大类课程形式，每学期按需排出课表，常态化高质量推送课程，实现杭州美好教育与阿克苏空中连线，用最便捷的方式、最先进的技术把杭州的优质教育资源辐射到阿克苏，助推阿克苏教育飞速发展。

杭州援疆的持续打造下，杭阿远程互动教室从建立到发展经历了3个阶段：

1.0版（2014—2017年），点对点式"远程互动录播课堂"。实现了杭州市源清中学—阿克苏市高级中学、杭州市彩荷实验中学—阿克苏市第四中学、杭州市文三街教育集团—阿克苏市第二小学之间的远程教学互动。

2.0版（2017—2018年），点对点式"智慧＋空中丝路课堂"。创新构建"智慧＋空中丝路课堂"智联教育援疆新模式。以"互联网＋"的新常态技术，跨越时间与空间的约束限制，将杭州美好教育与阿克苏空中连线，助推阿克苏教育飞速发展。"智慧＋空中丝路课堂"分为教师版和学生版，其中教师版有教师培训、同构课堂、合作活动三大板块内容，涵盖中小学教育管理及各科教学，实现远程培训、提质增效。

3.0版（2019年至今），点对面式"智慧＋空中丝路课堂"裂变期。从校对校发展到校对全地区，从名人名师名校扩大到包括外教、大学生志愿者的队伍，从阶段性开课发展到每学期有计划按需排出课表推送课程，且周周有课地常态化开放课堂。基于打造"杭派十五年美好教育示范线"的教育援疆总目标，在杭州市援疆指挥部和阿克苏市教科局的共同援助下，在阿克苏学校建成录播教室集群，阿克苏市85所中小学基本完成录播教室建设，既可实现城区中心校与乡镇学校的视频对接，杭阿两地远程互动教学幼儿园、小学、初中、高中全覆盖，杭州一校一师一课对接阿克苏全市学校等，也能实现杭州与阿克苏无缝对接，覆盖面更广、效率更高。

"智慧＋空中丝路课堂"这一援疆品牌，为杭派美好教育理念深植阿克苏地区十五年教育线增力提速。两年半以来已开课56期，阿克苏受益教师1.13万余人，学生近5000人。

四、思考与启示

如何"结合当地教育需求、教育扶贫的不足、问题与供给需求现状，进而从对象精准确立、供需精准对接、资源精准配置、成效精准评估等方面分析信息化推动教育精准扶贫的着力点"，是项目策划的关注点。项目设计采用了"需求收集—反馈沟通—需求确认—操作执行—二次分析—反馈调整"的分析流程，系统性地收集、筛选和确认来自阿克苏市学生群体的学习需求，从而保证课程内容能精准指向边疆地区学生的身心和认知发展需求。

在项目构建过程中大量运用线上通信工具，开展问卷访谈、协商讨论等双向互动，结合质化和量化数据分析工具，精准确认学习需求。在后续的操作执行过程中，通过网络听课、线上调查、互动讨论、数据分析等手段，开展二次需求分析和二次需求确认，为后续工作奠定基础。通过这样的需求分析流程，对学生群体的学习兴趣、学习内容、学习方式、学习困难等需求进行了全面采集、精准分析、科学评估、高效回应、持续追踪，从而达到"问有所答、疑有所解、难有所帮、学有所成"的精准帮扶目的。

"杭州 – 阿克苏空中丝路课堂"以现代教育信息技术手段为依托，以两地协同模式为载体，打造了一个能即时联结东西部地区、共享教育智慧的空中走廊，具备可推广、可拓展、可辐射等主要特点。

（一）可推广性

此类项目在硬件安装和运转模式上存在较高的推广性。在硬件安装方面，空中教室平台成熟、技术标准统一，设备对供电、通信和气候等外部条件具有良好的适应性，对于已经安装部分设备的教室可以分时分批完成设备改造，直播终端可以实现与现有教室中的录播、切换系统无缝结合，操作便捷，所有操作均可在直播终端上完成，无须后台管理软件操控。从运转模式看，东部地区高校可自主与边疆地区中小学对接，基于需求调查开设各类课程，更好地发挥各高校的专业优势和资源特色，打造出灵活多样的个性化"空中教室"，大大拓展结对帮扶、精准施策的覆盖面，为边疆地区教育发展输入"新鲜血液"，扩大了援疆扶贫工作的影响力。

（二）可拓展性

随着5G时代的到来，基于高速稳定的网络环境，以学生个性化学习需求为导向，能够实现对学习、教学等行为实时、精准、全面的大数据智能分析，用智能化系统更好地对接两地师生互动，便于两地师生开展流畅的、沉浸式、讨论式、参与式教学，为全面提高边疆地区的学生的核心素养提供有力保障。项目参与主体可覆盖学校的方方面面，包括学生、教师、管理层等。

在"互联网+"的环境下，"智慧+空中丝路课堂"这一品牌可以拓展成教师、学生两大系列，六大支撑课堂：一是共生课堂，通过远程视频互动教学系统，双方师生通过音频、视频等方式实现同上一课的课堂交互，使优质教育资源得到最大化共享、共生。二是直播课堂，是指约定相关授课教师开展一对一或一对多在不同地域的支持屏幕分享、课件演示、音频同步、App/微信等多形式教学活动。三是微课堂，以杭州学科课程开发团队，将课程内容分节录播，通过特定的网络平台将微课程供受援学校的教师和学生下载学习，是对传统课堂教学内容的补充与拓展。四是研学课堂，借助互联网的传输和联结功能，将杭阿两地学校的学生社团活动置于同一个发展共同体之下，针对相关主题开展系列活动。五是师训课堂，主要采用网络直播的形式按目标需求开设课程。六是教研课堂，基于管理或学科的教师成长共同体开展"教"与"研"活动，达成共研共生、线上线下、隔空交互、差异发展、团队互动。

围绕"智慧+空中丝路课堂"这一品牌项目的六大拓展课堂，可开展线上线下相结合的教师共同体和学校管理层研修，提升边疆地区学校的管理水平和教师的教学水平，为受援地培养"带不走的教师队伍"、实现当地教育的"自主造血"功能提供有力支撑，为杭派美好教育理念深植阿克苏地区十五年教育线增力提速。

（三）辐射性

此类项目可以以受援地区某所学校为中心，利用网络技术的便捷性、易传播性等特点，通过网络直播和精品课程录播等形式，将杭派美好教育辐射至边疆地区更多学校，扩大教育援疆扶贫工作的覆盖面，从而带动区域学校共同发展，实现教育资源共享的最大效益。以本项目为例，"智慧+空中丝路课堂"秉持"理念引领，辐射全市"的原则，利用远程录播教室这一数字化平台"实时在线课堂、精品课堂录制、在线评课"等功能，多次组织了三地同课、三校同课、一对多校培训等覆盖全市的培训活动，同时积极开展校际互动、教师论坛、辩论赛、研究性学习、教研会议等活动，以受援中心校为基点，推动阿克苏地区教育的发展。这一品牌项目创新了教育扶贫的新样式，为教育公平创设了适切的保障环境，从而实现全区域学校提升帮扶，起到了引领和示范作用。

五、结语

基于"空中教室"技术的两地协同模式，以其便捷、实时和高效的特点成为对传统教育援疆工作的有机补充，使教育援疆工作呈现出"精准支教""自下而上""多点开花"的新局面。该模式不仅可实现点对点的教育链接，更可实现由点及面的资源辐射，增加了缩小边疆和东部地区教育资源不均衡的可行性和操作性。在教育援疆工作的未来发展中，政府、社会和学校三方应进一步加强对援疆扶贫的内涵与外延的思考，充分发挥各相关群体的主观能动性，积极开拓创新型、多样化的共建形式，充分挖掘以大数据、云计算、人工智能和"互联网＋教育"为代表的新兴信息技术手段的特征、优势与功能，努力实现教育援疆扶贫效益的最大化。

｜ 第二节 "智慧＋空中丝路课堂"援疆品牌之深耕

教育是民族振兴、社会进步的重要基石，是功在当代、利在千秋的德政工程。为帮助阿克苏升华教育理念，提升教师专业化水平，促进教师队伍建设，助推阿克苏教育飞速发展，杭州市援疆指挥部开展多维援疆工作模式，并将智力援疆作为援疆工作的重要内容，先后派遣多批次援疆干部及教师深入到阿克苏教育系统和学校开展援疆工作。阿克苏市高级中学作为杭州市投资援建的重点民生工程之一，自建校以来，杭州市援疆指挥部先后派遣四批共23名援疆教师来到学校，在学校管理、育人工作、教学教研指导、学校建设等方面做出了极大贡献。援疆教师们倾情援疆，不断创新模式、探讨做法，力求把援疆工作落到实处。

杭州市第九批援疆指挥部教育援疆团队致力于将杭派美好教育理念落到实处，成功构建杭阿共建"智慧＋空中丝路课堂"，两年半内成功开课56期，将其打造成为杭州智力援疆工作的品牌，以快速推进教师队伍建设。

一、智慧之路漫漫，协力合作共建

杭阿共建"智慧＋空中丝路课堂"是联结杭阿教师学生，提供交流途径的智力平台，以"互联网＋"的新常态技术，跨越时间与空间的约束限制，旨在促进阿克苏市各学科的初高中教育发展，关注学科覆盖与平衡，通过系列活动，实现对幼小初高中各学科各层次教师的轮训培养，将杭州美好教育与阿克苏空中连线。

2017年2月，在杭州市援疆指挥部，阿克苏市委、市政府的支持下，阿克苏市教育和科学技术局的领导下，援疆教师团队在杭州市援疆指挥部援建下，提出"智慧＋空中丝路课堂"理念，杭阿两地共同以阿克苏市高级中学为中心打造"智慧＋空中丝路课堂"智力援疆品牌，并经过多方筹建，于4月份正式启动。

2017年4月，"智慧＋空中丝路课堂"进入发展期，通过点对点的方式，面向阿克苏市高级中学师生及阿克苏市老师开展15期两地互动活动。

2018—2019学年第二学期，援疆教师团队又在原来援疆工作的基础上提出了打造美好教育之美好规划精品示范校阿克苏市高级中学的全景式展示的方向，有层次、有梯度、有规划地促进阿高美好教育的发展，致力于把阿高打造为南疆精品校。借助于此，自2018年，在杭州市第九批援疆指挥部的推动下，"智慧＋空中丝路课堂"进入裂变式发展期，共建课堂创新形式内容，扩大活动对象、活动人数，开展开课数量化、常态化，将杭派理念深入扩展至阿克苏地区。

二、新时代新技术，"丝路"畅通教育

将杭州名师请到教师"面前"开展培训、上课、讲座、研讨等活动，将杭阿共建"智慧＋空中丝路课堂"作为一条连通杭阿的新时代空中"丝路"，成为打通两地间教育交流的新途径。"智慧＋空中丝路课堂"主要分为学生板块和教师板块。"智慧＋空中思路课堂"是第九批教育援疆工作启动以来积极打造的智联教育新模式，以"互联网＋"的新常态技术，跨越时间与空间的约束限制，将杭州美好教育与阿克苏空中连线，助推阿克苏教育飞速发展。教师空中丝路中，援疆教师充分利用后方资源，搭建杭阿共建"智慧＋空中丝路课堂"，辐射面扩展至整个阿克苏；学生空中丝路，杭州高校志愿者直接为学生上课，让学生直观感受杭派教育。并在"一路"的基础上，形成了四级联动纵深入点。构建"杭州智库团—阿市城区校—乡镇结对校—村级教学点"辐射路线，打通教育援疆的"最后一公里"，为乡村学校和师生发展注入新的活力和希望，防止贫困代际传递，助力脱贫攻坚。杭阿共建"智慧＋空中丝路课堂"成为阿克苏市高级中学发展的强大助力。

三、促进队伍建设，打造美好教育

借助"智慧＋空中丝路课堂"，阿克苏市高级中学得以和杭州各名校的教师队伍开展更深入的交流，两地学校携手，共同探讨新时期高中教育如何把握

时代脉搏、增强学校发展力，以深化课程改革与高考改革。

同时空中丝路课堂将"杭派美好教育"带进阿克苏市高级中学，带进阿克苏市，并促成阿克苏市高级中学成为"杭派十五年美好教育示范线"上高中教育示范点，为杭州教育援疆的目标——打造"杭派十五年美好教育示范线"进一步夯实基础。援疆教师积极与学校管理人员牵头，联系杭州名校，在为杭州师范大学附属阿克苏高级中学与杭州高级中学结为友好学校的基础上，隔空进行交流，还进行学校管理层外出交流学习活动，促进学校理念提升。

四、深化智力援疆，加强辐射引领

杭阿两地共同以阿克苏市高级中学为中心打造了"智慧 + 空中丝路课堂"智力援疆品牌。杭阿共建"智慧 + 空中丝路课堂"是联结杭阿教师学生，提供交流途径的智力平台，以"互联网 +"的新常态技术，突破时间与空间的约束限制，旨在促进阿克苏市各学科的初高中教育发展，关注学科覆盖与平衡，通过系列活动，实现对初高中各学科各层次教师的轮训培养，将杭州美好教育与阿克苏空中连线。

这条空中丝路，在新时代、在杭阿间连通。它经由杭阿两地初步酝酿、筹划初建、裂变发展，让杭派教育由点到面辐射至整个阿克苏地区，阿克苏市高级中学也成为"杭派十五年美好教育示范线"高中教育示范点，体现了阿克苏教育未来的美好规划。

每一期活动的开展主要由四部分组成：一是前期准备，由援疆教师为纽带，根据阿克苏教学实际，联系杭州名师，发送电子邀请函，邀请名师开展交流。随后，阿克苏市高级中学教研室及电教中心与杭州学校对接，进行前期准备工作。二是由阿克苏市高级中学通过微信、微博等互联网平台，面向阿克苏发放邀请，邀请师生参与。三是通过互联网，由杭州名师进行指导交流，隔空互动提疑，并将交流过程录播下来，用于存档交流。随后，阿克苏本地师生就学习内容开展交流探讨。四是进行后期工作，通过通讯稿分享过程、宣传活动，扩大活动影响力。

"智慧＋空中丝路课堂"分为教师交流培训、两地同构课堂、学生合作活动三大板块内容。

教师交流培训：主要邀请了浙江省级名师以及杭州师范大学教育研究教授开展讲座、论坛交流、课题研究、教师培训，实现与各科教师的学习交流。活动增设多校分会场，学科涵盖了高考所有科目，并增加艺术、体育等非高考科目，涉及广，实现了远程培训、提质增效，增强教师对职业的美好规划。

学生合作活动：学生主要通过在线课堂的方式参与杭州教师的课堂，或者由留学生带领学生学习英语知识、塑造语言环境、了解语言文化，实现与杭州教师的零延时互动。活动还可以主题讨论的方式开展学习，增强学生学习兴趣、强化语言基础、开阔学习视野，形成对未来和学习生涯的美好规划。

两地同构课堂：在2018—2019学年第二学期，阿克苏市高级中学在援疆教师的努力下，开展了校间多学科交流，分别开展了与浙江省桐庐中学、余杭高级中学等高中的同构课堂活动，活动包含数学、化学、物理、生物等学科，有356名阿高学生参与课堂，并有多校教师进行观摩。参与杭州各高中教师利用"智慧＋空中丝路课堂"同时开展杭阿学生同步课堂，两地学生同上一课，实时互动，实现杭州与阿克苏无缝对接；援疆教师与杭州教师上课互评交流，并通过分会场，以阿克苏市高级中学主会场为中心，实现杭州一校一师一课对接阿克苏全市学校、教师。

五、提升理念引领，增强教研能力

（一）提升工作室成员专业能力

借助于"智慧＋空中丝路课堂"跨越空间、时间障碍的有利条件，援疆团队和学校基于此加强对学校青蓝工作室等工作室成员的专业提升，积极创造机会与省内外知名学校或相关市、区名师工作室进行交流与研讨，汲取经验，借鉴成功做法、创新工作机制，拓宽视野、增长见识，不断开创工作新局面。比如2018—2019年间，多次邀请浙江省特级教师做客"智慧＋空中丝路课堂"，开设专题讲座、学科专题研讨等多项工作，如浙江省高中数学教研员张金良特级教师和余杭区教育局教研室数学教研员曹凤山等。在交流研讨中，促进工作室在阿克苏市、阿克苏地区对高中数学等学科发挥了带头引领的作用。

（二）拓宽教师专业发展路径

援疆教师团队为了更有针对性地开展教师教育工作，开展教师梯队建设，明确教师阶段性培养目标，制定师训制度，为学校教师教育的开展指明了方向。援疆教师团队参与新教师培训、青年教师优质课研赛点评、阿高教师赛课指导、摇号听课等多项教师培养工作，促进学校教师队伍的成长。同时，援疆教师结合教育教学实际，利用"智慧＋空中丝路课堂"邀请杭州名师、特级教师对教学心理、教师专业发展计划制订、教学研究、教学实践的指导及教师职业规划上也给予指导方向，大大增强了教师专业能力。学校将"智慧＋空中丝路课堂"的培训模式与"请进来、走出去、校内师训"的三类师训形式结合，明确教师教育工作的重点。从而大力促进学校优秀教师自主发展，并成为推动教师专业发展的长效机制。许多本校和外校教师在参与"智慧＋空中丝路课堂"活动后，纷纷表示扩大了教学视野，开放了教学思路，还获得了直接指导的教学实践，要持续参加"智慧＋空中丝路课堂"系列活动。

（三）杭阿名校共建教育联合体

为全面贯彻党的教育方针，全面落实和深化杭阿教育领域对口帮扶工作，促进学校教育事业跨越发展，援疆教师积极牵头，阿克苏市高级中学先后与杭州市两所名校源清中学和杭州高级中学结成友好学校。杭州阿克苏相隔万里，而"智慧＋空中丝路课堂"让高级中学能够实现及时、频繁的交流，阿克苏市的学生甚至可以通过共生课堂与杭州学生同上一堂课，正是通过开展一系列的"智慧＋空中丝路课堂"交流活动，杭阿两地学校提升了各自学校的办学水平和教育教学质量；依托杭州两所名校的强大的教育师资力量，开展教师结对帮扶、丝路课堂隔空听评课等交流，提高了阿克苏市高级中学教师的业务水平；在丝路课堂中，实现实时共享杭州高级中学优质教育资源、先进教育教学理念，促进了阿克苏市高级中学学生适应未来的多元发展。

六、落实基层帮扶，开展互联网送教

"智慧＋空中丝路课堂"模式的不断发展，在实现优质教育资源共享，优化区域内教育布局，加速中华传统文化的全覆盖，增进民族交流交融，促进阿克苏地区的社会稳定、长治久安发挥了较大的作用。除了援疆教师定期带领阿克苏市高级中学教师，以学科组团式的方式赴包联民族学校帮扶，帮助加强民族学校教师队伍建设并提升教育教学能力之外，基于"智慧＋空中丝路课堂"可以开设多地分会场，多校相连，阿克苏市高级中学帮扶学校五区中学等农村基层学校同样可以享受杭派教育资源，农村学校教师们研讨可以直接参与常规教研，把教材研究学案优化、课件优化、评教评学等教育教学学习，理念、方法提升了，教师就成长了。"智慧＋空中丝路课堂"帮助实现了让当地教师在潜移默化中收获态度、掌握方法，提高教书育人的水平。

七、阶段成效凸显，提升综合实力

"智慧＋空中丝路课堂"援疆品牌的日益常态化，其价值越来越凸显，不仅提升了学校的综合实力，而且作为阿克苏市教育、教学研训教的空间站，对阿克苏市教师培养起到了强有力的助推作用。仅2018年学校就获得了13项地区级以上荣誉。

阿克苏高级中学获奖情况

序号	获奖名称	获奖时间	获奖级别	颁奖部门	备注
1	地区文明校园	2018 年 2 月	地区级	阿克苏地区精神文明指导委员会	
2	模范职工之家红旗单位	2018 年 3 月	地区级	阿克苏地区工会	
3	自治区平安校园	2018 年 3 月	自治区级	自治区教育厅、自治区综治办、自治区公安厅	
4	"自治区民族团结一家亲"先进集体	2018 年 3 月	自治区级	自治区"民族团结一家亲"活动领导小组办公室	
5	自治区级示范性家长学校	2018 年 3 月	自治区级	自治区教育厅	
6	第三十二届自治区青少年科技创新大赛"优秀学校"	2018 年 8 月	自治区级	自治区科协、自治区科技厅、自治区教育厅、自治区环保厅	
7	第十八届自治区青少年机器人竞赛"优秀学校"	2018 年 8 月	自治区级	自治区科协、自治区科技厅、自治区教育厅、自治区环保厅	
8	自治区德育示范校	2018 年 10 月	自治区级	自治区教育厅	
9	自治区依法治校示范校	2018 年 10 月	自治区级	自治区教育厅	
10	"星特朗杯"第五届中小学天文奥赛优秀天文教育奖	2018 年 11 月	自治区级	中科院新疆天文台、新疆天文学会	
11	"星特朗杯"第五届中小学天文奥赛优秀天文团体奖	2018 年 11 月	自治区级	中科院新疆天文台、新疆天文学会	
12	第三十二届阿克苏地区青少年科技创新大赛"优秀组织单位"	2018 年 11 月	地区级	阿克苏地区科协、阿克苏地区教育局	
13	自治区中小学教学质量提升工作网络研修先进单位	2018 年 12 月	自治区级	自治区教育厅	

成绩只是过去，阿克苏市高级中学深知教育的目标是"立德树人"，而在几年的发展中，"智慧 + 空中丝路课堂"已经成为教师积极参与、学生踊跃报名、社会各界认可的一条"智慧之路"。接下来，阿克苏高级中学将继续利用空中丝路课堂，深化教育教学内容，以"立德树人"为目标中心，筑就阿克苏市高级中学的美好教育、阿克苏市的美好教育！

｜ 第三节　杭阿丝路无影，播种美好有痕

一、活动报道一则

活动背景：2019年5月29日，教育部副部长孙尧到阿克苏参加全国乡村教师队伍建设攻坚及教师援疆工作推进会，当天他到开课现场听取笔者介绍杭州援疆品牌"智慧＋空中丝路课堂"，随行的观摩团成员进入杭阿共建"智慧＋空中丝路课堂"生物学科主题研讨活动课堂观摩，并给予高度评价。

丝路相连，"杭"行到底

五月的杭州风景如画，五月的阿克苏风姿绰约，在"互联网＋"前沿技术的支持下，相距万里的杭阿两地师生正通过电子屏幕进行着生动流畅、毫无障碍的交流，这就是杭阿共建"智慧＋空中丝路课堂"活动的场景。

为进一步落实全国教育大会精神，培养德智体美劳全面发展的社会主义建设者和接班人，2019年5月29日上午，在杭州市援疆指挥部、阿克苏市教科局的支持下，杭州师范大学附属阿克苏市高级中学（以下简称阿克苏市高级中学）在图科楼2号高清录播室开展杭阿共建"智慧＋空中丝路课堂"新时代课堂教学研讨活动之生物专场。本次活动由阿克苏市高级中学援疆教师主持、学校生物教研组长协调，实验中学开设课堂分会场，来自阿克苏市地区的37名生物教师齐聚，共话教育。

活动进行过程中，来自教育部、自治区教育厅相关领导和观摩团在阿克苏市高级中学党支部书记的陪同下观摩了活动，并在援疆教师的介绍下了解了杭州援疆品牌"智慧＋空中丝路课堂"相关建设情况。

本次活动，由来自浙江桐庐中学潘侬老师和徐玉华老师分别带来"基因突变"和"染色体变异"两节新授课。潘侬老师通过"心形"西瓜的实例引出可遗传变异和不可遗传变异的概念，再通过学生熟悉的镰刀型细胞贫血症案例让

学生理解基因突变的概念，对正常人和患者的 mRNA 碱基序列的分析让学生直观地认识到基因突变的类型。潘老师在讲解中对阿克苏的学生学情把握到位，充分调动学生积极性，以基因片段的模型展开教学活动，让学生在动手过程中亲历突变的过程。

徐玉华老师的"染色体变异"一课，用全新的授课思路突破教学重难点，注重知识来源于生活，又可应用于生活。徐老师通过问题设置，层层深入，让学生理解染色体组的概念，学生对形成配子、受精过程中染色体的行为变化进行模拟，让学生在玩中学，在学中体会生命的奥秘，充分体现了生物学科素养中"生命价值"这一维度。

课后，教学研讨活动开展了。由两位授课老师介绍自己的教学设计，阿克苏市教科局教研中心生物教研员王静做了点评，浙江省萧山中学特级教师金松涛对潘老师和徐老师的课堂进行了评价，并对新时代生物教学提出了建议，对空中丝路课堂的形式给予了充分肯定。在金老师精彩的点评中，活动进入尾声。

杭阿共建"智慧＋空中丝路课堂"联结了西子湖畔与天山之南的教育时空，让杭州师生和阿克苏师生在线相约。正是在杭州市援疆指挥部和阿克苏市委、市政府及杭阿各方的支持下，让知识的火花穿过万水千山，让文化融汇的声音转载为网络信号，将西子湖畔的优质教育资源带到天山之南。我们相信：杭阿两地和"丝路"课堂的参与者们将不忘初心，接力前行，'杭'行到底，促进两地教育深度融合，唱响阿克苏炫彩的教育赞歌！

二、教师心得摘录

2019年5月21日杭阿共建"智慧＋空中丝路课堂"，来自杭州师范大学的徐莺博士给阿克苏市中小学美术教师主讲"山水画的崛起与中国山水精神"，徐博士从中西方不同的审美范式——西方模仿自然而中国讲究传神讲起，从西方风景画和中国山水画的对比，讲到观念先行的中国山水画，先有山水画的观念，后有山水画。山水画的观念是佛学的冥想修身和玄学游山水结合的产物。最后讲到怎样欣赏山水画。从荆浩《匡庐图》、关仝《关山行旅图》、范宽《溪山行旅图》、王诜《渔村小雪》，讲到山水画按照装裱形式分三种：立轴、手卷、册页。从荆浩《笔法记》"气韵思景笔墨"六要讲到北宋是山水画高度发展的时期，程朱理学的形成使山水画走向高峰，最后一起观看古画修复视频讲到古画修复的不易和对中国山水画的独特情怀，使我深深地感受到中国传统绘画的魅力和中国人对古代绘画修复的孜孜不倦的精神，从而热爱传统文化，提高了艺术修养。

2019年4月17日，杭阿共建"智慧＋空中丝路课程"物理学科主题研讨活动面向阿克苏市高中物理教师开课，杭州市余杭高级中学教师陈爱萍老师及来自杭州市富阳区新登中学的援疆教师戴兴华分别带给我们"热电功"和"万有引力"两节课，活动采取讲课与评课相结合的方式进行。

两位老师从不同角度讲述新课，全程注重学生的思维培养。采取实验的方式引课，吸引学生眼球，在讲授中充分利用动态语言和身体语言，拉近与学生之间的距离，让学生积极参与到了教师的教学活动中，提高课堂效率。从中我学会了很多，让我体会最深的是老师们对于教材的灵活处理和深层挖掘。

回来深思，细致归纳，心有感触，在今后的教学中，我要努力做到以下几点：

（1）首先认真钻研新课标，转变现在的灌输式的教学方式，认真备课的同时丰富教学内容，开阔学生视野，上课前制订出符合我校的切实可行的教学模式。

（2）上课时大胆放手，培养学生的自学能力，分析问题、解决问题的能力，培养学生的探究能力及小组合作意识。

（3）课堂中要以学生为中心而不是以教材更不是以教师为中心来进行教

学。在提出问题后，引导学生思考并鼓励学生用自己的方式学习。

（4）为避免在物理实验中学生出现的不同疑问，故在课前应多下功夫，多次自己动手实验。当出现疑问时，教师要灵活处理，适当地利用启发式方法，引导鼓励学生找出原因。

有幸参加此次教研，是我从教之幸事。他们的扎实学识、较好的课堂控制能力、对教材的把握深度，都使我学有所得，也让我深思，只有不断提升自己才能缩短与优秀教师的差距。

学生在教师的引导下动手操作，这一刻他们似乎在扮演着物理学家的角色，发现问题—进行猜想—解决困难—得出结论，这样的经历肯定比迷茫在题海之中更加丰富有趣，自然而然地，学生们的课堂参与感更强，师生间的交流互动也就更多，真正在课堂上有了智慧的碰撞。一节课下来，同学们也能够更加注重观察生活中的现象。

2019年3月25日，浙江省桐庐中学的浙派名师黄洁老师在学校举办的空中丝路课堂中给阿克苏市高中语文教师带来一堂精彩的作文复习课讲座，写好作文对学生来说是一大难题，那么讲好一堂作文课又何尝不是，黄老师的这堂课对于我们这些在作文教学中有颇多困惑的老师来说，就似雪中送炭，给我们带来了许多的启示和思考。

黄老师从当下的作文形式入手，着重讲了新材料作文和任务驱动型作文，而这两类作文既是作文考查的大方向，同时也是各位老师在作文教学中的重难点。黄老师着重讲了如何去提升学生的写作水平，并给我们展示了许多学生写的作文的实例，也阐释了具体的提高方法，印象最深刻的一点便是：训练、反馈、修正、提高。黄老师在面批作文上真的是做足了功夫，能做到全部同学面批，并且在面批之后让学生结合问题再修正再创作，再次面批，直到基本完美为止。

对于我自己而言，在批改作文时，总是很匆忙，且批改作文的时间也有一定的跨度，总因为各种事使作文批改变得断断续续，且更是做不到全员面批并再根据问题重写，所以黄老师的做法和教学态度在这一点上给了我很多的启示。虽然生活以及工作都非常忙碌，但提升学生作文水平也是迫在眉睫的事，所以在今后的工作中我也将在面批作文上多花时间多下功夫。

最后黄老师在讲座中提到一个观点"学会说但是"。可能开始听的时候对这个观点是质疑的，但是听完才发现，这是写议论文时一个很好的点，通过"但是"使文章更加生动，同时论证更具有说服力。

正是黄老师这种独特的思维，使我打开了作文教学的新思路，写作文重点在于素材的积累，这就能结合我们学校"阅读与综合实践课"，在劳动的基础上，增加阅读量，积累丰富的作文素材。因此，在今后的教学中我会吸取黄老师的经验，结合自己的学情，对学生进行有效的指导，提高学生的作文素养。

第十一章 杭州教育援疆之美好人生路

他们相信

无垠的星海里总有一颗是在为自己闪耀的

于是，跨越千山万水

来到阿克苏传播杭派美好教育

无论遇到多少困难

都不曾放弃眼中的光、心中的梦

第一节 人物一：世界那么大，我只想去阿克苏

汤晓风，杭州师范大学外国语系教授，英语语言文学硕士。研究领域主要涉及英语课程与教学论、教师教育等。2009年7—8月赴澳大利亚昆士兰大学进修英语教学法，2011年8月至2012年5月在美国缅因州立大学法明顿校区做访问学者，多年来一直从事杭州师范大学本科生、研究生英语教学工作。

2013年，被选派为杭州市第八批援疆人才，担任杭师大附属阿克苏市高级中学副校长，为期两年。2013年4月20日他欣然接受杭师大委派，作为杭州市第八批援疆人才第一个进疆，奔赴阿克苏市高级中学担任副校长，投身阿克苏市高级中学的学校内涵文化建设，开始了开展教师教育管理工作的援疆

历程。

杭师大附属阿克苏市高级中学成立于2013年6月，是杭州市援疆指挥部智力援疆的重点项目，也是杭州援助阿克苏市的标志性成果。他抵达阿克苏时，学校正处于最紧张的后期筹建阶段。他迅速投入到了建校工作，与校长一起为建校项目四处奔走，赴周边兄弟学校调研考察，不分昼夜地起草各类方案，与同事们一起走进阿克苏市各兄弟学校，为建校工作累积了大量原始材料。虽然这是汤晓风人生中第一次来到新疆，但他迅速融入当地的工作与生活，与筹备组同事一起互帮互助、同甘共苦。

他创造性地摸索出符合当地教师专业发展的教育模式，带动阿克苏一批年轻教师不断成长。

阿克苏市高级中学是一所新建学校，教师队伍较为年轻。如何在短时间内加快推进教师的专业发展，有效提高教师教育水平迫在眉睫。在汤副校长的心里，一直铭记着杭州市第七批援疆指挥部指挥长在2013年的夏天与他谈心时嘱咐的那句话，"一定要尽快在阿克苏市高级中学中培养出一支名师队伍"。

汤晓风非常注重教师实践性知识的培养，注重教师把宝贵的默会性知识显性化，大胆提出了让学校优秀教师围绕"教学技能""学科知识""通识性知识"及"教科研"四类学习为年轻教师开设微型讲座或微型课。亲自为年轻教师开设了130余场小型讲座或微型课。作为帮带导师，除了指导规定的8位帮带教师，他把全校教师都当成自己的帮带对象。他批阅过600多篇教师的教学微反思作业，修改过90多篇教师的教学论文和读书报告，还创建了全校教师的《教师专业发展档案》，记录下教师成长的点滴……

功夫不负有心人，在汤晓风的带动下，年轻教师们收获了快速的成长。截至2015年9月，阿克苏市高级中学共获得奖项170项，其中教育教研奖项占87％。他指导的13项课题中有10项成功申报阿克苏市级以上小课题，其中地区级2项、自治区级3项。2015年5月该校在自治区教学教研成果比赛中一次性收获22项大奖。他带领的英语组有5人次荣获全国中小学英语优质课与教学论文比赛一、二、三等奖，1人获得阿克苏地区优质课比赛一等奖，两人分获阿克苏市高中英语优质课大赛第一、第二名。在他的努力下，在杭州市援疆指挥部、杭阿两地教育局大力支持下，共外派22位骨干教师赴杭州师范大学及杭师大附中学习。

在阿克苏，汤晓风为全校学生用英语开设文化讲座。流利的英语、激情的演讲，让学生们都记住了美丽的杭州，记住了校园里有一位来自杭师大英语超级棒的援疆副校长，他激励着孩子们要勤奋学习，放眼世界。一些学生还在班级宣传栏上写下了自己未来要报考的学校：杭州师范大学。（杭州教育发布）

｜ 第二节　人物二：两年援疆路，一世多浪情

2013年8月15日清晨，女儿还在熟睡中，当跨出家门的一刹那，我清楚地意识到，这轻轻跨出的一步，意味着我将飞到万里之遥的新疆，意味着我对家庭700多个日日夜夜的思念，意味着70多岁的父母对远方儿子的牵挂与担忧，意味着柔弱的爱人独自一人承担家庭的琐事，更意味着宝贝女儿对父亲的日夜企盼。

通过在省委党校的培训以及到疆后的集中培训，我更加清楚了国家新一轮援疆工作的重大意义，对新疆的战略地位、资源地位有了新的认识，这块占国土面积1/6的土地上承载着实现伟大的中国梦所不可或缺的资源保障，诚如徐纪平指挥长所言，为国家分忧，为当地奉献，为浙江增光，为人生添彩，或许这是我们每一个来到阿克苏的干部和专技人才的共同心声。为人生添彩，既有对教育事业的追求，也有对人生历练的期许。

在新疆阿克苏的两年时间里，我把它分解为两个阶段。第一阶段，了解适

应、积极参与。阿高是杭州援疆的一所完全高中，2013年下半年正式对外招生。由于历史的原因，阿克苏市高中教育基础比较薄弱，学校管理理念、教师教育理念、课堂教学水平整体上处于比较落后的水平，和东部发达地区差距比较大，当务之急是理念先行，理顺学校管理体系。所以我工作的起始点，就是和学校班子成员一起更新管理思路，为此我提出了以年级领导小组为核心的扁平化管理体系，年级领导小组对校长负责，逐渐形成三个年级相对独立的竞争体系，提高工作效率，针对全体教师，我做了"新学习运动"主题讲座，结合教学实践和教育心理学知识，使我们的老师对高中生的学习有了新的认识，了解了学习规律才能更好地教学，在学期听课调研的基础上，专门针对课堂教学这一主题，阐明了新课程理念下如何组织高效课堂问题。对不同的课型，青蓝数学工作室成立以来，开展了许多有益的教学尝试，同课异构、课堂教学比武、教学专题讲座、校际互动等教学研究活动，深受老师们的好评，工作室被浙江省援疆指挥部、阿克苏地委组织部评为"地区十佳工作室"，同时也被地区教育局授予"阿克苏地区数学教学能手培养工作室"。

经过近一年的探索实践，以杭派教育核心理念为先导的课堂教学改进工作目前在学校正悄然展开，老师们的课堂更加注重师生互动，注重学生动手能力。目前已经编制导学案150余篇，撰写教学微反思50余篇，翻转课堂的教学实践30余节。"初高中过渡衔接教材的设置"成为自治区立项课题，2014年底已经结题。《青数蓝图》会刊也于2015年1月中旬和4月中旬正式出刊两期。

第二阶段是传帮带工作深化与总结反思阶段。虽然我们这批专技人才的援疆时间即将在2015年6月底到期结束，但我们制订计划都考虑到延续性和传承性，所以在把传帮带工作继续深入推进的同时，我们也在考虑一年多来工作的得与失，特别是考虑对后续接班老师们提出一些建设性建议，使他们少走弯路，更快地适应智力援疆这一大局工作，例如，对于青蓝工作室，今后的工作中要着重关注如下几个方面问题的改进：一是工作室核心成员来自全市不同的高中，工作中如何更好地沟通与协作，特别是在各自学校如何更好地发挥骨干力量，加强各学校学科组建设，从而带动更多老师成长（辐射作用）；二是援疆教师即将面临新老批次轮换，工作思路与方法如何更好地传承对接（继承与发扬）；三是如何更好地调动工作室成员的积极性，在请进来的同时也给予他们外出培训的机会，拓宽视野、提升能力（培训与内驱力激发）；四是如何更好地把杭派教育理念与阿克苏教育实际相结合，开展各项活动如何与教师实际需求更贴切（针对性、实效性）。

回顾两年的时光，我共开设示范课24节，帮带徒弟6人（管理帮带两人，学科帮带4人），举行各类讲座共9次，其中面向学生2次，面向阿克苏地区全体高中数学教师数学专题讲座1次，面向阿拉尔市全体中小学校长教学管理讲座1次，均取得了良好的反响，受益听众500多人次，随机推门听课250余节，参加各学科主题教研活动30多次。辛勤的工作得到了领导和老师们的充分肯定，我也被评为2013年阿克苏市教育系统优秀工作者、2014年度阿克苏地市两级优秀援疆教师，获杭州市援疆指挥部举办的传帮带创新大赛工作室一等奖、优秀导师二等奖，代表杭州指挥部参加省指挥部举办的传帮带创新大赛，以第一名的成绩获得工作室一等奖。同时作为教师党支部书记，积极组织全体援疆教师参加政治理论学习，开展各种丰富多彩的文娱活动，我也光荣地被评为优秀党务工作者。

两年援疆路，一生援疆情，最后以我喜欢的一句话和大家分享共勉：心在何处，何处有风景；志在何处，何处有成功；爱在何处，何处有感动；梦在何处，何处有未来。

｜ 第三节　人物三：致力"南疆一流 全疆示范" 名校的目标

——记阿克苏市高级中学、第三高级中学校长张翠红

一位好校长就是一所好学校。厚积一生智慧，沥尽辛勤汗水，情系师生，率先垂范。以崇高的事业凝聚人心，以先进的理念统领学校。强学校管理，建名师团队，创优质品牌，兴阿克苏教育。她，就是张翠红，中共党员，现任阿克苏市高级中学党支部副书记、校长，主持阿克苏市第三高级中学全盘工作。

任教三十载，春风一片情。这位在教育战线上奋斗了几十年的老校长，以其扎实的工作作风、热情的工作态度、出色的工作成绩，得到了社会各界人士的一致好评，她以德育人的教育理念引导着一代又一代学生的成长，始终如一地致力于"南疆一流　全疆示范"名校的目标。

2013年，她被抽调组建阿克苏市高级中学，在杭州市援疆指挥部鼎力支持下，仅用了5年时间，就让杭州援建的阿克苏市唯一一所完全寄宿制普通高中成为阿克苏地区的示范性学校。2016年，阿克苏市高级中学第一批学子参加高考，向社会各界交出了一份满意的答卷，本科上线率达到75％。2017届高三学子不负厚望，更上一层楼，本科一批次上线181人，上线率为20.4％，较上一年增长了5％；二批次上线476人，较上一年新增104人；本科上线率为78.6％，两年全校升学率100％，部分优秀学子考入复旦大学、南开大学、浙江大学、中山大学、武汉大学等高校。目前，阿克苏市高级中学与地区二中、第一师高级中学位列阿克苏地区前三名。现在，到阿克苏市第三高级中学主持工作的她，依旧是老骥伏枥，志在千里，始终践行"南疆一流　全疆示范"名校的目标。

一所学校之所以成为好的学校，是与严格管理和对教师队伍的培养分不开的。在管理上，张翠红始终坚持制度管人、依法治校，在先进的教育理念和严

格管理下，阿克苏市高级中学取得了突出的成绩，先后获得自治区德育示范校、自治区科技创新学校、自治区青少年科技活动特色学校、阿克苏地区依法治校示范校、阿克苏地区基础教育践行与合作研究基地、阿克苏地区民族团结先进集体、阿克苏地区教育教学工作先进集体等多种荣誉。与此同时，张翠红还注重干部教师队伍培养。在用人上，她始终坚持任用德才兼备的教师，深入挖掘他们的潜力，给他们提供施展才能的平台。自2014年以来，学校不断有教师被教育系统选拔任用，目前已有张全金、木塔力甫·尼牙孜、王能靠、张志平、秦敏、张强、彭涛、袁飞宇、杨利军、田远斌、刘方、丁娟、石钰智、崔振强、田晓斌、杨明、杨波、陈宁、张伟、魏燕霞、吕锋锋、任耀生、邢作栋、李学斌、薛虎等多名教师调派到阿克苏市教育局、各中学担任重要领导职务，为阿克苏市教育事业培养优秀人才做出了巨大贡献。

第四节　人物四：追寻遥远的美丽

既然选择了远方，便只顾风雨兼程；既然目标是地平线，留给世界的只能是背影。一个明亮的江南水乡的才女，与家国同心，与情感同在，与信念同行，以最勇敢的姿态来到大漠深处的校园，用最前瞻的眼光传播最新颖的教育理念。她是骆玎，文学博士，杭州师范大学副教授，硕士生导师。援疆期间担任杭州师范大学附属阿克苏市高级中学援疆副校长。

援疆之前，她几乎没有长时间离开过杭州，当她从杭州萧山飞赴新疆阿克苏，飞机凌晨降落到阿克苏机场后，就传来公公去世的噩耗。在万里之外的异乡，她强忍着失去亲人的悲痛，含着泪坚强地参加完入疆培训并安排好学校工作，才赶回家送亲人入土为安。

阿克苏日照强烈，气候干燥，时时有席卷大地的沙尘暴，外加3小时左右的时差，第一个月，她白天头痛欲裂，夜晚通宵失眠，承受着生理与心理上的煎熬。时间久了，她渐渐地习惯了当地的工作与生活的环境，与援友们相熟相守，努力践行着留下一个带不走的教师队伍的援疆使命。

在指挥部组织"听课千节、结对百人"的传帮带活动中，她有意识地选择了来自"老、中、青"三个层次六名弟子，尝试借助"老"带"中"、"中"带"青"横向拉动的模式，让不同层级的弟子在与前辈和后辈的交流过程中去不断总结与思考，从而让教学经验与心得在不同层次间流动起来。在申报浙江省教育科学规划课题时，她与课题组成员将这一模式界定为"学校立体师训体系"，并将其作为杭州"智联体"教育援疆模式的组成部分加以拓展，最后成功立项。

为备战市级英语优质课大赛，她一遍又一遍地给传带的徒弟磨课，大到教学环节设计，小到教案印刷细节，总是耐心陪着他们一个环节一个环节去落实，最终她的两名弟子获得市级比赛一等奖，并代表阿克苏市参加地区总决赛。在准备决赛时，她带领团队挤在宾馆狭小房间里，讨论教学设计、试讲、磨课……每晚都是到凌晨4点才结束"战斗"。就是在那样的夜晚，带着倦意和安心的她打着哈欠，不经意抬头向窗外望去，看到了新疆凌晨最美的星空。

美好的，总是在不懈的坚持和不息的热情后来到身边，赋予人生一种永不褪色的记忆。在援疆1年半的时间里，骆峥指导的学科团队和教师取得了不小的成绩，共获国家级教学和指导奖项3个、地区级教学奖项2个、市级教学奖项5个、自治区级课题4个、浙江省教育科学规划课题1个，由清华大学出版社出版专著1部，获市厅级各类论文和教学设计奖项44个。2017年被阿克苏市委表彰为优秀共产党员。

第五节　人物五：启迪智慧的火花

阿尔伯特·史怀哲说：有时我们的光溢出来，但点燃的是其他人的火焰。

他说，很荣幸能来援疆，这不仅是一份宝贵的经历，更是一份神圣的使命。

他说，他的第二个孩子神奇而美妙地来到他的生命中，让正在援疆的他多了份牵挂，也多了一份感恩。故以"恩泽""如意"为深意给她取名"泽如"，寄望她做个懂得感恩、善待他人的人。

他说，自己能做的就是发挥专业上的优势，帮助学校教师，帮助阿克苏市乃至阿克苏地区的数学教师，在专业上取得一定的进步与发展，并将"杭派教育"理念引入阿克苏乃至植根阿克苏，为这个神秘而美丽的地方的发展贡献一点绵薄之力。

他尽量多地参与教研活动，尽量多地"发声"，尽量多地进行教学示范，积极参加每周的教研活动，开展讲座，转变教师教学观念。认真研究试题，通过交流提升教师试题研究能力，转变高三复习教学状态。积极全方位地开展示范教学活动：有时为让徒弟能把参加优质课大赛的课程的细节之处把握到位，甚至亲自上示范课；有时与学校青年教师一起开展"同课异构"活动，将展示融入常态课教学，通过对比寻求差异，切实起到了示范引领作用；有时开展送教活动……一切努力，只为了更好地启发教师提升课堂教学品位和品质，认同并接受杭派教育理念。

他潜心撰写科研论文，援疆期间在核心期刊等刊物发表文章5篇。他充分发挥自身在科研上的优势，开设专题讲座分享科研心得，精心指导青蓝工作室成员开展教育科研、提升科研能力。他指导徒弟获得自治区中学数学教学论文评比一等奖，与徒弟合作的论文顺利发表。

他经常深入课堂，进行听课评课活动，帮助教师有效诊断课堂，帮助教师更新教学理念，更好地驾驭课堂、提高课堂绩效。借助公开课、优质课比赛契机开展磨课活动，帮助教师打造精品课堂，通过多次磨课诊断改进，两名徒弟分别获得阿克苏地区和阿克苏市优质课评比一等奖。

他积极策划工作室活动，借助工作室开展各项教研活动和业务比赛活动，积极传播"杭派教育"理念，促进"杭派教育"理念不断扩大辐射引领的范围。他组织阿克苏地区优质课比赛，参与组织阿克苏市双语教师优质课比赛活动，将教育援疆资源向民族学校教师辐射；参与组织阿克苏市学生数学竞赛，并参与竞赛命题工作等。他努力践行着"杭派教育"理念传播者的职责，在援疆路上坚定地走着。

一分耕耘，一分收获。在援疆期间，他所任教的班级在历次大考中均取得了优秀的成绩，他被评为浙江省教坛新秀。他就是萧山五中的副校长沈良老师，数学高级教师，第九批援疆教师，阿克苏市高级中学教研室主任。

┃　第六节　人物六：照亮阳光的心灵

寿柱，杭州师范大学附属中学的数学高级教师，援疆前任学校办公室主任、校党委委员，杭州市职称评审委员会专家库成员、全国法学会会员、杭州市数学学会会员。援疆期间先后担任阿克苏市实验中学、高级中学副校长，分管教学科研工作。

2017年2月，他积极响应党中央及省市的号召，来到新疆阿克苏市开展教育援疆工作。在500多个日夜里，他用他的教育智慧和杭派教育理念润泽着这座城市的教育汗林，传承着杭州援疆的诗画。

顶岗援教期间，他用春风化雨般的人格魅力感染着莘莘学子，无论是实验中学还是高级中学，学生的数学学习能力与杭州相比都有很大的差异，但他坚持做到对每个学生不言放弃、用情化人、用心启智、全心待生，他认为每个孩子都是独一无二的，都有独特的潜质，需要被激发，因此常鼓励学生先量力而行，一步一个台阶地走，又不失时机地做好学生一点一滴进步的推手。他精心备课上好每一堂课，利用午休时间给学生辅导，研究并自编典型的适合学生认知规律的教学资料，任教班级的数学（文科）成绩在各级统测中均名列年级第一，同时赢得学生满满的敬爱。

传帮带期间，他秉持授人以渔的理念，以杭州理念传授师者的身份坚持心与心交流、手把手示范、面对面传授地倾情帮带。为协助学校尽快促进新教师成长，组织了系列教学基本功等方面的大赛。先后结对8名徒弟，在课堂教学、教学设计、教学技术等方面对他们进行多维度全方位的指导，其中指导青年教师参加同课异构比赛获得市一、二等奖，地区三等奖，指导徒弟田华老师获得自治区教学能手称号，指导教师论文获市级各项奖项9人次等。

为引领阿克苏市教师提升理念、拓宽视野、盘活思想，他在阿克苏地市各级各类活动上为青年教师、名校长等开设主题讲座，适切地输送杭派教育教学及管理理念。参与"组团式"援疆送教活动，推进"空中丝路课堂"、指导杭阿共建地区高中数学青蓝工作室工作，组织策划阿克苏市高中数学"同课异构"研赛、数学知识竞赛、说题教学比赛，推动阿克苏市数学教研活动深入开展，对接选送骨干教师赴杭州等地参加交流活动等，加速促进教师成长。

管理援校方面，能主动建言献策，策划实施各教研项目，完善年级组过程管理，组织备课组活动，勤力融入学校管理杭州理念。

援疆1年多来，顶岗上课400余节，听评课180余节，参与指导教研活动近60批次，开设大型讲座12次，上公开课5节，指导科研35人次，帮带对象100人次。

他说，援疆不仅是奉献，更是学习和责任。他用"援疆人"的青春热血，为铸造教育援疆杭州品牌奉献了智慧，书写了人生的华彩篇章。

┃ 第七节　人物七：爱在有情天

沙汀同志从2002年起担任余杭高级中学（简称余高）的数学老师，一直以来兢兢业业，精于教学、勤于管理，用真诚与热情对待每一个学生，深受学生的爱戴。曾获得"余杭区第二届学生最喜爱的老师""余杭区党员积极分子""余杭区优秀班主任""杭州市师德优秀教师""阿克苏市优秀教育工作者"等荣誉称号。所教学生多人考入北大、清华等全国一流大学。

2016年12月9日，沙汀同志看到了校园网上《关于做好第九批援疆干部人才选派工作的通知》，他短暂思考了10分钟，就向学校办公室递交了报名申请……刚刚过去的2018年对他来说是不平凡的，2月他的一对双胞胎女儿来到了这个世界，而他却是喜忧参半。喜的是上天对他太眷顾，家里一下子多了两个小棉袄，忧的是8月即将远赴万里之外的新疆阿克苏援疆支教，家里怎么办？4月，父亲又因送长子上学的路上发生车祸，右腿膝盖骨折，这又为他的阿克苏之行蒙上了阴影。其实在那个时候，他产生过畏难情绪。援疆之期将至，是他的爱人和母亲一起鼓励他："想去就去吧，家里有我们。"就这短短的10个字，让他义无反顾地踏上了援疆路……就在2018年12月，他的父亲又因阑尾炎复发再次住进医院手术，是余高闫永吉副校长陪护了一天一夜，而他却坚守在援疆岗位上。其实，他只是众多援疆战友的一个缩影，他们每一个人都是家中的顶梁柱，哪个家庭在顶梁柱离开时没有困难？但作为一名共产党员，就要坚决服从组织安排，哪里有需要，就到哪里去。

因此，他一直牢记援疆使命——传承、敬业、团结、精彩，积极履行"传、帮、带"的重要职责。目标就是为受援地打造一支"带不走的优秀教师队伍"。在新疆工作期间，他被阿克苏市委组织部任命为援疆副校长，在校分管教学工作，重点联系高二、高三年级和高二数学备课组。援疆期间，他充分发挥余高管理上的优势，利用杭州优秀的管理经验和资源，结合受援学校的实际情况，逐步传递恰当的管理理念，捋顺学校教学管理思路。最初他把工作重点放在了解学校的"教情"上，利用一个多月时间，把受援学校所有的数学教师的课都听了一遍，做到每听必评，同时也要求徒弟积极撰写教学反思。传帮带徒弟共5人，其中阿克苏市高级中学4人，库木巴什中学维吾尔族徒弟1人。在他的指导下，受援学校青年教师魏艳霞获得自治区高中数学优质课评比一等奖，徒弟黄新东老师也获自治区说题比赛三等奖。为了更好地了解学情，他承担了一个高二文科实验班的教学工作，周课时数10节。通过上课展示杭派教育理念，把"为什么要学，怎么学，学了有什么用"这一理念传递给学生，逐步养成学生"会思考、爱思考"的学习习惯。

同时，沙汀同志还参与学校的其他管理工作。在学校创建"自治区德育示范校"期间，他借助在余高创建"省普通高中一级特色示范校"的成功经验，献言献策，最终阿克苏市高级中学成功地通过了验收，成为阿克苏地区唯一一个自治区级的德育示范校。此外，他还积极参加"组团式"援疆送教活动，先后前往阿克苏市实验中学、阿克苏市第三高级中学、库木巴什中学进行听评课活动，并指导老师开展教科研活动，传递杭派先进的教育理念。

2018年10月23日，沙汀同志和援友们有幸见证并参与杭州市和阿克苏市有史以来最大规模的杭阿两地名校长高峰论坛。杭州方面由杭师大经亨颐学院院长郑生勇同志带队，一行38人，其中35人均为"杭州'十三五'名校长"培训班的成员。当地参加论坛的书记、校长达200余人。沙汀同志认真策划并落实了高中组的接待工作，在协调、完善小学、初中、高中各组的接待方案的同时还担任了高中组高峰论坛的主持人。

一人援疆，全家援疆；一段援疆路，一世新疆情！沙汀同志为了实现自己的教育理想、为了让教育能更好地润泽每一个孩子的心灵，克服了个人、家庭的重重困难踏上了援疆的征程，在援疆期间，他如同在余高时一般勇挑重担，担起教学、管理等各项事务，体现了余杭教育的铁军风范与担当气概！

┃ 第八节　人物八：传播美好教育的"九九归一"

第九批两期共计18位援疆教师在来自杭州市教育局的援疆干部人才组开发组副组长、阿克苏市教科局副局长吴栋栋的组织和引领下形成了一个创造美好的教育援疆团队，命名为"九九归一"。

"人生最大的幸运，莫过于在他年富力强时发现了自己的人生使命。"对吴栋栋局长来说，他那些浑然天成的教育情怀、与生俱来的教育智慧、后天积淀的教育眼光，他的创意"智慧＋空中丝路课堂"架起横跨祖国东西5000多千米的杭阿美好教育之路，以知识火光点燃杭阿两地美好教育的热情；他的"美好地创造美好"的教育理念镌刻在天杭实验学校的教育内核里；他当成工作室的"教研中心"对阿克苏市的教育人来说是一个专业成长的指挥中心……在最美好的年纪，做着最美好的事，传播最美好的教育。

骆琤是杭州师范大学外国语学院副教授，硕士生导师，第一期教师组领队兼任杭州师范大学附属阿克苏市高级中学副校长。在援疆指挥部大力支持下，带领团队开启了"智慧＋空中丝路课堂"学生版和教师版，打造了"学校立体师训体系"的模式，推行了杭州"智联体"教育援疆模式。

刘朝忠老师来自建德新安江中学，接受组织的挑选，于不惑之年离开青山绿水的家乡，来到大漠边陲阿克苏开展教育援疆工作，用自己的青春和智慧诠释着为国家分忧、为阿克苏奉献的人生价值。一年半时光里，他深入开展传帮带工作，用杭派先进的教育教学理念去指导和引领阿克苏教师的提升，并积极联系后方浙江省特级教师赴阿送教，还联系后方建德市政府向学校捐赠助学，推动两地开展形式多样的教育交流活动，以期突破阿克苏教育发展面临的困难和瓶颈。在他精心的帮带下，政治组的徒弟们多次获得市级、地区级一等奖等奖项。

王爱团老师，是来自杭州第十四中学的化学高级教师，他克服家庭困难，一路向西，追着夕阳飞往阿克苏这片美丽而神秘的土地，为阿克苏市的教育贡献年轻而强大的力量。他主动承担高三毕业班的教学工作，每天精心编制学案，针对阿高学生的现实基础，独立编制了校本教材《高三化学二轮复习教学案》，采用"低起点、重基础、多鼓励"的策略开展精准教学。她致力于示范引领杭派教学理念，倾情投入传帮带，指导开展集体备课、开设示范课和专题讲座、资料共享等工作，来推动当地教师对杭派教育教学理念的认识和教学尝试。成立以"师徒5人"为主的听评课学习小组，以点带面促进当地教师开展教学研究、提升教学水平，指导徒弟获得市优质课一等奖等奖项。

来自富阳场口中学的陈先飞老师是一名物理高级教师，他说："援疆之行，任重而道远，我愿意使出我的洪荒之力去践行、去攀登。"他经受住了援疆期间痛风的无情折磨，义不容辞地承担起高二3个班的物理教学任务。他从教学常规、教学实践汇报课、同课异构活动、教育教学管理活动组织与设计技能、示范教学等方面开展全方位的传帮带工作，收徒8人，总是力所能及地去帮助每一个徒弟，指导徒弟获得多项地区、市级一等奖，使阿克苏教师得到整体进步，让杭派教育理念辐射整个阿克苏地区，并生根开花。

寿柱，杭州师范大学附属中学数学教师兼办公室主任、校党委委员，援疆期间先后担任阿克苏市实验中学、高级中学副校长，分管教学和科研工作。他秉持授人以渔的原则，以师者身份传授杭州理念，坚持心与心交流、手把手示范、面对面传授，用心用情帮带。指导的徒弟获得自治区教学能手称号，指导教师获得多项地区及市级一等奖等奖项。

沈良是杭州萧山第五中学的数学教师兼教科室主任，援疆期间担任阿克苏市高级中学教研室主任。他说："自己能做的就是发挥专业优势，帮助阿克苏的数学教师，在专业上取得一定的进步与发展，将杭派教育理念引入阿克苏并植根于阿克苏，为阿克苏的发展贡献力量。"

担任阿克苏市高级中学援疆副校长的俞伟，是一位来自杭州艮山中学的美术高级教师。他认为，要像一枚火炬一样帮助学生树立正确的学习理念，引领学生健康成长，诠释教育对生命的理解和追求；要用高度的责任心在传帮带岗位上创造出小小的成功和快乐，一步一印踏实行。援疆期间，他广泛开展教学调研，热情帮助年轻教师，提升学校教师教学的业务能力，指导的教师获得自治区教学能手、阿克苏市骨干教师等荣誉。他撰写了多篇德育科研培训稿，举办讲座多场，为阿克苏市实验中学编写了两本校本教材。

来自杭州第四中学的物理高级教师李涛，援疆期间先后在阿克苏市实验中学和高级中学任教。他坚毅低调、辛勤寡言，耐心不苛刻、周到不拖沓，带着一份别样的淡定和从容，不停奉献着。他善于用发现的眼光培养青年教师，先后帮带7名徒弟，以只争朝夕的紧迫感严格要求，从专业素养和教学基本功底训练起，稳步提升教育科研能力，先后有6人次获得物理教学大赛地区、市级一等奖等奖项。在教学上，他努力克服实验器材不足的困难，尽量以实物和视频等方式向学生灌输实验的重要性，并以实验教学为切入口打开了学生的复习思路，发挥了杭派教育的示范引领作用。

来自杭州市采荷二小的教师毛建和，援疆期间是阿克苏市第二小学援疆副校长，他面向从学校到全市各层面、各群体、各领域的义务教育开设大型讲座、专题报告120场，影响和带动了当地教育同人不断提升自身的精神境界和教育理念。援疆期间，带领团队为受援校量身定制"品文化""品乐课程""品学课堂"顶层设计，策划实施"智慧+"空中丝路课堂15场次。打开心灵的窗户，拨开厚厚的心茧，他用穿透心灵的热情书写育人篇章；把微笑绽放在脸上，关爱流淌在心田，智慧绽放在援疆路上，并记录下10余万字札记，践行着进疆时的誓言。

来自杭州师范大学外国语学院的段凯莉，作为第二期教师组领队兼任阿克苏市高级中学负责学校教研的副校长，她克服了从江南温润的西湖水到西北凛冽的天山雪的跨界不适，带领团队开拓创新、集思广益、挑战自我、共促成长，架起从西湖到多浪教育沟通的桥梁，在天山脚下播撒美好教育的种子，用爱和汗水滋养教育的土壤。在她带领下援疆教师团队充分利用强大的后方教育资源，在援疆指挥部的全方位支持下，将专家名师请到学校，将优秀教师送往杭州参加培训。她主持的学生版的"智慧＋空中丝路课堂"，让阿克苏的学生开阔了视野、增长了见识，唤醒了学生努力学习走向世界的愿望。

来自余杭高级中学的沙汀，任负责阿克苏市高级中学学校教学的副校长。他充分发挥余高管理优势，利用杭州优越的管理经验和资源，结合受援学校的实际情况，传递恰当的管理理念，捋顺学校教育管理思路；他积极履行"传帮带"的重要职责，为受援地打造了一支"带不走的优秀教师队伍"。他通过承担数学教学工作，展示杭派教育理念，把"为何学，如何学，学之何用"这一理念传递给学生，促进学生成长。他始终牢记：无国便无家，作为一名光荣的共产党员，援疆，义无反顾。

来自浙江省桐庐中学的徐志莲，任负责阿克苏市高级中学工作室的副校长，承担数学教学任务和传帮带工作，组织安排工作室两次赴杭州培训学习，力邀浙派高中数学名师24人团来阿送教结对，指导徒弟斩获全部五场优质课比赛从校级一直到自治区的一等奖，指导教师斩获市一等奖7项、地区一等奖2项、自治区一等奖4项等近40项奖项，助力学校获得自治区荣誉两项，主导国家级和地区级推进会各一场；援疆期间在指挥部安排下负责杭州援疆品牌"智慧＋空中丝路课堂"，共安排杭阿两地开设空中丝路课堂53期。她致力于为阿克苏培养带不走的教师队伍，做到精确精细精准，并不断超越，实现援疆初心，完成援疆使命。

姚建良，杭州市余杭瓶窑中学副校长，从事行政管理工作21年，有丰富的教育教学管理经验。援疆期间除承担物理教学任务和传帮带工作外，他凭借自己原有创建特色示范学校的工作经验及十多年的党务工作经验，指导阿克苏市高级中学的党建工作的迎检、接待、方案设计、成果体验等，还为学校校徽中的三种颜色所代表的含义进行诠释，为学校校园文化进行相关指导。指导高二物理组加强备课组建设，推出全景式、浸入式的集体备课展示活动，供当地进行复制和推广；指导物理组成功立项并开展自治区"以校为本"的课题研究，以理论和实践相结合更快更好地促进教师成长，为阿克苏打造一支优秀教师队伍。一年半不长，他于朝夕之间把自己的激情、热血、理想融入阿克苏这片充满希望的土地。

来自萧山第十一中学的数学教师魏友武，为人儒雅谦恭，学科专业功底深厚，有全面的教育教学思想和实践能力。开展传帮带的过程中，他总是以笑颜面对徒弟们，指导问题能清晰透亮切中要害，同时又善于鼓励、激发他们，深受欢迎，深得信任。他善烹饪，经常会做一桌色香味俱全的菜肴与大家共享，他认为教学如同烹饪，环环相扣、步步严谨，因此他指导的徒弟和教师获得多项技能比赛大奖。他说，如果说援疆是一幅画，"辛苦"只是底色，"劳累"只是浓墨，能为边疆教育尽力，不辱此行使命，才是最美的颜色。一年半里，他将责任和使命化作动力，怀着满腔热情，同援友一起将汗水挥洒在这片美丽的土地上。

许晖老师，是建德寿昌中学的化学教师，他长得阳光帅气，总是面带笑容且有着一副南方人软糯的嗓音，深受学生喜欢。他在课堂上总是不经意间抛出一个个问题，激发学生探究和思考，有预设有生成，严谨不失幽默，生动不失启发，行云如流水的独具杭派风格的课堂教学扎根学生心底，也就此打开了阿克苏市高级中学化学课的变革。他利用一切可以利用的时间对学生进行一对一辅导，同时扎实开展传帮带工作，帮助他们迅速成长。他结合后方学校先进备课组建设经验，结合自身所能，指导和规范化学组建设，定时定地点开展备课活动。肩负援疆重任、后方嘱托、指挥部期望、学校责任的他，以乐观向上、不知疲倦、踏实工作的援疆教师形象，为大漠边疆教育事业贡献力量。

唐升红老师是淳安汾口中学教科室主任，在不惑之年远赴阿克苏市高级中学担任思想政治理论教师，用自己积淀的教育智慧在阿克苏本地传播杭派教育先进经验，涉及的领域有新课程改革、校园文化、课堂理念、教科研、传帮带等。主持30余场教研组会议，从把握学情、研读教材、优化备课、课堂范式、作业筛选、课后辅导、命题制卷等教学脉络，从师德师风、教学技能、德育工作、观评规范、教育科研、生涯规划、社会实践等技能脉络，扎实夯实教研活动，促进教师大面积成长。他指导政治组教师多人次获得自治区、地区级奖项，指导的徒弟面向阿克苏市党政领导、阿克苏地区全体思政教师展示"八个统一"思想政治课。还在组团式援疆方面尽心尽职，成效辐射面广。他说，雪莲启示我们，只要努力，会有奇迹；胡杨告诉我们，只要坚持，就有希望；援疆人只要不忘初心，总有办法献礼边疆。

戴兴华老师，来自富阳新登中学，援疆期间担任高一年级主任兼物理教学，同时承担传帮带工作。在学生眼里，他一手漂亮整齐的板书、智慧诙谐的教学语言，深深地吸引着学生，让学生从最初的适应到喜欢到敬佩再到仰慕。学生这样给他留言："这里永远欢迎您，这里永远是您的家。"教学之余，他重点对组内的新教师进行培养，经常对新教师进行听评课指导，开设培训讲座，指导的徒弟在教学技能比赛中获得优异的成绩，他不遗余力的指导与帮助得到了当地教师高度的认可。他还是个爱心满满的可爱的老师，会拿出自己的津贴让家庭贫困生活费不够而营养不良的学生加强营养，并激励他考上好的大学。他说，人之一生，总得有一两件算不上惊天动地却值得回味的事情。他用勤勤恳恳、真真切切的态度，为援疆、为自己的人生努力着，让自己的教育智慧绽放在大漠边陲的阿克苏。

蒋何峰副校长，来自杭州师范大学附属东城小学，援疆期间任阿克苏市第四小学副校长，负责传帮带、课程建设、学校管理等工作，一年半时间里在阿克苏教育同人中获得了极好的口碑。他投入援疆工作的疯狂程度，众人有目共睹，内心佩服不已。他听课疯、带徒疯、课程研究疯，收徒8人，从普通教师、中层干部到学校领导，不同层次采用不同方法，因材施教落到实处。听评课听一节评一节，从课堂目标到环节目标，从环节设计到教学语言，精准点评，在入疆第一个月疯狂听课的基础上，快速摸清了学校课堂教学问题，并于次月给出校本研训的策略——渐循课，目标直指青年教师课堂教学行为的改进。在课程研究方面，从学校课程建设的顶层设计出发，大胆开发实施了紧扣地域特点、独具匠心的"致善·五红"课程，并在"美好同行"课程改革开放日展示了该课程建设样本，获得阿克苏地区的高度评价。他说，舍家报国，倾情援疆，要不留遗憾，只能疯，这样才能无愧于心。

| 第九节　人物九：用爱浇灌，静待花开

在新疆生产建设兵团农一师六团，有这样一支特殊的"援疆队伍"，他们都来自杭州萧山，从钱塘江畔到天山脚下，他们带来了萧山人的求真务实，也带来了萧山人的真情奉献。进疆以来，他们积极响应党和国家的号召，在援疆干部宋宇的带领下，做好本职工作的同时，面对六团经济薄弱，教育发展不均衡的现实状况，他们充分发挥"组团式援疆"的优势，群策群力，从资金、设备、教学等方面出发为六团的教育出谋划策、尽心尽力，三年来共为六团教育事业募集各类计划外援助资金123万元。

工欲善其事，必先利其器。2017年，在得知六团学校教师办公条件差、教学设施设备陈旧落后的实际情况，率先来到新疆的援疆干部宋宇第一时间与后方联系，积极发动社会各界的广泛参与，共向萧山10余位企业家募集资金50万元，为六团学校的所有教师都配置了新电脑和新的办公桌椅，为学校的每一层教学楼都安装了打印机，为学校的文化宣传工作添置了两台单反相机。教学设备的配齐和更新解决了以往几个教师共用一台旧电脑、教学资料无处打印等问题，改善了六团学校的整体教学办公环境，大大提升了在校教师的工作

效率和教学质量。

随风潜入夜，润物细无声。2018年，在全国深入推行义务教育均衡化发展的大背景下，面对六团学校发展资金不足的难题，援疆干部们又一次充分发挥了自己桥梁纽带的作用，通过多方协调，促成了萧山钱江世纪城管委会与六团学校的爱心结对，为六团捐助爱心教育基金50万元，主要用于六团学校的义务教育均衡化发展。同时，在援疆干部们的热情邀请下，萧山区教育局及相关学校的专家亲赴六团开展考察指导，为六团带去了萧山教育的好经验和好方法，通过两地的交流交往共同推动六团教育事业向更好更均衡的方向发展。

问渠那得清如许？为有源头活水来。2019年，结合"不忘初心、牢记使命"主题教育活动，六团的援疆干部们又一次深入学校开展调研，与分管教育的团场干部和在校师生进行了广泛交流，当发现六团中学教室课桌椅、宿舍储物柜等因长期使用导致陈旧、破损严重的现实情况后，援疆干部们充分利用暑期学生放假的间隙，向社会爱心人士发起募捐，最终萧山的3位爱心企业家在新学期开学前为六团学校送来了620套崭新的课桌椅和50套崭新的储物柜（价值15万元），也为即将开学的孩子们送来了更加舒适、整洁的学习生活环境。此外，为进一步推动校园文化建设，丰富孩子们的课余文化生活，援疆干部们还联系了萧山区教育局为六团中学捐赠了一整套铜管乐器（价值8万元），组建了六团中学军乐队。从此，每当校园里传来恢宏嘹亮的军乐演奏，仿佛就是在这片贫瘠的土地上播下了一颗音乐的种子，耐心浇灌，静待花开。

党的十九大报告指出："建设教育强国是中华民族伟大复兴的基础工程，必须把教育事业放在优先位置，加快教育现代化，办好人民满意的教育。"而在新疆这片特殊的土地上，想要实现社会稳定和长治久安，教育更是重中之重。六团援疆小组的故事只是整个教育援疆工作中一个小小的缩影，越来越多的援疆干部、支教教师为新疆的教育事业默默奉献着自己的力量，他们就像天山的雪水一样流入戈壁大漠，在那里浇灌出祖国最美丽的花朵。

在阿克苏市第九批援疆工作总结表彰暨第十批援疆干部骨干欢迎大会上的发言

尊敬的马书记、吾市长，各位领导，各位援友：

下午好！

一年半的援疆时光已然到说再见的时候，今天我有幸代表杭州援疆教师在此发言，这是杭州市援疆指挥部给予我的沉甸甸的信任和荣耀，是阿克苏市各级领导给予我的荣幸。

我是浙江省桐庐中学的数学教师，2018年8月，怀揣着教育援疆的情怀和使命，来到阿克苏，走进杭州师范大学附属阿克苏市高级中学，虽然不是最好的年纪，但却是我最能全力以赴的年华。

在阿克苏，我最大的心愿，就是能为在杭州与阿克苏之间搭建教育互通的"桥梁"，让阿克苏师生分享到杭州的优质教育资源，同时为阿克苏打造一支带不走的优秀教师队伍做出自己的贡献。

在一年半的时光里，我用无比坚定和执着向上的工作热忱，收获了深厚的友谊和无与伦比的幸运，得到了化茧成蝶般的成长。今天我与大家分享一下我的幸运。

我很幸运，遇见了一批积极向上努力绽放自己的阿克苏市的教师，促使我始终坚持援疆初心，全力以赴开展传帮带工作。先后结对8个徒弟，指导徒弟拿下一年半以来高中数学自治区、地区、市级等所有5场现场课比赛的一等奖。所指导教师参加各类比赛获自治区一等奖4项、地区一等奖2项、市一等奖7项。凭借个人多年教科研经验的积淀，对多所学校教师进行指导，其中指导杭高教师多项小课题在自治区、地区、市级立项或结题；指导徒弟撰写数学论文6篇获自治区奖。我很幸运，徒弟们给予的信赖是毫不犹疑的。曾有两次在临比赛前2天我要求徒弟更换课题，重新研课、磨课，但最终均取得第一名。

我很幸运，遇见了一批致力于阿克苏市美好教育能花香满庭的教育管理者，因为有他们的信任，我才有机会释放潜在的教育智慧，为阿克苏市多所学校指导校园文化建设等。其中有对杭高自治区德育示范校申报考核、教育部关于乡村教师队伍建设攻坚暨教师援疆工作推进会议、地区优质高中推进会等的筹备进行全面指导，并且每次都能取得圆满的成功。

我很幸运，背靠杭州市援疆指挥部这棵大树，有杭州大后方作为强大后盾，有阿克苏市教科局和教研中心的鼎力支持，我负责的杭州援疆品牌"智慧＋空中丝路课堂"和青蓝工作室等各项援疆工作得以顺利开展并圆满收尾。在杭州援疆资金的支持下，我牵线搭桥，安排高中数学青蓝工作室赴杭培训学习2期，促成与浙江特级教师工作室、浙派名师结对及赴阿送教等；组织协调安排53期空中丝路课堂等等。

我很幸运，每次需要后方支援时，得到的是"好，我们马上安排""我们一定按你的要求实施"等一些令我感动不已的答复。犹记当我提出为一位刚刚不幸离世的数学教师完成结对心愿时，22位浙派名师当即在结对协议书导师栏签上自己的名字。22个名字和一个永远空缺的名字，是铭刻在我心里的一道充满伤感和温暖的风景。

我很幸运，身处温暖有大爱的杭州市援疆指挥部，见证了杭州市援疆指挥部大气恢宏的教育援疆规划——杭派十五年美好教育示范线，在三年间是如何渐次绽放成一道可以开启阿克苏市孩子们美好人生的风景线。期待不久的将来，会有越来越多的优秀人才会聚在此，为阿克苏创造更加美好的未来奋斗拼搏。

吟一阕秋水，落一笔长天，诗和远方，如约而至，等得辛苦，却从不辜负。不经意间，我收获了一路的芬芳，一路的幸运，一路的荣耀，在这一年半里，我获得了新疆高中数学青年教师优秀课评比优秀指导教师奖、浙江省教育科研先进个人、最美杭州人 —— 感动杭城的十佳教师、杭州市教育改革创新十大年度教师等近十项来自杭阿两地省市级以上的荣誉。

我很幸运，能在这样一个伟大的时代和国家战略大环境中参与边疆教育事业的发展。为了回馈这份幸运，为了在离疆时留下些什么，在指挥部和杭高的支持下，与人合作撰写几十万字关于杭州十年教育援疆成果的书稿《播种美好的杭州教育援疆路》；为了感谢来自各方的关爱和支持，编著了《援疆：想带给人温暖却时时被温暖着的岁月》。为了感恩援疆岁月中所有的遇见，我将把部分售书款捐赠给阿克苏的学校。

光阴镌刻着落花，季节雕琢着容颜，这个尘世每一天都会有变化，但多年以后对阿克苏、对援疆这段岁月的追忆会清晰如斯：陌上花开，一直记取香盈袖；岁岁秋来，一直折取黄如昔。

最后，祝愿在座的各位身体健康，家庭幸福，事业蒸蒸日上！祝愿阿克苏市的教育事业发展得越来越美好！

杭州市第九批援疆教师　徐志莲

2020 年 1 月 3 日

参考文献

1. 李晓延.教育为何能阻断贫困代际传递［J］.人民论坛，2017（30）.

2. 沙尔合提·霍加恒.从人才角度浅谈推进新疆跨越式发展和长治久安［J］.新远见，2011（10）.

3. 董琳.人才优先发展是新疆跨越式发展的关键［J］.今日新疆，2010（20）.

4. 新华社.第五次全国对口支援新疆工作会议在京召开［J］.中国民族，2015（10）.

5. 紧紧围绕维护新疆社会稳定和实现长治久安部署推进对口援疆工作［N］.人民日报，2015-09-24.

6. 本刊编辑部.突出重点 精准发力［J］.当代兵团，2015（20）.

7. 邹伟.第七次全国对口支援新疆工作会议召开［N］.人民日报，2019-07-17.

8. 谱写新时代对口援疆新篇章［N］.新疆日报（汉），2019-07-17.

9. 本报评论员.不断提高对口援疆综合效益［N］.新疆日报（汉），2019-07-19.

10. 本刊编辑部.扎实做好新时代对口援疆工作［J］.当代兵团，2019（14）.

11. 深入学习贯彻习近平总书记关于教育的重要论述［J］.青海教育，2020（1）.

12. 努力开创对口援疆工作新局面［J］.兵团建设，2012（11）.

13. 不辜负党和人民的重托［J］.兵团建设，2012（9）.

14. 本刊特派新疆记者援疆"国家总动员"［J］.西部大开发，2010（12）.

15. 臧建国.自杀性恐怖犯罪原因及防控措施探析［J］.湖南公安高等专科学校学报，2010，22（6）.

16. 于素甫·哈拜.新疆会展平台的运用发展思考［J］.现代营销（下刊），2019（2）.

17. 石岚，马媛.中亚国家政局突变对新疆的影响及对策研究［J］.决策咨询通讯，2010（6）.

18. 朱兴.共商产业援疆谋略——自治区召开援疆省市对口支援工作座谈会［J］.今日新疆，2010（14）.

19. 郭旭霞.浙江援阿培训"双语"教师计划顺利实施［J］.新疆日报(汉)，2010-11-10.

20. 朱振岳，徐晖.浙江启动援疆"双语"教师培训［N］.中国教育报，2010-10-20.

21. 吕娜.五年内培养五千名"双语"教师［N］.阿克苏日报，2010-10-13.

22. 张永福.阿克苏地区农用地产能核算方法［D］.乌鲁木齐：新疆大学，2015.

23. 金波以一流援建业绩服务全国大局［N］.浙江日报，2010-

06-02.

24. 俞刘东，孙保胜，唐华容．舍家报国争担当 倾情援疆惠民生
［N］．新疆日报（汉），2018-11-29.

25. 邓丽娟．之江情暖塔里木［N］．阿克苏日报（汉），2019-06-12.

26. 刘方平．为阿克苏发展写下浓墨重彩的一笔［N］．杭州日报，
2012-09-26.

27. 邓丽娟，钟卉．浙江今年计划实施156个援疆项目［N］．阿
克苏日报（汉），2016-03-14.

28. 王力．杭州市党政代表团在阿市考察［N］．杭州日报，2010-
06-13.

29. 言宏．用智慧点亮援疆路——浙江省杭州市对口支援阿克苏市
教育纪实［J］．中国民族教育，2015（6）．

30. 蔡怀光，司春华．这一年，"杭州元素"在阿克苏尽显魅力
［N］．杭州日报，2015-12-18.

31. 廖轶，李波，周航．支持个性化发展的网络学习空间一体化设
计［J］．中国电化教育，2016（4）．

32. 朱宁波，张萍．校本教研中的教师同伴互助［J］．教育科学，
2005（5）．

33. 叶在新，何裕贵．"共生课堂"共出精彩——"四三三四"课堂模
式的实践与思考［J］．湖北教育：教育教学，2015（8）．

34. 孔晶，郭玉翠，郭光武．技术支持的个性化学习：促进学生发
展的新趋势［J］．中国电化教育，2016（4）．

35. 新华网．习近平在第二次中央新疆工作座谈会上发表重要讲
话［EB/OL］．（2014-05-29）[2020-10-20]．http：//www.
xinhuanet.com/photo/2014-05/29/c_126564529.htm.

36. 教育部等四部门.援藏援疆万名教师支教计划实施方案 [EB/OL].（2017-12-25）[2020-10-25]. http ://www.moe.gov.cn/srcsite/A10/s7151/201712/t20171225_322346.html.

37. 中共中央、国务院.关于进一步加强民族工作加快少数民族和民族地区经济社会发展的决定 [EB/OL].（2012-08-31）[2020-10-25]. http ://www.seac.gov.cn/seac/zcfg/201208/1071806.shtml.

38. 蒋夫尔.为新疆教育发展"输血造血"——内地19个省市开展教育援疆工作纪实 [N].中国教育报.2014-05-30（1）.

39. 田恩舜,史亚丽.教育对口援疆：成效、问题及对策 [J].中国民族教育,2018（2）.

40. 李卫红.贯彻落实科学发展观 大力做好教育援藏援疆工作——在内地高校支援西藏、新疆培养少数民族人才工作研讨会上的讲话 [J].中国民族教育,2007（11）.

41. 习近平致国际教育信息化大会的贺信 [EB/OL].（2015-05-23）[2020-10-25]. http ://www.xinhuanet.com//politics/2015-05-23/c_1115383959.htm.

42. 中共中央、国务院印发《中国教育现代化 2035》[EB/OL].（2019-02-23）[2020-10-25]. http ://www.xinhuanet.com/politics/2019-02/23/c_1124154392.htm.

后 记

　　匆匆之际，起笔落笔，杭州师范大学附属阿克苏市高级中学也只能让大家窥得杭州十年援建成果的冰山一角，杭州市第九批援疆指挥部倾力援建的"一校四园"也没能全方位呈现给读者，让大家目睹"杭派十五年美好教育示范线"这一闪亮的金钥匙如何为阿克苏市的孩子们打开美好未来之门。虽然如此，笔者还是用心地呈现了杭州市援疆指挥部气势磅礴的教育援疆规划，杭州援疆人大爱无痕的教育情怀。

　　在远离家乡的阿克苏，援疆教师团队用真诚、智慧和努力收获了受援学校教师的信任和支持，他们每一点付出都能开花结果。如果，回到选择援疆的最初，相信大家可以毫不犹豫地告白：那是我一生中最正确的一次选择。

　　在援疆的400多个日子里，笔者直接或间接地认识了一批一心为着阿克苏教育跨越式发展的援疆干部、援疆教师及受援学校的领导和教师，一些人令我敬佩，一些人令我感动，一些人值得我珍藏一生。比如指挥长杨国正是给人如沐春风般温润安心的定海神针，规划教育援建项目是大投入、严标准和高品位；副指挥长万重丰，外冷内热，总是能体察援疆教师的需求；副指挥长周华，会与援疆教师们一起谈论教育教学问题，给出独到的见解；指挥部办公室孔一主任是指挥部的一支笔，做事细腻执着，同时是个绝世好爸；援疆干部人才开发组组长袁朝阳阳光帅气，但对援疆教师生活上、工作上却安排精心、关爱盈盈；援疆干部卫生局副局长杨洛贤温暖儒雅，对援疆教师的后勤保障服务亦贴心周到；援疆干部副团长徐真，总是用他淡定从容的智慧和巧手帮我一起做美食，俨然是邻家大哥哥；援疆干部副团长王龙华，总会善意地指点我做人处事，我晚到找不到适合的座位时，他总会给我挪出空位；援疆干部文旅局副局长黄江平组织指挥部活动时，总是会提醒我及时参加，并照顾到我的身体因素；阿克苏市高级中学的教师常常从早上8点一直工作到凌晨1点，他们的敬业精神令我感动；学生们活泼可爱、文明有礼，乐观向上；等等。

在2019年的暑假，在远离家乡的阿克苏，在援疆干部教育局副局长吴栋栋和阿克苏市高级中学党委书记王能靠的共同合作下，在后方学校浙江省桐庐中学冯永平校长的支持下，我带着一份信念，秉持一颗初心，坚定地执笔，意欲为自己的教育生涯写下浓墨重彩的一笔，为杭州教育援疆的十年坚守和奉献留下美好的文字，为阿克苏播种下杭派美好教育的种子。

在完成初稿之后，反复修改，最后定稿。轻轻浅浅，就此搁笔，其实内心已是波涛汹涌，无论未来如何，此生已然了无遗憾。因为，这本书，是点亮生命的一道微光。

徐志莲

致　谢

在此对所有在杭州十年教育援阿克苏路上付出汗水、心血和智慧的人表达深深的敬佩和感谢之情。其中，有浙江省第九批援疆指挥部指挥长王通林带领下的，副指挥长洪国良、副指挥长陈建忠等浙江省援疆干部和人才；有致力于为阿克苏倾力打造杭派十五年美好教育示范线的杭州市第九批援疆指挥部指挥长杨国正带领的，副指挥长万重丰、副指挥长周华等杭州市援疆干部和人才。在此特别感谢杭州市第九批援疆指挥部曾朝夕相伴的三位指挥长和团队成员：

孔　一	徐　真	王龙华	宋　宇	袁朝阳	黄江平
吴栋栋	杨洛贤	庄伟庆	吴石玄伟吴	双	王克力
周建海	林哲峰	赵坚瑜	谈智君	蒋一冬	史莹莺
孙　泉	宋　晨	陈　晶	鲁　明	段凯莉	沙　汀
徐志莲	魏友武	许　晖	戴兴华	唐升红	蒋何峰

其中有浙江省教育厅选派的实施万人支教计划的58位杭州市在阿克苏支教的教师；有杭州市教育局沈建平局长带领下的杭州市整个教育系统；还有我的朋友；等等。在此特别感谢部分曾给予我很大支持和帮助的领导、同事和朋友：

应金岳	陈常龙	周人笔	杨忠源	季建平	徐永茂
王忠华	徐志强	吴忠华	沈洪泉	李如林	何彩珍
范利群	叶亚春	江军平	王 林	何国民	杨 军
邹宗平	钱兴成	黄 洁	陈洪良	于 江	徐玉华
潘 侬	李 苏	宋卫庆	毛 韡	潘 旭	汪友红
洪顺平	王冬梅	张永久	胡亦民	朱又学	严亦慈
张金良	王健敏	俞晓东	施光明	陈文松	胡惠闵
林 威	朱伟义	曹凤山	江占明	李金兴	徐 骋
李 舍	施小平	余晓进	黄琴芬	赵珊瑚	谢水华
方生良	孟子君	程 海	潘 婷	章志宏	

图书在版编目（CIP）数据

播种美好的杭州教育援疆路 / 徐志莲等著 . — 杭州：
浙江工商大学出版社，2021.1
ISBN 978-7-5178-4132-6

Ⅰ.①播… Ⅱ.①徐… Ⅲ.①民族地区 – 地方教育 –
成就 – 阿克苏 Ⅳ.① G527.454

中国版本图书馆 CIP 数据核字（2020）第 190761 号

播种美好的杭州教育援疆路
BOZHONG MEIHAO DE HANGZHOU JIAOYU YUANJIANGLU

徐志莲　吴栋栋　王能靠　冯永平　沙　汀　著

责任编辑	王　耀　沈明珠
封面设计	林朦朦
责任印制	包建辉
出版发行	浙江工商大学出版社
	（杭州市教工路 198 号　邮政编码 310012）
	（E-mail：zjgsupress@163.com）
	（网址：http：//www.zjgsupress.com）
	电话：0571-88904980，88831806（传真）
排　　版	杭州市拱墅区冰橘平面设计工作室
印　　刷	浙江全能工艺美术印刷有限公司
开　　本	710mm×1000mm 1/16
印　　张	21
字　　数	286 千
版 印 次	2021 年 1 月第 1 版　2021 年 1 月第 1 次印刷
书　　号	ISBN 978-7-5178-4132-6
定　　价	80.00 元